행복의 이정표를 잃은 부부들에게
하나의 등대가 되다!

부부의
행복 내비게이션

정성인 지음

결혼생활에 누구나 어렵고 힘든 시기가 있다.
그럴 때 가장 필요한 것이 무엇일까?

이 책의 첫 페이지를 펼치는 순간부터
마법 같은 행복 내비게이션이 켜진다!

Contents

프롤로그
Prologue
- 행복의 길로 떠나기 전에 _04
- 이 책의 구성과 특징 _12

 행복의 길을 떠나려는 부부

1장 · 결혼 그리고 완벽한 평행선 _18

2장 · 갈등의 벽을 넘어 _40

3장 · 표현의 힘 _58

4장 · 바람의 세계 _70

5장 · 자녀 사랑법 _88

6장 · 문화의 차이 이해하기 _106

7장 · 서로 침묵하는 부부 탈출기 _120

행복의 길로 떠나는 부부

1장 · 쇼윈도 부부 _136

2장 · 대화의 기술 _150

3장 · 모든 것이 내 안에 있소이다 _168

4장 · 분노 조절 _184

5장 · 당신의 능력을 보여줘 _202

6장 · 마법같은 말 한마디 _215

7장 · 황혼 열차 _229

8장 · 스트레스 극복 방법 _245

9장 · 나만의 방 _261

 **행복의 길을 찾은 부부**

1장 · 배우자에게 사랑받는 유일한 방법 _280

2장 · 세상에 하나뿐인 내 편 _293

3장 · 가장 완전한 부부 _312

4장 · 앙상블처럼 균형과 조화 _326

5장 · 사랑의 열차에 행복을 싣고 _340

행복의 길로 떠나기 전에

행복의 이정표를 잃은 부부들에게 하나의 등대가 되다!

 진정한 행복의 의미도 모르고 또 행복이 어디에 있는지도 모른 채, 그저 어딘지도 모를 그곳이 행복으로 가는 길이라 생각하고 가는 건 정말이지 우습다.

 이 세상 사람은 저마다 가치관이 다를 수 있지만 공통으로 바라는 것은 돈이 아니라 자기의 '행복'이다. 사람들은 이제 행복이 무엇인지에 대해 관심이 없다. 오히려 어떻게 하면 행복하게 잘 살 수 있는지에 더 많은 관심을 두고 있다. 그래서 사람들은 행복을 찾고자 서둘러 사랑하고, 마침내 서둘러 결혼한다. 하지만 결혼 전에 자신이 그렸던 로망대로 이루어지지 않음을 곧 깨닫게 된다. 어떤 이유에서인지 얼마 지나지 않아서 이혼하는 부부가 있다.

 자신의 로망과 현실 사이에 그 격차가 커지면 어떻게 될까?

그들은 이런저런 이유로 이혼을 결심하고 마침내 서로 헤어지고 만다. 이혼하기 위해 결혼을 결심한 부부가 세상에 어디 있겠는가. 생활 습관 차이, 경제적 관념, 부부간의 애정 상실, 양육과 교육 문제, 자녀와의 갈등, 끔찍한 가정 폭력, 배우자의 외도, 시댁이나 친정 부모와의 관계, 명절 스트레스, 취미나 여가 활동, 직장 스트레스, 소소한 성격 차이…….

이혼 사유를 말할라치면 끝도 없어 보인다. 심지어 결혼 전에 보이지 않았거나 장점으로 여겼던 것들이 결혼생활에서 그 성향이 단점으로 변해서 비극적 결말로 이르는 부부도 있다. 예를 들면, 결혼 전 자신의 이상형이 '조용하고, 말수가 적고, 듬직하고 무던한 사람'이라고 말했던 것들이 이혼할 땐 '답답하고, 속 터지고, 벽보며 말하는 것 같고, 무심한 사람'이 싫어서 헤어진다고 그 이유를 밝히는 사람도 있다. 그런 배우자의 성향으로 자신을 괴롭히고 있을 때면 서둘러 결혼한 것을 후회하고 만다. 그래서 결혼 전에 상대의 성격이 장점으로 여겼던 점들은 결혼생활에서 단점으로 변할 수 있음을 인지해야 한다.

행복해야 할 부부가 어떤 작은 갈등의 씨앗으로 힘들게 살아간다면 말할 수 없이 아프다. 몸도 아프고 마음도 아프다. 주변에 알고 지내는 사람들 하나둘 이혼하는 모습을 지켜보면서 내 마음도 슬프고 우울했다. 또 나는 이혼의 문턱에 들어선 그들이 행복의 방향성을 잃다가 다시 행복의 방향으로 항해하는 모습에서 다시 보람을 느꼈다. 그러면서 이 세상 부부들이 모두가 진정으로 행복해지길 간절히 원하고 있는지도 모르겠다.

『부부의 행복 내비게이션』은 불행의 길로 들어선 부부들에게 하나의 등대가 되어 행복의 방향으로 올바르게 항해하길 진정으로 바라는 마음에서 탄생한 책이다.

'결혼과 행복'을 여는 비밀의 열쇠 - 120개 사례

2010년 본격적인 나의 강의가 시작되었다. 당시에 나는 결혼의 의미에 대해 정말로 알지 못했고 또 알려고도 하지 않았다. 그렇지만 나는 사람들을 만나 그들의 진솔한 얘기를 들으면서 왜들 힘들게 사는지 궁금증을 가지기 시작했다. 거기에다가 이혼한 이유가 무엇인지 진심으로 알고 싶었다. 혼자 살 때는 만족스러운 척 살지만 실은 그리 보이지 않았고, 결혼 후에는 행복한 척 살지만 실은 그 가정 속을 들여다보면 그들의 말처럼 그렇게 살지 않았다는 사실도 알게 되었다. 처음엔 행복한 결혼생활이 그리 어렵지 않다는 생각이 들었다. 지금까지 살아온 방식대로 그리 살면 될 것을. 하지만 그것은 편협과 오만에 찬 나 혼자만의 생각인 것을 느끼며, 행복하게 사는 것이 결코 쉬운 일이 아니란 걸 깨달았다. 지난 십수 년 동안 '결혼과 행복'에 관해 여러 종류의 책과 자료를 찾아보려고 무진 애를 썼다.

여러 책과 자료에서 결혼에 대한 진정한 행복을 제시하고 간단하면서도 명확한 방법을 일러주는 문헌은 찾아볼 수 없었다. 심지어 소크라테스, 플라톤, 쇼펜하우어, 톨스토이, 셰익스피어, 러셀, 빅토르 위고 같은 인생의 진리나 원리를 탐구하는 철학가와 현자들을 접했지만 명쾌한 해답을 얻지 못했다. 결혼한 부부의 상당수가 우울증, 스트레스, 불면증, 화병, 공황장애 같은 무서운 질병에 시달리면서도, 다른 사람들이 자신의 비정상적인 정신 상태를 발견하지 못하게 포장한 채 살아가야만 하는 이유를 알게 되었다.

그 무렵 내가 그랬다.
한때는 내 마음의 영원한 안식처인 어머니는 아름다운 이 세상과 이별하였고 내 영혼과도 이별했다. 그때부터 괴로움과 두려움 속에서 심리적으로 우울증마저 시달린 채 3년을 그렇게 보냈다. 공황장애가 무엇인지도 그때 경험하게 되었다. 나는 이 세상과 높은 담을 쌓고, 그 속에서 완전히 좌절하며 매일 고통의 시간을 보냈다.
결혼 후 내 안의 상처가 천천히 봉합되면서 '결혼과 행복'에 대해 꼬인 실타래가 풀리듯 하나씩 이해하게 되었다. 그 이후로 의문을 품었던 '결혼과 행복'에 대해 본격적으로 연구하기 시작했다. 먼저 '부부의 진정한 행복이 존재하는 걸까?'라는 주제로부터 출발했다. 몇 년이 지나자 마침내 적지 않은 연구의 성과물을 얻을 수 있었다. 철학가나 현자들이 그토록 갈망했던 진정한 행복의 원리를 왜 찾지 못했는지 그 이유를 찾을 수 있었다. 그건 바로 내 안에 있기 때문이었다. 저마다 생각하는 행복 기준이 손의 지문처럼 각기 다르다. 즉 오랜 세월 철학가와 현자들이 여러 해답을 내놓았지만 받아들이는 사람마다 느끼는 감정도 다르고 해석도 달랐기 때문이다. 그렇다 보니 모든 사람에게 꼭 맞는 명확한 해답을 내놓을 수 없었다.

마침내 나는 '결혼과 행복'에 관해 여러 문헌과 자료를 조사하면서 그 놀라운 비밀의 열쇠를 찾을 수 있었다. 그러면서 그 성과물을 위기의 부부들에게 적용했더니 놀라운 결과가 나타났다. 부정적인 생각에서 긍정적인 마음으로 변하면서 다들 행복한 결혼생활을 이어갈 수 있었다. 그래서 이 책에 그 비밀의 해답을 120개 사례에 고스란히 담아 완성해 낼 수 있었다.

행복 내비게이션을 켜야 하는 이유

배우자와 사소한 의견 차이로 다투는 일이 잦아졌는가? 평소 표현이 없던 배우자가 가끔 이유 없이 불쑥 화내지 않는가? 배우자가 심하게 윽박질러 대번에 기를 꺾지 않는가?

비극적 결말에 이르는 부부들은 대부분이 자신에게 유리한 이런 명분을 조목조목 들면서 끝머리에 성격 차이를 내세우는 경향이 짙다. 대부분 성격 차이로 우리 부부가 서로 맞지 않는다고 생각할 수 있겠지만, 우리는 모두가 서로 다른 성격을 지니고 있다. 성격은 저마다 고유의 특성을 지니며 반드시 변화시킬 필요까지는 없다. 단순하게 그런 갈등이라면 어렵지 않게 해결할 수 있다. 서로 대화로 조정해 가며 합일점을 찾아가면 된다.

이 세상 모든 부부는 행복해지는 방법에 대해서 너무도 잘 알고 있다. 그런데 그걸 알면서도 실행에 옮기지 못한다. 그것은 상대를 무시한 채 자기중심적 사고 때문이다. 자신의 관점에서 생각하고 판단하고 결정을 내린다. 자기의 주장만 계속 강조한다면 서로에게 끝없는 평행선은 계속될 것이다. 솔직히 말해서 그들이 말하는 성격 차이로 갈등한다는 것은 서로 자신의 성격에 상대가 변화해 가며 맞춰주길 바라지만 그렇지 못해서이다. 설사 그것이 불행의 길로 들어선다고 해도 자신의 의지는 꺾지 않으려고 애쓸 것이다. 쉽게 설명하면 행복하지 않은 원인은 성격 차이 같은 원인 모를 이유 때문이 아니라 '왜곡된 정서적 결핍' 때문이다. 즉 성장하는 과정에서 왜곡된 심리적 상처가 자신의 마음속에 자란다. 트라우마가 문제인 셈이다. 그 결과 어느 시점에선가 자신이 입은 상처가 지금의 모습에 영향을 미친다는 점이 트라우마의 힘이다.

결혼 후에도 상대의 트라우마가 멈추지 않고 계속 일어나는 이유는 뭘까?

그것은 상대의 문화를 이해하지 못해서이다. 두 사람의 문화가 다르니 가치관도 다른 것은 당연하다. 그래서 서로의 가치관 영역을 넓혀 나가고 상대의 문화를 빠르게 이해하기 위해 대화가 필요한 것이다.

또 결혼생활에 누구나 어렵고 힘든 시기가 있다. 그럴 때 가장 필요한 것이 무엇일까?

그건 상대에 대한 이해와 신뢰이다. 내 처지가 아니라 상대의 마음을 느껴야 한다. 한집에 살면서 매일 같은 시간에 밥을 함께 먹는다고 해서 부부의 소임을 다하는 것이 아니다. 적어도 서로가 무엇이 필요한지, 힘든 것이 무엇인지 관심을 가질 때 부부의 진정한 가치가 시작된다. 프랑스의 위대한 철학자 사르트르가 "우리가 태어나서 죽을 때까지 끝없이 선택해야 한다."라고 강조한 것처럼, 우리의 삶의 여정에서 그것이 중요하든 그렇지 않든 하루에도 여러 번 어렵고도 힘든 선택을 해야만 한다. 그럴 때마다 혼자가 아니라 두 사람이 함께 대화를 나누면서 결정해야 한다. 또 행복한 부부관계에서 중요한 것은 서로 얼마나 잘 맞는가 보다는 다른 점을 어떻게 극복해 나갈 것인가이다. 그래서 결혼한 부부들이 행복을 누릴 수 있도록 알려주는 '내비게이션'이 간절히 필요하다.

부부싸움에서 이혼으로 이어지면서 단란하게 살았던 한 가족이 뿔뿔이 흩어지고 말았다. 조금만 배려했더라면, 상대의 말을 한번 귀담아들었더라면, 상대에게 관심을 기울였다면, 내가 조금 더 노력했더라면…….

부부가 행복하게 살 수 있는 비결은 대화의 양이 아니라 대화방식에 있다는 사실을 깨닫게 되었다. 이 비결을 터득하자 세상이 온통 행복의 나라로 보이기 시작했다. 이 책에 담겨 있는 사례들을 하나씩 들여다보면 당신도 그들의 삶 속에서 일어나는 소소한 것들로부터 부부의 행복이 무엇인지 이해할 수 있을 것이다.

부부의 갈등, 애환, 아픔, 고통, 외로움 같은 그들의 솔직한 삶을 고스란히 글로 드러내기란 여간 어려운 것이 아니다. 그렇지만 살아

숨 쉬는 그들의 이야기를 하나하나 정립해 나가면서 독자들에게 쉽게 다가갈 수 있도록 했다. 우리는 그들이 지쳐있는 모습을 보면서 꼭 나의 처지를 얘기하는 것처럼 느껴질 것이다.

결혼생활을 잘 이해하고 실천하면 그대로 사회생활로 이어질 수 있다는 놀라운 사실도 알았다. 이를 풀어보면 모든 생활이 하나의 관점인 인간관계에서 출발한다는 점을 이해한다면 이 세상의 모든 부부가 행복의 세계로 확실히 항해할 수 있을 것이다.

행복의 길로 떠나면서 기쁨과 즐거움을 만끽하길 바라며,
부부의 행복이 진짜 존재함을 느낄 수 있을 것이다.

저자 씀

이 책의 구성과 특징

이 책의 구성

1부 행복의 길을 떠나려는 부부

결혼과 동시에 서로의 생각이 달라 부딪치는 경우가 있다. 결혼의 의미와 갈등의 요소를 줄이는 방법을 제시하였고, 배우자를 재발견하고 아내로서 남편으로서 그 역할의 중요성을 제시하였다.

2부 행복의 길로 떠나는 부부

행복을 찾지 못하고 방황하는 부부들이 있다. 그들에게서 공통으로 나타나는 현상에 관해 설명하였다. 더욱이 서로 간에 갈등의 골이 더욱더 깊어지면 우울증, 스트레스, 불면증, 화병, 공황장애 같은 하나의 질병으로 이어진다. 이를 회복할 수 있는 치료 방법이 무엇인지 살펴볼 것이다.

3부   행복의 길을 찾은 부부

인생의 노을 끝자락에서 행복을 찾은 부부들의 공통점이 있다. 그들은 배우자의 소중함, 공감 소통력, 가정의 소중함 같은 것들을 실천하며 생활한다. 그러면서 그들이 생활의 습관처럼 늘 사용하는 표현들이 있는데, 어떤 것들이 있는지 확인할 것이다.

이 책의 특징

사랑해서 결혼하고 행복의 꿈과 희망을 여는 비밀의 열쇠가 이 책에 담겨 있다. 행복의 이정표를 잃은 부부들에게 하나의 등대가 되고, 행복한 가정생활을 위해 꼭 필요한 책!
『부부의 행복 내비게이션』은 불행한 부부나 이혼의 길목에서 다시 행복의 가정으로 돌아선 이유를 실제 120개 사례를 중심으로 엮었다.

- 배우자와 대화가 불통!
- 멀게만 느껴지는 배우자!
- 바람 잘 날 없는 우리 가정!
- 열심히 사는데 왜 아무것도 나아진 것이 없을까!

이 책의 활용 방법

이 책은 어느 장을 먼저 읽어도 상관없다. 자신이 현재 겪고 있는 비슷한 갈등의 사례를 들춰 보길 추천한다. 혹은 자신이 제일 관심이 있는 사례부터 읽기를 권장한다. 그러면 행복은 더 가까이 당신에게 다가갈 것이다.

- 당신에게 꼭 맞는 문장이 있으면 색깔로 표시해 둬라.
- 내 마음속에 내 가정의 행복을 기원하는 마음가짐을 가져라.
- 당신에게 가장 적합한 '장' 하나를 찾아서 그 부분부터 읽고 이해하라.
- 마음에 드는 사례 하나를 정해 놓고 대화의 장으로 배우자를 끌어 들여라.
- 각 사례에 대해 나라면 어떻게 할 것인가를 생각하라.
- 이 책의 사례 중 하나를 정해서 실생활에 활용해 보라.
- 이 책은 적어도 3번 반복해서 읽어라.
- 책 내용에서 자신에게 실질적으로 도움이 되는 부분이 있다면 그것을 노트에 적어 보라.
- 이 책은 소설처럼 줄줄 읽는 것이 아니라, 우리 부부의 갈등을 해결하기 위한 것임을 기억하라.

이 책에 실린 사례들은 사연자를 직접 찾아가 그들의 목소리를 듣거나, 또 사연자들이 나를 찾아와 들은 이야기를 그대로 옮긴 것이다. 그리고 일부는 최대한 숨겨 달라고 했다. 이런저런 이유로 그들의 이름은 익명으로 했고, 일부는 각색했음을 여기에 밝힌다.

사랑의 언어

사랑은 말로만 전할 수 없는 것
눈빛 속에 담긴 따스함
손끝에 느껴지는 온기
그 모든 것이 사랑의 언어죠.

서로 다른 길을 걸어왔지만
이제는 같은 길을 걸어요.
서로의 차이를 존중하며
그 속에서 아름다움을 찾아요.

함께 웃고 함께 울며
서로의 이야기를 써 내려가요.
마음이 전해지는 순간들
그것이 진정한 사랑이죠.

- 정성인

I부

행복의 길을
떠나려는 부부

결혼 그리고 완벽한 평행선

결혼은 각본 없는 연극이다.

결혼과 동시에 객석의 관객이 바로 무대의 주인공이 된다. 무대는 언제나 변함없이 그대로이다. 관객들에게 어떠한 내용으로 다가가느냐는 전적으로 무대에 선 배우들의 몫이다. 결혼한 모두는 자신이 맡은 배역에 따라 막중한 책임감을 느끼며, 짜인 대본 없이 라이브 공연으로 진행된다. 또 무대에서 해피엔딩 막이 완전히 내려질 때까지는 늘 긴장감과 현장감 있는 이야기가 펼쳐진다. 그 과정에서 일상적으로 틀에 박힌 반복적인 대사나 행동은 무대에 선 주인공들과 객석 모두가 지루함에 짜증까지 겹칠 공산이 크다. 자기 삶을 묵묵히 견디며 영혼이 살아 숨 쉬는 것처럼, 공연하는 중간마다 지루함을 달래고 생활의 활력을 높이기 위해 재미와 감동과 슬픔과 기쁨 같은 삶에 강약의 완급 조절이 필요하다. 그렇게 하면 그대의 공연은 대단히 성공적으로 이끌 수 있을 것이고 성황리에 마칠 수 있을 것이다. 프랑스를 대표하는 평론가이자 작가인 앙드레 모루와는 결혼에 대해 이렇게 말했다.

"행복한 결혼이란, 약혼 때부터 죽을 때까지가 절대 지루하지 않은 긴 대화와 같은 것이다."

부부간의 생각 차이로 극심한 불화를 겪고 있는 가정이 있었다. 그 부인은 남편과 대화를 나누다가 말다툼에서 싸움으로 이어져 화병이 날 지경이라고 하소연했다. 그들 부부의 이야기를 들어보자.

결혼 7년 차에 들어선 그들은 평범한 부부였다. 2년 전까지만 해도 그들은 도시에서 유치원에 다니는 딸아이와 함께 단란하게 가정을 꾸미며 행복하게 살았다. 그 뒤 그들은 겉으로 보기에 평범한 가정이었지만 여느 부부들처럼 잦은 말다툼을 벌였다. 분명히 좋아서 결혼했는데 시간이 흐르면서 내 인생에 상처만 주는 남편이 꼴 보기 싫어서 이혼 직전까지 간 적이 한두 번이 아니라고 부인이 고백했다. 그러면서 부인은 이렇게 말했다.

"남편은 가정생활에 전혀 무관심해요. 청소는 사정해야 한 번 들어줘요. 빨래는 세탁기에 넣고 돌리기만 하면 되는데 안 해요. 매일 술 먹고 늦게 들어오면서 꼭 밥은 집에 와서 먹어요. 주말에 딸아이와 놀아주기를 기대했는데, 피곤하다면서 텔레비전을 보다가 잠들기를 반복하는 남편의 행동에 화가 나요. 최근에 아이 얘기가 아니면 거의 대화가 없어요. 다른 일로 말을 걸면 그 자리를 피하거나 짜증을 내거나 화를 내요. 그럴 때마다 이 사람이면 결혼해도 괜찮겠다 싶었는데, 막상 살아보니 답답하고 힘들 때가 많아요. 이젠 남편이 아니라 웬수에요, 웬수!"

남편도 또한 무뚝뚝한 표정을 지으며 아내에게 불만이 많다고 털어놓았다.

"'술 좀 작작 마셔라!', '담배 좀 끊어라!', '양말은 거기에다 둬라!' 같은 잔소리를 그만 좀 했으면 좋겠어요. 아내가 허구한 날 잔소리하는 바람에 숨이 막혀서 집에 들어가기가 싫어졌어요. 아이도 날 무시하는 것 같고, 마음이 무엇에 짓눌린 듯 괴로워요. 뭐가 그리 불만인지 모르겠어요. 제가 어떤 말을 하면 또박또박 지적할 때마다 미쳐버릴 것 같아요. 더 화가 나는 건 남들과 비교하면서 제 면전에 대고 소리를 지를 때면 더 이상 못 참겠더군요. 마침내 서로 다투다가 크게 싸움으로 번져요."

내가 두 사람의 말을 들어 주는 사이에도 그들은 자기주장을 펼치며 서로를 향해 아옹다옹 다투고 있었다. 집안의 자잘한 일이라도 서로 손해를 안 보려고 이기주의에 빠져 있는 듯했다. 부부싸움의 대개는 자기가 옳다는 확신만 강한 채 끝나기 십상이다. 그렇다 보니 끝없는 싸움은 누구든 이길 도리가 없다. 매일 부부싸움에 그들의 자녀는 두려움과 고통의 나날을 보내야만 한다. 이렇듯 상대를 바라보는 렌즈가 부정적이거나 비관적이라면 그로 인해 상대는 옳은 행동을 더 하게 될까? 아니면 그른 행동을 더 많이 하게 될까?

부부는 통제와 억압으로 움직여지는 것이 아니다. 이러한 왜곡된 렌즈를 끼고 어떤 문제에 관해서 서로 간에 대화로 해결하기란 그리 쉬운 일이 아니다. 부정적인 대화는 좋았던 기억조차도 흠집을 낸다. 그러다가 그런 말들이 많아지면 비난과 모욕의 홍수 속에 살아갈 수밖에 없다. 결국엔 침묵하는 부부, 즉 상대에 대한 이해와 배려의 감정적 관계가 단절되고, 함께 살아야 할 이유마저 없어지고 만다. 그럴 수밖에 없는 것이 우리는 누구나 마음속에 선과 악이 공존한다. 그 이유는 인간에게 오욕칠정이 있기 때문이다. 그건 다섯 가지 욕심(식욕, 재물욕, 수면욕, 명예욕, 색욕)과 일곱 가지 감정(기쁨, 노여움, 슬픔, 즐거움, 사랑, 미움, 욕심)을 말한다. 살면서 부정적인 생각, 위험한 유혹, 순간적 분노를 경험하지 않았던 사람은 없다. 선과 악이 우리의 마음속에 늘 공존하면서 자신에게 유리한 방향으로 하루에도 여러 번 바뀐다. 무엇보다도 지금 배우자의 투박한 말투를 단순히 그대로 받아들이면 안 된다. 그러니까 지금 드러난 어투로만 놓고 다투는 것은 무척 어리석은 짓이다. 이를테면 평소 상대의 생활 습관에 대해 불만이 하나씩 마음속에 쌓일 때가 있다. 그러던 어느 날 매우 특별한 하나의 사건이 부부 사이에 일어난다. 아주 미묘하고 작은 하나의 사건을 계기로, 그동안 마음에 품었던 것들이 화산처럼 한꺼번에 폭발한다. 상대는 왜 그리 투박하게 나오는지 이것이 그렇게 화낼 일인지 전혀 알 길이 없다. 그래서 아직 해결되지 않은 문제가 있다면 가슴에 담아두지 말고 상대에게 말해서 풀어야 한다. 마음의 짐을 조금이라도 덜어야 새로운 추억을 담을 공간이 생긴다. 반대로 마음의 짐이 잔뜩 쌓이면 어떠한 아름다운 추억도 들어올 수 있는 자리가 없다.

나는 그들 부부에게 이렇게 조언했다.

"화날 때마다 서로 이기겠다고 앙심을 품고 싸우면 서로 팽팽하게 맞서다가 비극적 공연이 상연되고 말 겁니다. 싸움으로 번지기 전에 한 발짝 살짝 뒤로 물러난다면 큰 싸움으로 번지지 않습니다. 그런 다음 상대의 마음이 좀 더 차분해질 때 객관적이고 합리적으로 접근하면 상대의 얼굴과 목소리가 부드러워지기 시작합니다. 부부간에 갈등의 이유야 어찌 되었든지 배우자에 대해 다음의 문장을 기억해야 합니다. 남편의 입장에서 자신이 왕이라면 배우자는 분명 여왕입니다. 또 아내의 입장에서 자신이 공주라면 배우자는 분명 왕자일 겁니다. 그런데 여왕의 대접이 아니라 식모처럼 대접받으면 어떻게 될까요? 또 왕자의 대접이 아니라 하인처럼 무시당하면 어떻게 될까요? 이 말은 배우자에 대해 배려하고 존중하는 마음이 서로의 생각 차이를 극복하고 행복의 길로 갈 수 있다는 뜻입니다."

그로부터 한 달쯤 지났을 때 나는 그들을 다시 만났다. 서로의 얼굴에 편안한 미소가 번졌음을 직감할 수 있었다. 부인은 나에게 이렇게 말했다.

"서로가 말다툼이 더 커질 때쯤 남편이 슬그머니 자리를 피하더군요. 그러면 예민했던 제 성격이 차츰 누그러졌어요. 그런 다음 저는 남편과 터놓고 대화를 나누기 시작했어요. 처음엔 남편이 제 말에 관심조차 두지 않다가 차츰 수긍한다는 듯이 고개를 끄덕이더군요. 이제 남편의 생활 습관이 많이 바뀌고 있어요. 요즘 같아서는 정말이지 살맛 나는 것 같아요."

부부싸움의 원인을 알고 보면 대개 상대를 이해하지 못해서 일어난다. 다툼의 발단은 서로의 문화를 이해하지 못하는 것도 있지만, 배우자에 대한 배려가 아직 정리되지 않은 것이 더 크다. 어떤 싸움 거리에 '미안하다'라는 말 한마디만 인정해 주면 싸움은 더는 번지지 않는다. 계속 변명과 자기방어로 일관한다면 일정 시간이 지나서 싸움은 멈출지 모르지만, 그 앙금은 여전히 각자 마음속에 남겨둔 채 투박한 말투가 습관화되면서 살아갈 수밖에 없다. 앙금이 쌓인 만큼 행복도 그만큼 줄어든다는 것을 명심해야 한다. 가정은 건강한 삶의 기반이자 사랑을 배우고 표현하는 곳이다. 상대를 이해하고 배려하려는 마음을 가지면 행복한 가정을 이룰 수 있다.

결혼 10주년을 맞은 부부가 있었다. 남편은 후회스럽지 않게 기념할 만한 것을 준비해야 한다면서 나름대로 며칠 전부터 멋진 이벤트를 준비했다. 그날 저녁 일을 마치고 집에 도착한 남편은 홀로 소파에 앉아 있는 아내에게 가까이 다가가서 말했다.

"오늘 우리 부부에게 특별한 날이니 함께 밖에 나가서 즐겁게 보내면 좋겠어."

그러자 그의 아내는 의외로 피곤한 기색을 하며 대답했다.

"귀찮아! 집에 그냥 있고 싶어!"

남편은 화가 나서 그 이후로 대화하지 않았다. 그럴 땐 못 이기는 척 남편을 따라나서는 것. 즉 배려하는 센스가 결혼생활에 필요할 때가 있다. 자기 마음이 별로 내키지 않아도 상대의 뜻에 응해 주는 것이 행복한 결혼생활을 이루는 길이다. 그런가 하면 결혼생활에서 저마다 용납하지 못하는 것이 있다. 남자는 대개 자기 자존심이 무너질 때이다. 또 여자는 상대로부터 인정받지 못할 때이다. 더욱이 남편은 가장으로서의 권위, 남자로서의 자존심을 꼭 지키고 싶어 한다. 그들은 자신의 자존심을 남자다움을 나타내는 상징이라 여긴다. 가정에서 그들의 자존심이 무너지고 무시당하면 어떻게 될까? 그것은 그 어떤 것보다 더 큰 상처를 받는다. 부부간에 다툼이 일어도 아내는 남편의 자존심만은 긁거나 무시하지 않도록 주의해야 한다. 꼭 명심해야 한다.

'타임머신'이라는 단어를 처음 사용하고 근현대 사이언스 픽션(Science Fiction) 문학의 선구자라 불리는 영국의 작가 허버트 조지 웰스가 고달픈 인생의 안식처가 가정이라고 말하였듯이, 가정은 모든 싸움이 자취를 감추고 사랑이 싹트는 곳이고, 큰 사람이 작아지고 작은 사람이 커지는 곳이라고 했다. 또 철학자이자 작가인 안병욱은 이렇게 말했다.

"말은 인간이 가진 위대한 무기요, 가장 훌륭한 보배다. 사람은 저마다 자기 말을 한다. 그 사람의 말은 그 사람의 인품을 표현한다. 사람 속에 말이 있고 말 속에 사람이 있다."

결혼하는 순간부터 배우자를 존중하는 마음과 긍정적인 사고방식을 갖고 있어야 한다. 그것은 부부간에 암묵적 약속이다. 그 약속에는 배우자의 과거도 포함된다. 배우자의 과거는 알려고도 따지지도 묻지도 말아야 한다. 결혼 이후의 행복을 어떻게 꾸릴 것인가가 중요하다. 그렇지만 결혼 전 과거 사실에 대해 상대에게 알릴 부분은 반드시 밝혀 두어야 한다. 결혼 후 대화 속에 밝히지 않는 어떤 불씨로 이혼하는 사례가 있기 때문이다.

"우리가 왜 태어났냐가 중요한 것이 아니라 어떻게 살 것인가가 중요하다"라고 고대 그리스의 철학자 소크라테스도 언급하였듯이, 어떻게 행복한 삶을 살 것인가에 초점을 맞추어야 한다.

예로부터 인생에서 크고 중대한 세 가지 일은 태어나는 것, 결혼하는 것, 죽는 것이라고 했다. 더욱이 결혼은 인륜지대사(人倫之大事)로서 좋은 배필을 맞는 일이 무엇보다 중요하다는 뜻이다. 과거에는 가부장적 사회에서 남자의 권한과 권위가 무척 강했다. 즉 남편의 말이 절대적이었다. 아내는 그저 순종하며 따라야만 했다. 한번 결혼하면 이혼하는 것은 가문의 큰 흠이라 여겼기 때문이었을까. 상대의 일방적인 주장은 듣는 사람에게는 또 하나의 고통일 수밖에 없다. 지금에 와서 돌이켜보면 당시에 결혼한 여성이 얼마나 힘든 생활을 했는지 짐작할 수 있다.

남편은 자동차부품업체에 부인은 전자제품업체에 다니는 맞벌이 부부가 있었다. 결혼한 지 5년이나 지났는데도 부인이 들어오면, 남편은 늘 소파에 드러누워 텔레비전만 보고 있었다. 부인은 일 마치고 집에 오자마자 대충 옷 갈아입고 저녁 준비할 때면 결혼을 왜 하였는지 모르겠다고 불만을 털어놓았다. 어느 날 그들 부부에게 불행한 사건이 일어났다. 부인은 집에 들어오자마자 소파에 누워 있는 남편에게 대뜸 '우리 이혼하자'라고 말했다. 남편은 당황하지 않을 수 없었을 것이다. 사건의 발단은 이러했다.

부인은 직장생활을 한 지 10년이나 되었지만 늘 제자리인 지위에 진저리가 났다. 직장에서 승진을 제때 못해서일까. 그 여파가 가정까지 이어졌다. 목소리에 힘이 없고 의기소침해진 부인이 늦게 집에 들어서자 남편의 모습을 보고 더 괴로웠다는 것이다. 남편은 여느 때처럼 소파에서 자고 있었고, 부엌에는 설거지가 산더미처럼 잔뜩 쌓여 있었다. 부인은 남편을 깨워 물었다.

"당신은 도대체 이 집에서 뭐 하는 사람이야! 손님이야? 지금까지 집안일을 위해 뭘 했는데!"

그러면서 부인은 화가 치밀어 더 이상 참을 수 없다는 듯이 남편을 몰아붙였다.

"똑같이 직장을 다니는데 당신은 왜 가정일에 아무것도 안 하는데. 내가 이 집의 식모야!"

남편이 시무룩한 투로 대답했다.

"남자가 왜 설거지해야 하는데. 부엌은 당신 담당이잖아. 그리고 결혼 후 당신은 내 말에 한 번이라도 따라온 적 있었어?"

부인은 마치 어느 전생에선가 고통의 삶을 살았던 것처럼, 원인 모를 괴로움과 허무함이 밀려왔다고 했다. 그러면서 부인은 일에 지치고 집안 가사 일이 힘들어 너무 속상하다고 말했다.

"이유 없이 아내를 학대하거나 울려서는 안 된다. 신은 여자의 눈물 한 방울 한 방울을 세고 계신다." 탈무드의 말이다.

나는 남편만 따로 만날 수 있냐고 부인에게 물었다. 그건 어렵지 않다고 부인이 대답했다. 다음 날 늦은 오후에 그들 부부는 나를 다시 찾아왔다. 나는 남편에게 결혼생활에 관해 조목조목 질문을 던졌다.

"남편으로서 가사 일을 함께하지 않는 특별한 이유라도 있으신가요?"

남편은 자기 생각을 진지하게 말했다.

"퇴근 후 저녁에 집에 오면 아내는 친정에 있다고 문자가 올 때가 많아요. 따뜻한 가정을 늘 그리워했는데 아내가 없는 싸늘한 가정이 싫었어요."

또 남편에게 현재 자기의 감정을 아내에게 솔직히 말하지 않는 이유에 관해서도 물었다.

"제가 무슨 말을 하면 아내는 들으려고 하지 않았어요. 그게 너무 화가 났어요. 저를 무시하는 것 같고, 또 남편에게 상냥하게 하는 것 같지 않아서요."

그들 부부에게서 드러났듯이, 남편의 그런 말과 행동을 하게 된 이유를 듣고서 이런 생각을 하게 되었다. 모든 것이 상대적인 것처럼, 지금 상대의 부정적인 말투는 과거에 자기 말과 행동에서 비롯된 것이라는 생각이 들었다. 평소 배우자에 대한 약점이나 부족함을 포근히 감싸주는 배려가 있어야 한다. 배우자는 또 하나의 나이기에 소중히 여기는 특별한 존재이다. 그래서 자신의 문화적 기준으로 상대를 비난하거나 경멸해서는 안 된다. 그렇지 않으면 교차점 없이 완벽한 평행선을 긋게 된다. 이를 풀어보면 상대를 이해하지 않는 상태에서 훅하고 던진 말로 상대의 마음은 상처를 입는다. 그러면서 상처받은 상대는 사랑했던 마음의 문을 슬며시 닫는다. 완벽한 평행선이 시작된 것이다. 해독제는 작은 배려이다. 나는 남편에게 이렇게 조언했다.

"부부간에도 눈에 보이지 않는 분명한 선이 있습니다. 그 내용을 보면 이렇습니다.

첫째, 결혼은 연극과 같아서 상대 주인공을 존중하고 나 자신의 역할에 충실해야 하는 것처럼, 결혼생활에서 배우자를 비난하고 경멸하는 말투는 행복한 결혼생활에 방해가 됩니다. 둘째, 남편으로서 가정에 책임을 져야 합니다. 의도적으로 상대를 위한다고 눈에 보이게 계산하면 불행의 시작이 될 수 있습니다. 이를테면 '오늘 청소는 내가 했으니 나의 역할은 다했다.'라는 식으로 계산하면 분명 부부간에 갈등의 불씨가 될 수 있습니다. 가사 분담의 경우 상대를 존중하는 마음에서 자발적으로 해야 합니다. 셋째, 배우자가 태어나고 자란 집안에 대해 욕하거나 나쁜 말을 하면 듣는 상대는 마음이 편치 않을 뿐만 아니라 가정의 불화가 끊이지 않을 것입니다."

『어린 왕자』로 유명한 프랑스의 작가 생텍쥐페리는 "결혼은 서로를 바라보는 것이 아니라 함께 같은 방향을 바라보는 것이다."라고 말했다. 진정한 사랑은 계산하듯 주고받는 것이 아니라 대가를 바라지 않는 것에서 시작된다. '부부간에 분명한 선'이 있다는 것을 한 번도 듣지 못했다면서 남편은 그의 뒤통수를 어루만지며 이렇게 대답했다.

"제 어머님이 늘 말씀하시길 남자는 부엌에 가면 큰일을 하지 못한다고 하셨어요. 그런 말을 들으며 자라서인지 상대를 이해하기보다는 제 기준에 상대가 맞춰 주길 바랐어요. 하지만 말씀을 듣고 보니 상대를 이해하는 것부터 시작해야 할 것 같아요."

며칠 후 부인으로부터 연락이 왔다. 남편의 태도가 많이 달라졌고, 대화방식에도 변화가 있었다고 했다. 무엇보다도 회사에서 심사 과정에서 점수 착오가 있었다며 차장으로 승진되었다는 소식을 듣고 기뻤다고 말했다. 생활의 사소한 것이라도 대화를 나누고 그러면서 상대에 대한 존중과 배려, 이해하는 마음을 가질 때 행복한 결혼생활을 영위할 수 있다.

결혼은 권리가 절반으로 줄어들고 대신에 책임이 두 배로 늘어난다. 그렇다 보니 결혼 전에는 보이지 않는 자신의 권리를 마음껏 누렸다. 혼자라서 자유로울 수 있었다. 언제부턴가 자신이 자유롭지 못하다고 느낄 때가 있다. 그것이 바로 문화가 다른 두 사람이 하나가 되는 결혼이다. 새로운 관계의 시작이면서 책임이 배로 늘어난다. 또 이 세상 어디에도 나와 똑같이 결혼생활을 하는 사람은 없다. 나와 어느 정도 닮은 결혼생활을 하는 사람은 있어도 정확히 나와 똑같은 결혼생활을 하는 사람은 없다. 결혼의 궁극적 목적은 '행복'이며, 그 과정이 '사랑'이다. 그러면 '행복하게 산다'라는 것이 도대체 무엇일까? 19세기 독일의 철학자 쇼펜하우어는 이렇게 말했다.

"그것은 곧 덜 불행하게 사는 것이다."

가장 행복한 운명을 타고난 사람은 육체뿐 아니라 정신적으로도 그다지 큰 고통을 겪지 않고 살아온 사람이지, 대단히 큰 기쁨이나 엄청난 쾌락을 맛본 사람이 아니다. 그러니까 그건 고통을 견디는 것이다. 쇼펜하우어는 또한 주로 행복을 위협하는 적으로 고통과 권태 두 가지를 꼽았다. 가난과 결핍이 고통을 주고, 반대로 안전과 과잉이 권태를 준다. 정신력이 풍부한 사람은 고통이 없고 번민이 없으며, 마음이 안정되기를 힘쓴다. 인간은 자아가 풍부할수록 외부 세계에서 요구하는 것에 크게 동요되거나 의식하지 않는다. 그러면서 쇼펜하우어는 이런 말을 덧붙였다.

"우리는 다른 사람들과 같아지기 위해 우리 인생의 대부분을 낭비한다."

우리는 외부 세계의 시선을 너무 의식한다. 그렇다 보니 자신의 가치 있는 삶에 많은 시간을 쏟고 살아가기가 힘들다. 그렇지만 자신의 자아실현에 장벽이 되는 요인을 찾아서 개선한다면, 삶의 시간과 노력을 낭비하지 않고 참다운 가치와 진정한 행복을 발견하게 된다.

결혼 9년 차인 맞벌이 부부가 어떤 하나의 문제로 심각한 고민에 빠졌다. 그들의 문제는 부인의 과소비로 가정이 재정적 어려움을 겪고 있다고 남편이 말했다. 그런 이유로 이혼하느냐 그냥 별거하느냐 하는 것에 남편이 나에게 진지한 얼굴로 말했다. 그러자 옆에서 부인은 자신의 소비 습관은 아무런 문제가 없다고 하면서 가정에 꼭 필요한 것을 산다고 했다. 그리고 물건을 사야 할 거면 값싼 것보다는 좋은 걸 사는 거로 생각하기 때문에, 가정에 필요한 것을 구매하는 데 문제가 되지 않는다는 것이었다. 그러면서 백화점에서 적절한 소비는 자신에게 만족감을 주었을 뿐만 아니라 평소의 노력에 비해 과소비가 아니라고 그녀가 당당하게 말했다. 그러자 남편이 떨리는 목소리로 말했다.
"저는 아내의 과소비로 인해 가정의 경제적 불안감이 증폭되었다고 생각해요. 그로 인해 스트레스를 받고 있어요. 무엇보다도 지난달부터 회사의 구조조정에 의한 인원 감축으로 제가 직장을 잃게 될까 봐 늘 불안한 마음으로 살고 있어요. 그래서인지는 몰라도 우리 부부의 행복 지수가 점점 나빠졌어요."
이들 부부에게 가장 큰 문제는 어떤 것에 대해 공유하고 상대를 이해하고 상의하지 않았다는 점이다. 즉 부인은 자기 만족감과 가족의 행복을 위해 구매에 고민하고 있었다. 또 남편은 가장으로서 부양의 책임감과 직장의 불안감, 그리고 아내의 과소비로 스트레스가 점점 쌓여가고 있었다. 가정의 재정 관리를 공유하고 상의가 없다면 부부 사이에 교차점이 없을 뿐만 아니라 항상 위험신호가 될 것이다. 나는 남편과 부인에게 다음 중 하나를 선택하라고 질문을 던졌다.

① 재정 관리는 각자 관리한다.
② 의논해서 재정 관리 방법을 결정한다.
③ 공동명의 계좌 개설 등 재정 관리를 공동으로 관리한다.

그들은 어떻게 대답해야 할지 잠시 망설이다가 남편부터 대답했다. 남편은 ①을, 부인은 ②을 각각 선택했다. 하지만 나는 이들 부부에게 ③을 권유했다. 미국의 대학 연구팀(미국 인디애나대 켈리 경영대학원 연구팀)의 조사 결과, 1번과 2번에 비해 공동 재정 관리가 가정의 자산이 안정적으로 운용되어 돈 문제로 다툼이 줄었다고 했다. 그뿐만 아니라 이혼율도 현저히 낮았다고 했다. 무엇보다도 다른 것에 비해 가정이 가장 행복해졌다는 것이었다.

몇 개월이 지나자 그들 부부에게 변화가 일어났다. 효과적인 재정 관리 방법을 찾으면서 상대에 대한 이해력이 높아졌고, 서로에게 더욱더 깊은 신뢰로 행복한 삶을 살아가기 시작했다는 것이다.

만일 아내가 백화점에 갈 때 남편도 함께 가면 어떨까?

내가 알고 있는 어떤 중년 남자는 꼭 아내와 함께 백화점에 간다. 거기서 서너 시간 동안 쇼핑을 함께 즐긴다. 아내의 옷도 골라 주고 이런저런 얘기도 하고 맛있는 음식도 먹으니까, 아내의 스트레스가 훨씬 줄어들었다고 그가 겸연쩍게 웃으며 말했다. 그는 또한 남을 의식하지 않는다고 덧붙였다. 그는 서로 마주 보며 얘기를 나누는 것만이 대화의 전부가 아니라고 하면서, 몸으로도 마음으로도 표현할 줄 알아야 한다고 말했다. 부부가 자신의 문제를 솔직하게 내어놓거나 상대를 이해하려고 노력한다면 생각 차이, 자녀와의 갈등, 시댁이나 친정과의 갈등, 무력감, 직장 스트레스, 경제 문제 같은 것들은 그들의 생활을 방해하지 못한다.

두 사람이 가치관의 차이로 갈등을 겪게 되면, 매 순간 선택의 연속이 되어 천당과 지옥을 오갈 수 있다. 먼저 우선순위를 따져 결정해야 한다. 이를테면, 자식인지 배우자인지, 친정인지 시댁인지, 가정 경제에 대한 공동 관리인지 각자 관리인지, 배우자의 불륜을 받아들일 것인지 아닌지……. 결혼은 행복 아니면 고통이다. 천당과 지옥 사이에는 '대화의 농도'에 따라 바다의 빛깔처럼 행복의 색깔이 결정된다. 즉 부부가 함께 보내는 시간의 양보다는 진정한 대화를 나누는 시간이 더 중요하다.

배우자와 상의 없이 어떤 일을 처리했을 때 후폭풍이 일어나는 사례가 있다. 아내가 친정아버지 생신 때 무스탕을 선물한 것에 대해 남편이 몹시 언짢은 표정을 지었다. 그들은 집에 오자마자 그

일로 한바탕 다투었다. 아내가 화난 얼굴로 이유를 따져 물었다.

"당신은 아버지의 어떠한 질문에도 '예', '아니오'라고 짧게 대답하는데, 평소 나한테 불만이 있는 거야?"

잠시 남편이 말이 없다가 아내에게 대답했다.

"우리 엄마에겐 딸랑 가방 하나 사주면서 장인어른께는 비싼 무스탕을 사주는데, 형평성에 어긋나잖아!"

이 계기로 좋았던 둘 사이가 갑자기 서먹한 관계가 되었다. 이들 부부는 크게 두 가지의 문제점이 있다. 우선 친정아버지에게 드릴 선물을 준비할 때 먼저 남편과 의논해야 했다. 집안 대소사는 배우자와 상의해서 결정해야 한다. 두 번째는 친정아버지에 대한 호칭 문제이다. 장인어른이라는 표현보다는 아버님이라는 호칭을 사용하는 것이 친밀한 느낌이 든다. 가정생활에 아주 사소한 것이라도 단순하게 넘어가서는 안 된다. 다시 말하면 서로가 어떤 문제에 관해 얘기를 꺼내 놓고 상의하며 하나씩 풀어가야 한다. 이것이 결혼의 기본 정석이다.

그러면 결혼의 정석 중 가장 많은 갈등이 일어나는 원인은 무엇일까? 그것은 혼자서 생각하고 판단하고 행동해서이다. 내가 만난 부인들 가운데 상당수가 남편이 갑자기 장사를 시작하겠다고 선언할 때, 가장 당황스러웠다고 고민을 털어놓는 경우가 많았다. 안정적인 직장을 그만두고 뜬금없이 장사한다면 누가 섣불리 이해하고 승낙할 수 있겠는가? 직장을 그만두기 전에 배우자와 충분히 의논해서 결정해야 한다. 내 사업 구상이 구체적이고 성공 가능성이 크다고 하더라도 실패에 대한 대안도 마련되어 있어야 한다. 모든 사업이 마찬가지로 그것이 성공이든 실패든 신만이 알 수 있는 것이다. 즉 혼자서 뭐든 이루려고 애쓰지 말아야 한다. 기쁨은 배가 되고 슬픔은 반감되는 것은 부부 사이에도 적용된다. 결혼생활에 관해 러시아 속담에 이런 말이 있다.

"전쟁터에 가기 전에 한 번, 바다에 가기 전에 두 번, 결혼생활을 하기 전에는 세 번 기도하라." 이것은 총알과 폭탄이 난무하는 전쟁터보다도 먼바다를 항해하는 것보다도 훨씬 치열하고 위험한 모험의 장이 결혼이란 뜻이다. 이를 풀어보면 이렇다.

현실사회에서 여성이 결혼하면 남성과 다르게 다니던 회사를 그만두는 경우가 있다. 그런가 하면 세월이 지나서 뜻하지 않게 어떤 갈등으로 서로가 헤어질 때, 여성은 여러모로 불합리한 관행적 사회 규약 때문에 스트레스를 받는다. 더군다나 한 가정에서도 관례적 집안 규약이 있다. 결혼하면 집안에 어른들이 말하는 훈계를 귀담아들어야 하고, 부모님이 뭘 요구하면 아무 이유 없이 무조건 따라야만 했다. 어디 그뿐인가? 가까운 친구나 지인 등 수많은 사람이 그들 가정에 끼어들어 방해하기도 한다. 그러나 연극에서 주인공은 자식이나 부모나 친구나 주변 사람들이 아니다. 그건 오로지 배우자와 자신뿐이다. 결혼생활은 부부가 주인공이지만 그렇다고 단지 둘만의 공간이 아니다. 거미줄처럼 서로 연결되어 있다. 그런 환경 속에서 부부는 미래지향적 대화를 나누면서 서로를 이해하고 알아가고 함께 꿈을 만들어 가는 사랑과 행복 그 자체이다.

또 가정이라는 성채에서 실생활에 지켜야 할 생활 규칙에 대해 서로 합의를 보아야 한다. 결혼생활에서 행복의 척도는 정량적 수치보다는 정서적 감정이 훨씬 크다는 것을 기억해야 한다. 결혼식장에서 무대에 올라선 신랑과 신부는 그 어느 때보다도 찬란하고 아름답다. 그러나 다른 한편으로 생각해 보면, 소설이 끝나고 새로운 역사의 첫 페이지를 시작하는 순간이다. 연애 시절에는 사랑, 즐거움, 철학 같은 것을 얘깃거리로 나누었다면 부부가 되는 순간 시간, 돈, 노동력까지 나눠야 한다.

『파랑새』의 저자이자 노벨문학상을 수상한 마테를링크는 "인생은 한 권의 책이다. 우리는 태어나서 죽을 때까지 매일 그 한 페이지씩 한 페이지를 창작하고 있다."라고 말했다. 문학과 예술의 역사는 지성의 역사이며, 결혼은 살아 숨 쉬는 삶의 역사이다. 즉 결혼은 두 사람 사이에 느낄 수 있는 진실한 사랑이 연속으로 이어지는 그들만의 솔직한 삶을 쓰는 살아있는 부부의 역사이다. '결혼한다'라는 것은 행복이라는 목표가 있긴 하지만 그건 그리 쉽지 않다. 두 사람이 바라는 행복의 조건이 다르면 원만한 부부 생활을 기대하기가 어렵다. 결혼은 조건에 맞춰 진행하는 사업이 아니라, 모든 것을 걸고 도전하는 인생의 도박이다. 조건을 따지면 결국엔 조건 때문에 불행을 맞게 된다. 서양 속담에 "결혼은 남자가 자유를, 여자가 행복을 걸고 하는 도박이다."라고 했다. 그만큼 결혼은 절박한 현실이고 신중해야 한다. 『로미오와 줄리엣』의 저자이자 세계 문학의 거장 셰익스피어도 서둘러서 한 결혼이 순조로운 경우가 극히 드물다고 말했다. 결혼할 때 배우자에 대한 조건의 기준은 모두 다르다. 결혼의 궁극적 목적이 경제적인 면에 중점을 두었다면 남편의 사업 실패는 결국 이혼으로 이어질 수 있다. 만일 학벌이 좋고 높은 연봉에만 초점을 맞췄다면 대화 불통의 성격 탓에 결혼생활 자체가 고통스럽다. 다정하게 배우자와 외로움을 달래며 늘 함께하고픈 경우에는 사업가와 결혼해선 안 된다. 배우자의 조건 중 가장 중요한 것이 있다. 그것은 바로 배우자의 성격이다. 결혼 전에 상대의 성격이 장점으로 여겼던 것들이 결혼생활에서 단점으로 변할 수 있음을 인지해야 한다. 예를 들면 자기 이상형이 '듬직하고, 말없이 책임감 있고, 무던한 사람'이라고 말했던 것들이 헤어질 때는 '단순하고, 말이 안 통하고, 자기중심적이고, 무관심한 사람'이 싫어서 갈라선다고 그 이혼 사유를 밝히는 사람도 있다. 만남의 이유가 헤어짐의 이유가 되는 것은 관점의 차이일 뿐, 그 사람 자체는 변함없는 모습 그대로다. 결혼은 남의 속도에 맞추거나 인연이 좀 있다고 해서 바로 하는 게 아니다. 자신의 속도에 맞추어야 한다. 탈무드에 이런 얘기가 나온다.

"태초에 신이 여자를 남자의 머리로 만들지 않는 것은 여자가 그를 지배하지 않도록 하기 위해서이다. 그렇다고 여자를 남자의 발로 만들지 않는 것은 여자가 그의 노예가 되어서는 안 되기 때문이다. 그렇다면 여자를 남자의 갈비뼈로 창조한 것은 늘 그의 마음 가까이에 있게 하기 위함이다."

이렇게 놓고 보니 태초에 여자는 남자 곁에 머물고 싶어 하고, 남자는 여자를 곁에 머물기를 바라는 것이 아닌가 생각한다. 남자와 여자가 같은 언어를 쓰지만 각자 해석은 다르다. 몇 가지 예를 들자면 이렇다.

코호트(어떤 특정 집단을 대상으로 일정 기간 추적하고, 질병 발생률이나 건강 상태를 조사하는 방법) 연구에 따르면, 남자는 시공간 능력이 뛰어나고 여자는 언어적 능력이 좋다. 남자는 존경과 칭찬을 받고 싶어 하고 여자는 사랑과 배려를 받고 싶어 한다. 스트레스를 받으면 남자는 침묵하고 여자는 말로 표현한다. 같은 상황이라도 받아들이는 관점이나 어떤 문제를 풀어가는 과정이 서로 다르다. 그렇다 보니 그들이 서로 다름을 인정해야 한다. 그걸 인정하면 행복한 결혼생활의 절반은 달성한 셈이다. 그러고 나서 그 차이를 좁히기 위해 모호한 불평보다는 자기 자신에 대해 분명하고 상세한 설명으로 이루어진 표현 방식을 배워서 그 수단으로 자꾸 대화를 시도해야 한다. 배우자와 사고의 간격을 좁히지 못하면 비극적 상황에 이를 수밖에 없다.

우리는 돈, 명예, 권력, 인성, 사회적 배경 등 자기 내면의 필터를 통과한 사람 중에서 잠재적 배우자를 선택한다. 누구나 결혼의 행복을 열망하지만, 그 행복은 가까이 다가오지도 멀리 있지도 않은 채 일정한 간격을 유지하고 있다. 행복을 이루기 위해서는 서로의 노력이 필요하다. 이 모든 노력의 끝은 결국 내 영혼뿐만 아니라 배우자의 영혼도 축복받기 위해서이다. 결혼이 소중하고 아름다운 이유는 두 사람의 삶을 풍요롭게 하고 서로에게 위안을 주며, 편안한 마음으로 쉴 수 있는 가정을 만들어주기 때문이다. 이는 변함없는 진리이다.

갈등의 벽을 넘어

 "상대에게 관대한 만큼 자신의 마음도 넉넉해진다. 또 상대에게 야속하게 군만큼 자신의 마음도 좁아진다. 상대에게 친절하고 관대한 것이 자신의 마음을 평화롭게 유지하는 길이다. 그런고로 상대를 행복하게 할 수 있는 사람이 또한 행복을 얻는다." 현대 대학의 원형인 아카데메이아(아카데미)의 창설자로 고대 그리스의 철학자 플라톤의 말이다.

 사랑 속에서 두 사람은 서로 다른 생활 방식이나 가치관을 서서히 좁혀가며, 서로를 이해하고 노력해야 한다. 두 사람이 완전히 하나가 되었다고 느낄 때까지. 그것이 부부의 갈등을 해결해 주고 행복한 결혼생활을 만들지만, 다른 한편으론 삶 자체가 그저 하나의 고통이라는 생각이 들 때마다 전에 꾸었던 꿈과 희망을 잃어버렸다는 생각을 떨칠 수 없을 것이다. 그래서 결혼을 후회하거나 속았다고 느끼며 말다툼을 벌이고, 악감정을 품고, 서로의 마음을 해치며 잘잘못을 따지게 된다. 백년가약을 굳게 언약한 부부가 그들의 생활 속에 어찌 한가지 갈등만 있을 수 있겠는가?

러시아의 작가 톨스토이의 소설 『안나 카레니나』 첫머리에 나오는 문장을 보면 "행복한 가정은 서로 비슷한 이유로 행복하지만, 불행한 가정은 저마다의 이유로 불행하다."라고 했다. 『안나 카레니나』 작품은 위선, 질투, 욕망, 사랑, 갈등 등 인간의 온갖 감정과 결혼, 계급, 종교 등 인간이 만든 사회 구조의 틀에서 작가의 모든 고민이 집약된 걸작이다. 결혼해서 가정생활이 자기 뜻대로 모든 일이 이루어지지 않았다고 불평하는 것이 아니라, 오히려 삶이 일어나는 대로 자기 삶을 특별한 것으로 받아들여야 한다. 그러면 당신은 어떤 갈등에서도 이를 지혜롭게 극복하고 행복하게 살 수 있을 것이다. 즉 나쁜 것은 나쁜 것대로 오게 하고, 좋은 것은 좋은 것대로 가게 하라. 그러면 힘든 삶이 그대 마음속에 사랑과 평화로 다가올 것이다.

어느 햇빛 화창한 금요일 오후였다. 50대 초반의 중년 남성이

나를 찾아왔다. 그 남성은 어린 시절부터 악조건들을 극복하면서 살아 나가야 하는 것이 여간 고통스러운 게 아니었다고 털어놨다. 그가 어렸을 때 그의 아버지가 세상을 떠난 뒤 얼마 지나지 않아 그의 어머니마저 돌아가셨다고 말했다. 그가 의지할 곳이 없게 되자 어린 여동생을 데리고 당시 이웃에 살던 이모 집에 간신히 얹혀 살게 되었다. 아니나 다를까 거의 다 쓰러져 가는 집에다 자식들까지 많아서 이모 집도 형편이 어렵기는 마찬가지였다. 이모 집에 눈치가 보여 여동생과 함께 얹혀살기가 힘들었다고 하면서, 당시의 시절을 떠올리며 그가 큰 한숨을 내쉬었다. 그러다가 온갖 고생의 유년 시절을 보낸 후 독립할 나이가 되자, 동네 구멍가게 주인집 딸인 지금의 부인과 결혼해서 일찍이 가정을 꾸렸다. 돈이 없으면 고생한다는 어린 시절의 트라우마에 사로잡혀서인지 자기 몸을 돌보지 않고 열심히 돈 버는데 모든 정열을 쏟았다.

  그러던 어느 날 그가 건축 도장 일을 마치고 가족을 생각해서 큰 갈치 한 마리를 들고 집에 들어섰다. "더 이상 당신과 살기 어려워 애들 데리고 집을 나가니 잘 살아요."라는 편지 한 장만 달랑 남기고 아내와 아이들이 모두 사라졌다. 그 중년 남성은 아내가 집 나간 이유도 모른 채 자신의 신세를 한탄하며 왈칵 눈물을 쏟아냈다. 성실하게 살았던 그가 한없이 가엽다고 생각하니 나 역시 눈물이 핑 돌았다. 사실 그 중년 남성과 그의 아내는 진실한 대화를 서로 나누지 못하고 그저 단순하게 살았다. 결국엔 그들 부부 각자에게는 자기를 이해해 줄 사람이 필요한 것이었다. 마음이 돌아선 부인과 자식들이 다시 본래의 가정의 품으로 돌아오게 해야 하는데, 어떤 방법이 좋을지 그는 고민하고 있었다. 몇 차례나 그 중년 남성은 가족을 만나러 가서 대화를 시도하였으나 그의 아내는 대꾸조차 하지 않았다.

자신의 느낌을 편지에다 솔직하게 써서 표현하는 것이 무척 중요하다고 나는 그 중년 남성에게 조언했다. 그는 여태껏 써본 적이 없는 진실한 마음의 글을 백지 위에다 적었다. 그가 아내에게 가장 부드럽고 따뜻한 글로 여러 번 편지를 보내곤 했다. 그 부인은 남편의 진실한 마음을 알았을까. 얼마의 시간이 지나자 부인의 마음이 조금씩 열리기 시작했다. 그 중년 남성은 잘생긴 얼굴은 아니었지만, 그의 진실한 마음이 부인의 마음을 감동하게 한 것이었다. 마침내 며칠 기다림 끝에 그의 집 앞에 부인과 자식들이 도착했다. 그 중년 남자는 그렇게 해서 자기 삶을 의미 있는 특별한 것으로 만들었다고 말했다.

그 중년 남성은 자기 가족들에게 다정하게 표현하는 것이 서툴러서 그런지, 터놓고 즐거운 대화를 나눈 적이 거의 없었을 뿐만 아니라 부인과 그다지 대화를 나눌 기회조차 없었다. 그저 가족을 위해 막노동 같은 허드렛일이라도 쉬지 않고 해왔다. 또한 부인이 그런 남편에게 애정 어린 마음으로 조금이라도 관심을 보였다면, 다른 일반 가정처럼 원만한 가정을 꾸리며 아이들과 함께 행복하게 살았을 것이다.

사랑에는 고통이 따른다고 하지만, 둘 사이에 소통이 어렵고 관계가 어그러지면 참으로 고통스럽다. 또 둘만의 관계만 놓고 보면 별다른 문제 없이 원만한 가정생활에 그다지 불만이 없다. 그렇지만 평화로운 그들 사이에 양가 부모들이 개입되면, 균형 잡힌 가정생활을 유지하기 위해서는 서로 더 많은 대화의 시간을 가져야 한다. 그래야 가치관이 서로 다른 두 사람이 그 간격의 벽을 좁혀서 갈등의 불씨를 만들지 않는다. 다시 말해서 많은 갈등의 불씨가 배우자와의 관계를 생각하겠지만, 가장 가까운 친인척과의 관계에서 발생하고 있다. 모두가 낭만적인 결혼생활을 꿈꾸며 결혼 이후에도 그 연장선에 있을 것으로 생각한다. 그렇지만 결혼생활을 하다 보면 이상적인 세계에서 현실적인 세계로 바뀐다는 사실을 알고 느끼고 경험하고 배운다. 친인척과의 관계 같은 가정 밖의 문제에 대해선 사전에 충분히 대화를 나누어야만 한다. 대개는 그런 문제에 대해선 상의 없이 혼자서 생각하고 판단하지만, 막상 갈등의 불씨가 나타나면 당황하게 된다. 그런 경우에는 배우자의 마음이 준비되어 있지 않아 매우 곤혹스럽다.

결혼에 앞서 두 사람이 많은 대화를 나누어야 하는 이유가 있다. 다음 사례를 보면 이해할 수 있을 것이다. 시어머니를 절대로 모시기 싫어하는 며느리가 있었다. 홀로 사는 어머니에 대해 막내아들은 지극히 효자였다. 하지만 막내며느리는 시어머니를 이유 없이 싫어했다. 이를테면 명절 때 막내며느리는 자주 아프다는 핑계를 대며 참석하지 않았고, 시어머니의 생신에도 바쁘다는 이유로 가족 모임에 오지 않는 경우가 많았다. 한번은 막내아들이 좋아하는 고들빼기를 맛깔나게 담가서 다른 반찬과 함께 들고 막내아들 집에 찾아갔다. 그렇지만 그 막내며느리는 이를 알고 있으면서도 거실에서 오랫동안 그녀의 친구들과 수다를 떨었다. 그런가 하면 추운 겨울에 시어머니는 막내아들의 아파트 비번을 몰라 공원에서 한참을 떨고 있다가 막내아들이 늦게 퇴근해서야 같이 들어가곤 했었다. 막내아들뿐만 아니라 그의 형까지도 막내며느리의 행실을 모를 리 없었다. 그렇지만 평온한 가정을 위해 애써 참는 것이라고 막내아들이 나에게 말했다. 이런 일들이 계속 반복되다 보니 돈독했던 형제간의 우애에 금이 가기 시작했다. 마침내 형과 갈등의 골만 깊어졌다. 사실 막내아들은 형의 도움으로 대학 공부를 할 수 있었고 결국에 가서 대기업에 취업했다. 그 막내며느리가 시어머니를 무척 싫어하는 이유는 딱 한 가지였다. 그녀는 물려받을 재산이 없어서 그냥 시어머니가 싫어졌다는 것이었다. 형제간의 우애가 돈독해지기 위해서 어머니를 요양원에 보내자는 막내며느리의 의견을 존중하기로 했다. 그래서 형제간에 비용 절반씩 부담하고 그의 어머니를 요양원에 모시기로 했다. 그 이후로 두 형제간의 우애에 금이 가는 일도 없었고, 막내며느리의 투정도 줄어들었다.

  만일 며느리가 시어머니를 모시기 싫다면 그렇게 애써 모실 필요가 없다. 또 며느리가 시어머니를 모시지 않는 것에 대해 남편은 자기 아내를 무시하거나 불평불만을 가져서도 안 된다. 아내 동의 없이 남편의 강력한 의지로 어머니를 모시고 산다면 행복한 가정을 기대하기는 어렵다. 중요한 점은 어떠한 것이라도 부부간에 상의해서 결정해야 한다. 즉 두 사람의 합의가 일치되지 않으면 훗날 가정불화의 불씨가 될 것이 틀림없다.

'어머니'라는 단어는 대개 헌신적인 희생과 함께, 저마다 마음속 고향을 떠올리게 한다. '내리사랑은 있어도 치사랑은 없다'라는 말이 있듯이, 자식에 대한 책임을 끝까지 다하려는 어머니의 마음은 이해할 수 있어도 자식이 그대로 따라 할 수는 없다.

일류 대학에 당당히 합격하고 세계 초일류기업에 입사한 아들이 있었다. 그의 어머니와 며느리 사이에 일어난 갈등을 어떻게 극복했는지 그 어머니가 내게 들려준 사연을 들어보자.

그 어머니는 자식을 잘 키워 출세시키기 위해 온갖 궂은일도 마다하지 않고 자식을 뒷바라지했다. 마침내 그녀는 아들을 남들이 부러워하는 회사에 입사까지 시켰다. 자식만은 남부럽지 않게 뼈 빠지게 키웠던 것이다. 그 어머니는 이곳저곳을 다니며 식당 일과 가사 도우미로 일했다. 어느 날 동네의 어떤 졸부 집에서 연락이 왔다.

"댁의 아드님과 우리 딸이 결혼했으면 합니다."

그 집의 남자 사장은 그의 부모로부터 상속받은 재산으로 부동산 임대업을 하면서 돈을 불렸다. 그 집 셋째 딸은 결혼 경험도 있고 성격도 그리 좋지 않다는 소문이 그 동네에서 모르는 사람이 거의 없을 정도였다. 그 어머니의 아들이 공부를 잘해서 대기업에 입사했다는 사실을 졸부 집에서 알게 된 것이다.

 그런 후 얼마 지나지 않아서 둘은 결혼했다. 효자인 아들은 지금의 아내로부터 어머니를 모시기로 사전에 약속을 받았다. 그러나 허구한 날 며느리는 친정집이 자기 안방인 듯이 들락거리고 백화점에 가서 돈을 물 쓰듯 쓰며 생활했다. 성실하게만 자란 아들은 그런 환경에 익숙하지 않아서인지 감당하기가 벅찬 모양이었다. 아들이 퇴근 후 집에 들어오면 저녁 준비는 어머니가 도맡아 했다. 며느리는 손 하나 까딱하지 않고 소파에 앉아 그녀의 친구들과 전화로 수다를 떨었다. 심지어 청소, 빨래, 반찬거리 준비 같은 집안일은 모두 어머니 몫이 되고 말았다. 그러다 보니 며느리를 바라보는 어머니의 심정은 늘 마음에 거슬렸다. 어느 날 어머니가 심장병으로 병원에 입원했다고 연락받은 아들이 황급히 병원으로 달려갔다. 어머니는 입원실에 들어오는 아들을 보고 처음으로 꾸짖었다.

 "돈이 그렇게 좋으냐."

 그러고는 어머니의 손을 꼭 잡은 아들은 연거푸 죄송하다고 말했다. 어머니가 입원해 있는 사이에 아들은 자기 아내에게 조용히 말했다. 어머니의 거처에 대해서 어떻게 했으면 좋을지…….

 며느리는 이제 어머니를 모시기 싫다고 냉정하게 말했다. 한집에 살면서 여간 불편한 것이 아니라는 것이 며느리의 생각이었다. 아들은 고집불통인 아내를 겨우 설득해서 다시 어머니와 한집에 살기로 했다. 그렇지만 어머니를 모시는 방법을 달리했다. 그들은 고심 끝에 같은 동네에 양옥집과 그 옆에 작은 한옥을 지어 어머니가 그곳에서 지내시기로 합의했다. 마당이 있는 양옥에는 둘이 살고 조그만 한옥에는 어머니가 살게 되었다. 그 이후로 어머니와 그의 아내는 소소한 다툼이라도 거의 일어나지 않았다. 아파트에 두 집 살림은 어려운 구조를 하고 있다. 옷을 마음 놓고 벗을 수도 없고 편하게 있을 곳도 마땅치 않다. 마당이 있는 곳에서는 두 가구가 사는데 충돌이 덜 일어난다. 양옥과 한옥의 구조상 독립된 살림이 가능하기 때문이다. 그런데 그들 부부에게 또 하나의 과제가 기다리고 있었다. 각자 다른 문화에서 성장한 그들이 결혼 후 새로운 그들만의 문화를 재창조할 수 있을까. 즉 금수저인 며느리가 새로운 흙수저 문화에 적응할 수 있도록 이해시키는 일이었다. 또한 나는 그녀의 아들에게 궁금한 것 하나가 있었다. 가난한 환경 속에서도 자신감과 꿋꿋한 의지로 이처럼 성공적인 삶을 이끌게 된 원인이 무엇인지 그녀의 아들에게 물었다.

  그는 망설임 없이 어머니 덕분이라고 말하는 것이었다. 그는 어머니가 베풀어 주신 사랑은 하나의 에너지가 되었다고 말했다. 그러면서 마음속에 깃들인 어머니의 사랑에 진정으로 늘 감사한 마음을 갖고 있다고 말했다. 그리고 언제부턴가 금수저인 며느리는 이 가정의 문화에 서서히 잘 적응해 나갔다. 집 구조가 그래서인지 고부간의 다툼 대신에 대화의 시간이 늘어났다. 이사 후 얼마 지나지 않아 이 가정에 아이가 생겼다. 앞으로 행복한 가정으로 항해할 것이 확실해 보였다.

  "부부가 진정으로 서로 사랑하고 있으면 칼날 폭만큼의 침대에서도 잠잘 수 있지만, 서로 반목하기 시작하면 폭이 넓은 침대로도 너무 좁아진다." 탈무드에 나온 말이다.

결혼해서 크게 부딪치는 것 중의 하나가 고부갈등이나 장서갈등이다. 갈등의 원인을 한마디로 말하면, 서로 간에 문화적 차이를 존중하지 않아서이다. 그러니까 상대의 문화를 이해하려고 노력하면 갈등의 불씨가 생기지 않는다. 가끔씩 사람들이 나를 찾아와서 고부갈등이나 장서갈등이 일어나지 않는 유일한 방법이라면서 몇 가지 사례를 일러주곤 했다. 그들이 말하는 것들을 정리하면 이런 것들이었다.

결혼 후 처음으로 시어머니를 만나는 순간부터 '시어머니' 대신에 '어머니'로 부르거나 혹은 '엄마'로 호칭을 사용하면서부터 고부간의 갈등이란 말이 무색하게 거의 일어나지 않았다고 말하는 며느리가 있었다. 그 이후로 시어머니 또한 며늘아기로 대하기보다는 딸로 여기게 되었다는 것이었다. 또 시어머니가 와인을 좋아해서인지 며느리가 이따금 와인을 사 들고 와서 함께 한잔한다고 했다. 더군다나 명절 때마다 어김없이 와인을 마시며 서로의 마음이 통했는지, 기분 나쁜 일이나 말하기 어려운 것들에 대해 이해하게 되었다고 했다. 그로 인해 서로의 사이가 더욱더 돈독해졌다는 것이었다. 또 며느리가 백화점 가기를 좋아하는 편이라서 특별한 이벤트에 시어머니는 며느리와 함께 가서 쇼핑을 즐긴다고 했다. 또 시댁 식구들한테서 무시당하는 남편이 친정집에 가면 풍족한 대우를 받기 때문에 명절 때면 시댁이 아니라 친정집부터 먼저 간다는 부인도 있었다. 이들 사례에서 알 수 있듯이, 시어머니, 며느리, 사위 모두 서로 간에 편리한 방법을 찾으려고 노력한다는 공통점이 있다. 상대의 비위만을 맞추려는 것이 아니라 서로가 똑같이 좋아해야 한다.

예부터 시댁이라면 며늘아기가 감당하기에 참으로 어려운 곳이다. 시댁의 문화를 처음 접한 며늘아기는 그 문화를 서툴게 익히는 과정에서 고난과 고통 속에 한평생을 살아야 했다. 그런가 하면 더없이 평화로운 한 가정에 여지없이 정적을 깨는 것이 시댁의 제사이다. 더욱이 우리네 큰 명절은 가족 모두가 한자리에 모이게 된다. 그러나 저마다 각자의 욕심과 욕망에 사로잡혀 눈에 보이지 않게 서로 갈등의 골만 깊이 쌓인다. 그러다가 어느 순간에 다툼에서 싸움으로 그다음에는 법정 소송까지 이어지는 경우가 있다. 이유는 한 가지밖에 없다. 오가는 대화 없이 서로가 욕심과 욕망만 가득 차 있기 때문이다. 해답은 자신의 마음을 비워야 하는데 그게 말처럼 쉽지 않다. 제사 때문에 며느리가 시댁에 가기 싫다고 해도 강요해서는 안 된다. 엄격히 말하면 며느리가 시댁의 문화를 곧바로 이해하기는 어렵다. 며느리가 그 문화를 제대로 받아들이지 못하거나, 올바르게 받아들이기 위해 긴 시간이 필요하다.

『경국대전(經國大典)』에 의하면, 돌아가신 조상의 기일에 지내는 기제사는 고려 때는 3대(증조부)까지 지냈고, 조선시대에는 4대(고조부)까지 모셨다. 또 경국대전 「예전. 봉사」에는 6품 이상은 3대까지, 7품 이하는 2대까지이며, 일반 서민은 부모만 제사를 지내라고 규정했다. 그러나 1894년(갑오경장)에 신분제도가 철폐되면서 누구나 4대까지 모시게 되었다.

시댁 갈등만큼 장서갈등도 만만치 않게 심하다. '며느리 사랑은 시아버지, 사위 사랑은 장모'란 말이 있다. 이는 흔히 며느리는 시아버지에게서 귀염을 받고, 사위는 장모에게 더 큰 사랑을 받는다는 말이다. 그러나 이제는 이러한 말이 옛말이 되었다. 장모와 한 집에서 살다가 1년 6개월 만에 사위가 집을 나간 사례가 있다. 삼십 대 중반의 그 여성은 고부갈등보다 심한 장서갈등에 대해 그녀의 마음을 나에게 하나씩 털어놓았다.

"저희 부부는 28개월 된 딸아이 하나를 두고 있어요. 처음엔 친정엄마가 매일 아침 일찍 저의 집에 와서 아이를 돌봐주시고 우리 둘 중 하나가 퇴근하고 들어오면, 청소와 저녁 준비까지 해주신 후 당신의 집으로 가셨어요. 친정엄마가 우리 집에 출퇴근하시는 것이 친정엄마에게 미안하고 안쓰러워서 더 나은 편리함을 제공하려고 남편과 상의한 끝에 친정엄마를 우리 집에 모시기로 했어요.

어느 날부터인가 남편이 점차 투덜대기 시작했어요. 남편이 안방 문을 세차게 닫고 들어가면 아이가 놀라 잠에서 깨는 일이 잦았어요. 그때마다 우는 아이를 달래서 재우는 친정엄마의 모습을 보면서 저는 그다지 마음이 편치 않았어요. 어떤 날은 남편이 거실에서 싸우는 사람처럼 큰 소리로 전화 통화하는 바람에 민감하신 친정엄마의 귀와 마음에 상처라도 주지 않을까 하는 조바심이 들 때마다 가슴이 아팠어요. 친정엄마도 이따금씩 저에게 눈치도 주고 해서 제 마음도 힘들었어요."

어느 일요일 오후에 남편의 샤워 소리가 유난히 크게 들리자 부인은 그동안 마음속에 담아두었던 말을 한꺼번에 쏟아냈다.

"여보, 샤워 소리가 왜 이리 커. 소리 좀 낮춰 줬으면 좋겠어. 그리고 목소리 좀 낮춰. 엄마가 신경이 많이 쓰인다고 하셨어. 또 문 닫을 때도 살살 좀 닫아. 애가 자다가 자꾸 놀라잖아."

부인은 그동안 불편했던 것을 하나씩 남편에게 얘기했다. 남편이 '알았어'라고 간단하게 대답할 줄 알았다. 근데 그런 부인의 생각이 완전히 빗나갔다. 남편은 대뜸 이렇게 말했다.

"친구가 전화 와서 그랬는데, 장모님이 뭐라고 하셔?"

남편도 마음에 쌓아둔 것이 많았다는 걸 부인은 알게 되었다. 남편이 무뚝뚝하게 다음 말을 이어갔다.

"최근 들어 장모님이 신경질적일 때마다 난 참았어. 그러고 말이야……."

이때 방에서 듣고 있던 장모가 그동안 힘들고 서운했던 것을 참지 못해서인지 방문을 열고 나와 한마디 했다.

"자네, 내가 언제 신경질을 냈다고 그래! 좀 조용히 하잖은데, 그게 그렇게도 잘못인가?"

그때부터 그들 가정은 그런 식으로 바람 잘 날이 없었다. 시간이 지나면서 친정엄마와 남편 사이에 다투는 소리가 점점 커지고 사이도 멀어지게 되자, 마침내 남편이 집에 들어오는 시간이 점점 늦어졌다고 하면서 부인이 눈물을 훌쩍이며 말했다.

그 이후로 부인이 그녀의 엄마와 대판 싸웠다. 친정엄마도 마음속에 간직했던 무거운 짐 보따리를 하나씩 꺼내기 시작했다.

"사돈도 날 경멸하고 사위도 날 무시해도 너를 봐서 꾹꾹 참았어."

그러면서 친정엄마는 당신의 뺨을 타고 흘러내리는 두 줄기 눈물을 닦으며 말을 계속했다. 부인도 눈물로 얼굴을 적셨다.

"애 업고 시장에 가서 장보고 집안일을 하다가 관절염이 생겨 아파도 아무 말도 못 하고 지냈어. 아니나 다를까 고맙다고 말 한마디 못 할망정 날 원망해!"

부인은 친정엄마도 사위에 대해 한이 많았었나 하고 생각했다. 중간에 있는 부인도 힘들기는 마찬가지였을 것이다. 어느 편에도 설 수 없다는 것이 더욱더 힘들었을 것이다. 그런데도 그녀는 가정의 평화와 아이에게 좋지 않을 것 같아서 늘 참았다. 어쨌거나 이 일을 수습해야겠다는 생각에 부인은 먼저 남편에게 전화를 걸어 겸연쩍은 목소리로 말했다.

"당신의 마음을 이해해야 했는데 그러지 못해서 미안해. 당신이 정말 불편하면 엄마를 이제 오지 말라고 말할게. 엄마가 따로 살겠다고 고집을 부려."

남편은 아내와의 전화를 끊고 얼마 지나지 않아 장모님께 전화를 걸었다.

"장모님, 제가 너무 무례했나 봐요. 제 마음은 그게 아니었는데,

어쨌든 죄송합니다. 앞으로 불편하지 않게 목소리도 낮추고 문 닫는 것도 조심할게요. 저희와 함께 지내세요."

부인은 한집에 같이 살면서 위기의 갈등을 슬기롭게 잘 봉합했지만, 친정엄마와 남편의 관계에 대해 어떻게 해야 할지 난감하다고 말했다.

나는 고민하는 부인에게 이런 말을 전했다.

"서로 간에 불편함이 쌓이다 보면 언젠가 폭발합니다. 그게 언젠지 모르겠지만. 남편이 장모님을 모신다는 것은 그의 심성이 순수하고 착하다고 봅니다. 시간이 허락되면 자주 남편과 대화를 나누세요. 대화의 주제는 중요하지 않아요. 이런저런 얘기를 나누다 보면 남편이 자기 심정의 말을 꺼낼 때가 있어요. 그걸 들어주기만 하면 됩니다. 그리고 장모와 한자리에 있을 때 서로 간에 불편함이 있을 수 있어요. 그럴 땐 서로 간에 웃을 기회를 찾아야 합니다. 어느 순간에 장모와 사위가 대화를 나누게 되면 그때부터 장서갈등의 씨앗이 생기지 않습니다. 대화를 나눠야 각자 마음의 짐을 털어낼 수 있고, 그래야 서로의 불편함이 줄어들 수 있습니다."

얼마의 시간이 흘렀을까. 나는 그 부인을 동네 거리에서 다시 만났다. 부인은 전보다 훨씬 편안하게 보였다. 나는 그녀의 안부가 궁금해서 물었다. 부인은 밝게 미소 지으며 이런 말을 했다.

"선생님의 말씀대로 대화의 기회를 자주 만들었어요. 그랬더니 친정엄마와 남편이 대화의 횟수가 점차 늘어나면서, 그 이후로 다투는 일이 훨씬 줄어들었어요."

미국의 방송인이자 세계에서 가장 영향력 있는 인물 중 한 사람인 오프라 윈프리는 "소통은 대화가 아니라 연결이다."라고 말했듯이, 소통은 단순히 말을 주고받는 것 이상으로 상대를 이해하고 공감하는 과정이다.

여러 장서갈등 중 극복하기 가장 힘든 것이 있다면 처가에서 신혼집을 장만해 줘서 생긴 갈등이다. 신혼 시절, 둘만의 미래를 꿈꾸며 착실하게 살려는 그들에게 장모의 말과 행동에 로맨틱한 꿈을 꾸던 사위의 마음은 하나씩 금이 가기 시작한다. 장모의 심한 간섭에 이혼까지 생각한 남편이 있었다. 그 사연을 들어보자.

시어머니가 정성 들여 만들어 준 음식을 장모가 쓰레기통에 갖다 버리거나 해외여행을 보낸 이웃집 사위와 비교한다면 사위는 어떤 생각을 할까? 아마도 사위는 장모와의 어색한 자리를 벗어나고픈 생각뿐일 것이다. 그러다 보면 장모는 사위를 깔보는 일이 점점 심해지기 일쑤가 될 것이다. 그렇게 되면 사위는 자정이 넘은 시각에 집으로 들어와서 잠만 자고 아침에 일찍 나가는 일이 빈번해질 것이다. 이런 일로 고민에 빠진 어느 부인이 있었다. 어느 날 남편이 무뚝뚝한 얼굴로 이혼서류를 들고 와서 아내에게 내밀었다. 부인은 어떻게 할지 생각하다가 둘만이 자주 가는 카페로 가서 장모의 말과 행동에 무엇이 불만인지 남편의 얘기를 들어 주었다. 남편은 장모님의 간섭이 심해서 제대로 생활할 수 없다는 것이었다. 부인은 어떻게 이 문제를 해결해야 할지 깊은 고민에 잠겨 있었다.

나는 그 부인에게 이렇게 조언해 주었다.

"처가에서 돈을 받아 신혼집을 장만했다는 것이 문제입니다. 친정어머니는 자신의 소중한 돈을 투자했다는 생각에, 부인과 남편 사이에 조금도 망설임 없이 무례하게 끼어들어 온갖 참견을 다 하는 겁니다. 먼저 친정어머니에게 일부라도 돈을 들고 가서 솔직하게 말씀하세요. 우리 가정은 우리가 잘할 테니 옆에서 지켜봐 달라고 부탁해야 합니다. 그래야 간섭의 빈도가 줄어들고 편안하게 두 분의 생활을 즐길 수 있을 겁니다."

그로부터 석 달이 지난 뒤, 부인이 남편을 데리고 나를 다시 찾아왔다. 친정어머니와 잘 지내게 되었다고 하면서 이제는 친정어머니가 우리 애까지 보살펴 준다고 말했다.

결혼한 지 얼마 안 된 부부는 시댁과 친정에 대해서 갑자기 낯선 나라에 도착한 사람처럼 각자 새로운 문화와 규율을 접하게 된다. 그들의 시댁이나 친정 부모들도 역시 며느리나 사위에 대해 어색한 느낌과 서툴기 짝이 없는 것은 마찬가지다. 그런가 하면 부부간에도 반드시 지켜야 할 것이 있다. 상대 집안의 흉을 보는 것은 절대 금물이다. 이는 두 사람의 신뢰를 쉽게 무너뜨릴 수 있다. 배우자가 어린 시절부터 줄곧 성장하면서 함께한 부모와 가족에 대해 욕하거나 무시하면, 그것을 나에게 하는 것으로 간주하게 된다. 심지어 상대의 모멸적인 말은 내 자존심에 상처를 입힌다. 상대의 자존심을 건들면 다툼으로 끝나지 않는다. 어쩌면 서로가 전쟁으로 이어질지도 모른다.

시댁이나 친정에서 예기치 않게 어떤 문제가 일어날 때 두 사람의 역할이 매우 중요하다. 시댁과 아내의 갈등 문제는 남편이 방향성과 판단을 분명하게 해야 하고, 친정과 남편에 대한 문제는 아내가 중심이 되어 교통정리를 해야 한다. 결혼생활에서 일어나는 사소한 갈등은 특별한 일도 아닌 그저 자연스러운 것이다. 갈등의 원인을 해결할 수 있는 유일한 방법이 있다면 그건 원활한 소통뿐임을 기억해야 한다. 1930년에 출간된 『행복의 정복』의 저자인 버트런드 러셀은 행복이 주로 주위의 가까운 사람들에게서 얻어진다고 하면서 이렇게까지 말했다.

"일반적으로 자신과 사회적으로 관계를 맺고 있는 사람들이 받아들이기 어려운 생활 방식이나 세계관을 가지고 행복하게 사는 사람은 거의 없다. 특히 함께 사는 사람들이 받아들이지 않는 생활 방식이나 세계관을 가진 사람의 경우는 더욱 그렇다."

배우자가 인정하지 않는 생활 방식이나 세계관은 행복하게 살 수 없다. 즉 상대가 그걸 인정해야 한다. 그래야 행복한 삶을 살 수 있다.

3장
표현의 힘

　시골에서 성실하게 농사 일하는 사십 대 중반의 남자가 있었다. 그가 어머니와 힘들었던 지난날의 생활과 이를 극복하고 행복한 가정으로 이끈 사연을 내게 속 시원하게 들려주었다. 그는 외국인 여성과 결혼해서 두 명의 자녀를 두었다. 그는 소극적인 성격이라서 늘 조용하고 말수가 적은 편이었다. 그런 그가 숫기가 없고 내성적인 성격 탓에 어릴 적부터 친구가 별로 없었다. 그렇다고 해서 명랑하지도 않았다. 아버지는 7살 때 돌아가셨다. 학교에서 아이들이 자기 아버지를 자랑할 때면 그는 조용히 교실 밖 복도로 나가 창문 너머 산을 보곤 했다. 그럴 때마다 늘 마음 한구석에 아버지에 대한 그리움이 자리했다. 이런 얘기는 그의 엄마에게 말하지 않고 자신의 마음속에만 간직하며 살았다. 그가 군에서 제대하고 일자리를 알아보고 있던 어느 날이었다. 엄마가 아들의 방문을 활짝 열고 들어와서 대뜸 하는 말 때문에 20년이 지난 지금도 당시의 부정적 감정을 잊지 않고 있었다.

"다른 애들은 다 돈 벌고 다니는데, 넌 대체 여기서 뭘 해?"

또 심지어 엄마는 이렇게까지 말하는 것이었다.

"취직자리 없거든 농사일이라도 하든가."

그 순간 그는 더 이상 참지 못하고 엄마에게 큰소리치며 말했다.

"알았으니깐 나가요. 내 일은 내가 알아서 해요."

그가 눈물을 글썽거리며 다음 말을 계속 이어갔다.

"전 정말이지 속상했어요. 제 마음을 알아주지는 못할망정 간섭은 하지 말아야지요. 사실 학창 시절부터 줄곧 오토바이 선수로 활동하고 싶었어요. 돈이 없어서 늘 희망만 그리고 있었어요. 그런데 엄마는 막무가내로 그걸 반대하는 것이었어요. 군대 제대 후 오토바이를 몰다가 교통사고로 어깨 수술을 받았어요. 엄마가 제 방에 들어오기 전 몸 관리하면서 취직자리를 알아보던 중이었거든요."

지금은 칠십 대 중반인 엄마가 꼬부라진 허리로 일하다가도 다짜고짜로 아들에게 이런 말을 했다.

"내가 뭘 잘못했길래 왜 아무 말 없어? 내가 뭘 잘못했는지 말을 해야 알 것 아니냐!"

　그럴 때면 그는 잔뜩 흥분해서 말없이 그냥 마당 밖으로 뛰쳐나갔다. 그가 말이 없으니 엄마는 답답했을 것이다. 이 일이 있고 얼마 지나지 않아서 엄마가 심한 몸살을 앓았다. 그는 엄마를 모시고 병원에 가서 진찰받고 약을 지었다. 저녁이 되어 그는 아내가 끓인 흰죽을 엄마에게 가져다드렸다. 그러는 사이에 그동안 관심을 두지 않았던 엄마 방에서 아버지와 자신의 사진들이 여러 곳에 걸려 있는 걸 보게 되었다. 문득 아버지에 대한 그리움이 강하게 밀려왔다. 아버지가 없는 엄마의 삶에서, 힘든 세상을 버티게 한 것은 무엇이었을까. 그건 엄마의 삶을 견뎌내게 하는 유일한 희망이 외아들인 자기 자신이라는 걸 알았다. 그때 그는 오래된 궤짝 위에 놓여 있는 조그만 액자 하나를 집어 들었다. 아버지가 돌아가시기 1년 전쯤 찍은 가족사진이었다. 소리 없이 두 줄기 눈물만 뺨을 타고 하염없이 흘러내렸다. 사진 속의 추억은 정말이지 행복해 보였다. 엄마는 아들의 모습을 보고서 죽을 먹다 말고 돌아누웠다. 그러고는 훌쩍이며 우시는 것이었다. 모진 세월의 탓인지 그도 울고 엄마도 우셨다. 그가 눈시울을 닦은 지 얼마 지나지 않아서였다. 누워 계셨던 엄마가 일어나 앉더니 이렇게 말했다.

　"사실 네 교통사고가 오토바이를 타다가 낸 사고여서 늘 걱정했단다. 네 아버지도 오토바이 때문에 세상을 떠났잖니. 난 그게 늘 두려웠어. 너마저 잃어버릴까 봐. 그러면 난 이 세상에 의지할 곳이 어디 있겠니. 그땐 나도 이 세상을 그만 살아야지."

그는 무정하다고 생각했던 엄마가 20년 전에 자신에게 했던 서운한 말을 오해한 채 지금까지 가슴에 묻어두고 있었다는 것을 깨달았다. 그는 갑자기 목이 메어 자신도 모르게 왈칵 눈물이 쏟아졌다. 그렇게도 미워만 했던 엄마가 더없이 자상한 분이셨던 것이었다. 그의 엄마는 그에게 덧붙여 말했다.

"얘야, 내가 널 얼마나 사랑하는지 아마 넌 모를 거야."

그 말을 듣는 순간 그는 엄마 앞에 무릎을 꿇고 과거 사실의 오해에 대해 말하고서는 엄마에게 용서를 구했다. 그의 엄마는 아들의 두 손을 꼭 잡고서는 이렇게 말했다.

"사랑은 용서를 구하는 것이 아니란다 얘야. 사랑은 그저 말없이 주는 것이야. 아들아, 내가 널 얼마나 사랑하는지 아니?"

그때 또 목이 메어 왈칵 눈물이 다시 쏟아졌다. 엄마 방에서 나오는 순간, 그의 마음이 뻥 뚫린 것처럼 속이 시원했다. 엄마는 아들을 철없는 자식으로 생각했을지도 모른다. 그렇지만 엄마는 지난 세월 동안 그저 사랑으로 아들을 계속 감싸안았다. 그 이후로 그는 엄마에게 자신의 감정을 그때마다 솔직하게 표현하기 시작했다. 그러면서 그는 자신의 소원을 나에게 자신있게 말했다.

"이젠 엄마가 저희랑 오래도록 함께 사셨으면 좋겠어요. 지금이 너무 행복하거든요."

나이 든 아들은 자기가 하고 싶은 꿈이 있는데 엄마가 그걸 알아주지도 지원해 주지도 못한 것에 불만을 품고 있었던 것이었다. 그러고 나서 20년 동안 그는 엄마에게 당시 불평불만을 전혀 말하지 않은 채 마음속으로만 간직했다. 그래서 그는 엄마와 마주칠 때마다 투박하게 말할 수밖에 없었다. 그의 엄마 또한 불만을 드러내지 않고 마음속에 묻어두긴 마찬가지다. 이번 사례처럼 서로 말없이 시간만 흐른다면, 마음속에 남아 있는 앙금 때문에 모자지간에 행복이 달아나 버린다. 그러니 표현하지 않아도 상대가 이미 알고 있을 것이라고 단정 짓지 말아야 한다. 마음속에 불편한 뭔가 있다면 직접 말로 표현해야 한다. 부부간에도 마찬가지다. 배우자에게 마음속에 담아 두었던 불만의 얘기가 있으면 두리뭉실하게 말하지 말고, 또 시간도 끌지 말아야 한다. 할 얘기가 있으면 구체적으로 자신의 감정을 솔직하게 상대에게 말해야 한다. 그렇지 않으면 마음속의 응어리가 사라지지 않은 채 살아야 한다. 프랑스 속담에 이런 말이 있다.

"사랑해야 할 필요도 있지만 사랑한다고 말할 필요도 있다."

많은 남성은 여성들과 달리 표현에 인색하다. 그들은 대체로 자존심 때문에 자기 치부를 드러내는 것을 꺼려 섣불리 자신의 속내를 드러내지 않으려고 한다. 자존심은 남자가 가지고 있는 최고의 무기이자 또 최대의 약점인 셈이다. 그러다가 마침내 그것이 겉으로 드러나는 순간에는 상대에게 진 것을 의미하기도 한다. 아내는 남편과 대화를 나눌 때 이런 점을 주의해서 말해야 한다.

"훌륭한 아내는 남편이 비밀에 부치고 싶어 하는 사소한 일을 언제나 모르는 척한다. 그것은 결혼생활의 기본예절이다." 영국의 작가이자 노벨문학상을 수상한 서머싯 몸의 말이다. 말의 중요성에 대해 명심보감(고려 때 중국 고전에서 선현들의 격언을 엮어낸 책)에 나온 구절이 있다.

"사람을 이롭게 하는 말은 솜처럼 따뜻하지만, 사람을 상하게 하는 말은 가시처럼 날카롭다."

가정의 행복을 위해 필요한 말인지, 가정의 불행을 막는 중요한 말인지 판단해서 결정해야 한다.

건강한 가정에서 아이의 탄생은 또 하나의 행복을 가져다주는 축복의 선물이다. 하지만 맞벌이 부부의 경우에는 아이 돌봄 때문에 천당과 지옥을 오가며 생사의 줄타기처럼 아슬아슬한 곡예를 펼칠 때가 많다. 더구나 3살 이하의 아기는 성장 과정에서도 중요한 시기일 뿐만 아니라 한시라도 눈을 뗄 수 없는 돌봄이 필요하다. 32개월 아이를 둔 지극히 평범한 가정이 있었다. 그들이 이혼의 문턱에 들어선 사연이 무엇인지, 그리고 그들이 어떻게 행복의 길로 들어섰는지 내게 그 사연을 보내왔다. 그들의 얘기를 들어보자.

남편은 자동차 대리점에서 영업일을 하고, 아내는 조그만 사무실에서 회계 업무를 담당하고 있었다. 어느 날 그들에게 아이에 대한 갈등의 불씨가 일었다. 아이 돌봄에 대해선 불만이 있어도 대부분은 아내의 몫이었다. 아내는 아이에 대해 무슨 말을 하면 화부터 내는 남편의 태도에 불만이 있었지만, 가정의 평화를 위해 참고 견디고 인내하며 살았다.

한번은 과장으로 한 단계 진급한 아내가 승진 턱을 내야만 했다. 그래서 다음 주 월요일 오후에 아이 돌봄 센터에 가서 아이를 데리고 오라고 남편에게 부탁했다. 그러자 남편도 역시 그날 친구들과 오래전에 약속했던 것이라 취소할 수 없다는 것이었다. 그렇게 해서 이들 부부에게 일어나서는 안 될 불행의 서막이 시작되었다. 처음엔 단순하게도 자신들의 주장만 되풀이했다. 그날 일요일 오후, 아내는 아이 돌봄 때문에 많이 힘들었다고 남편에게 말했다. 그랬더니 남편은 당신이 자초한 일이라며 질타했다. 그리고 나서 아내는 남편이 자리에서 일어나 자기 방으로 가는 뒷모습에 대고 소리쳤다.

"내 말을 무시하는 거야! 이 가정에 자기가 왜 존재하는지 모르겠어."

마침내 서로가 넘지 말아야 할 선을 침범하는 일까지 벌어졌다. 아이 돌봄 문제로 인한 갈등이 결국에 가서 이혼으로 번지고 있었다. 마침 시어머니가 정성껏 만든 음식을 직접 들고 왔다. 남편이 자기 방에 들어간 사이에 부인은 아이 돌봄에 대해서 시어머니에게 사실대로 말했다. 시어머니는 며느리에게 자기 아들의 성격에 대해 이렇게 말했다.

"아범이 어릴 적부터 소심하고 자기감정 조절이 서툴러서 오해받을 때가 많았지. 내가 낳은 자식이지만 제 아비의 고집을 닮아서인지 나도 감당이 안 되는구나. 그런데 아범의 자존감을 치켜세워 주면 순한 양처럼 고분고분 말을 잘 들어 주기도 해. 그리고 애를 집에 데려다주면 내가 돌봐주마."

다음 날 아침 일찍 남편이 일어나는 틈을 타서 아내가 한마디 건넸다.

"오후에 시간을 내서 아이를 데리고 어머님께 맡기고 다시 회사로 갈 테니, 당신은 평소처럼 해요. 걱정 끼쳐서 미안해요, 여보."

이날 점심 무렵에 남편으로부터 연락이 왔다. 친구들과 약속은 취소했고, 아이는 자신이 직접 데리고 어머니 집으로 가겠다는 것이었다. 그러고 나서 남편이 먼저 아이 돌봄을 나누어서 하자고 제안했다. 가정사에 어떤 문제가 있으면 감정도 표정도 서로가 숨기지 말고 솔직하게 표현해야 한다. '아이 돌봄' 사례처럼 부인이 힘들거나 괴로운 것을 속으로 감내하고 괜찮은 척하면 남편이 알아주지 못하고 마음의 병만 하나씩 쌓이게 된다. 결국엔 마음의 고질병이 생기는 원인이 되고, 그것이 또 남편과의 대화를 단절케 하는 장벽을 만드는 셈이 된다.

사랑하지만 서툰 감정 표현 때문에 부부가 비극으로 끝나는 경우가 있다. 이를테면 남편이 사업을 한다고 집을 전세로 돌린 후 아내에게 그런 사실을 퉁명스럽게 말한다면 어떻게 될까? 아내 모르게 남편 혼자서 내린 결정은 한 가정을 불행의 길로 이끌 수 있다. 자칫하다간 둘 사이에 돌이킬 수 없는 상황이 될 수 있다. 결혼 이후에 남편의 사업이나 직장 문제는 독신으로 있을 때와 다르다. 가족이란 큰 성채가 생기는 것이기 때문에 가정 문제는 배우자와 반드시 상의해서 결정해야 한다. 남편이 갑자기 사업을 한답시고 집을 전세로 돌린 사실에 아내는 당황하지 않을 수 없었을 것이다. 이를 반대로 놓고 보면, 아내의 그런 행동과 말에 남편은 적잖이 당황하지 않을 수 없을 것이다. 그런데 여기에 중요한 사실 하나가 있다. 남편이 그런 행동과 말을 한 다음부터가 정말로 중요하다. 아내는 남편의 자존심만은 건들지 말아야 한다. 또 서로가 날카로운 감정으로 대립하고 있을 때 먼저 상대의 처지에서 생각해야 한다. 이를테면 아내가 화해하기 위해 문자를 보냈는데 남편의 답변이 늦거나 없으면 아내는 불쾌감과 불안감을 동시에 느낀다. 그러면서 이런저런 갖가지 부정적인 생각을 하지 않을 수 없다.

"일부러 남편이 날 무시하는 걸까?", "내가 너무 심한 말을 해서 그런가!"

자신의 고민거리는 상대에게 전화하든지 직접 만나든지 마음속에 간직하지 말고 솔직하게 털어놓아야 한다. 그렇지 않으면 자신의 고충을 상대는 분명하게 알 길이 없다. 현재의 솔직한 심정을 상대에게 알려야 한다.

"내가 당신에게 못다 한 말이 있어. 당신에게 카톡을 여러 번 보냈는데, 당신의 답변을 기다리는 동안 난 이런저런 생각 하느라 힘들었어."

상대가 어떠한 감정이든지 표현해 주면 문제가 한결 쉽게 풀릴 수 있다. 사업을 한답시고 집을 전세로 돌린 후 무언의 표현은 정말이지 위험하다. 서로에게 진실한 대화는 갈등을 해결할 실마리를 제공할 수 있다.

솔직하게 자기의 감정을 진실적으로 배우자에게 드러내는 것이 두려워서 사실을 숨기고 결혼했으나, 걷잡을 수 없을 지경에 처한 사례가 있다. 남편은 물품을 납품하는 유통업을 직접 운영하고 있었다. 부인은 결혼생활 3년이나 지났음에도 잠자리를 피하는 남편을 생각하면 뭔가 이상한 느낌이 들었다. 답답하게 생각한 부인은 그런 이유를 남편에게 물었다. 그제서야 남편은 아내에게 결혼 전 사업의 상태를 사실대로 털어놓았다.

유통 사업을 운영하다가 관련 업체 도산과 매출 부진으로 5억 원의 빚이 생겼고, 결혼 후에도 대출 이자를 내느라 또 3억 원의 빚이 더 늘어났다. 이런 상황에서 신경이 예민해져 잠자리를 피할 수밖에 없었다고 남편이 고백했다. 부인은 남편이 빚이 있다는 사실을 말하기 전까진 전혀 몰랐었다. 부인 혼자 감당하기가 힘들었는지 그녀는 양가 부모님께 이런 사실을 밝혔다. 양가 부모는 자금을 융통해서 급한 빚부터 갚을 수 있도록 지원해 주셨다. 그러고 나서 아내와 함께 병원에 간 남편은 '심인성 발기부전'이란 진단을 받았다. 의사 선생님은 심인성 발기부전이 심리적인 요인 때문에 생긴 것으로 갑작스런 정신적 충격, 우울증, 불안감, 성적 공포감이 주된 원인이라고 설명했다. 부인은 남편에게 이런 말을 했다.

"돈보다 더 소중한 것은 당신의 건강이에요. 난 돈 보고 당신을 선택한 것이 아니라, 당신이 힘들 때 옆에 있어 주기 위해 결혼했어요."

남편은 아내의 따뜻한 말에 그만 눈물을 흘렸다. 그러고는 그는 병원에서 처방한 약을 먹기 시작했고, 현재의 사업을 처분하고 부인의 오빠가 운영하는 의류 사업을 도와주기로 했다. 그 이후로 남편은 가정과 사회생활 모두에서 매우 잘하고 있으며, 사소한 것까지 표현해 준다고 했다. 지금은 행복한 가정을 꾸리며 살고 있다고 부인이 나에게 해맑은 표정을 지으며 말했다.

남자들은 대개 자신의 약한 마음을 주저 없이 겉으로 표현하는 데 익숙하지 못하다. 더욱이 사회생활에서 받은 스트레스를 가정으로 가져와서 아내에게 솔직하게 감정 표현을 고백하기란 더더욱 쉽지 않다. 그러나 아무리 그렇다 해도 결혼 전에 그런 사실을 아내에게 진솔한 마음으로 표현해야 했다. 자기의 약점을 드러내기가 두려워서 숨기고 결혼하면 상대의 인생은 어떻게 되겠는가? 의도가 있든 그렇지 않든 숨기고 결혼하면 얼마 지나지 않아서 곧바로 들통이 난다. 그땐 돌이킬 수 없는 난경에 빠질 것이 틀림없다. 또 기쁨은 배가 되고 슬픔은 반감되는 것이 부부인 것이다. 만일 아내가 양가 부모님께 그런 사실적 상황을 표현하지 않았다면……. 만일 남편이 병원에 가지 않겠다거나 혹은 병원의 약 처방을 거부한다면…….

감정을 숨기면 인간이 아니라 마네킹과도 같다. 인간은 감정을 가졌기 때문에 자신의 괴로운 내면의 문제를 상대에게 전달할 수 있는 것이다. 숨기거나 서운했던 것들이 쌓이면 언젠가는 화산처럼 터지고 만다. 더군다나 잘못을 저지른 상대가 아무런 사과도 하지 않으면 오해의 늪은 더욱 커지고 깊어진다. 어색하고 부끄럽게 느껴지겠지만, 두 사람이 서로의 진실한 감정을 거리낌 없이 드러낼 때 부부싸움은 줄거나 일어나지 않는다. 대체로 남편은 자기 자존심이 상한다고 느낄 때, 아내는 무시당한다고 느낄 때 부부간의 싸움이 일어난다. 이를 거꾸로 생각하면, 남편의 자존심을 지켜줄 때 가정의 평화가 유지되고, 아내의 말을 인정해 줄 때 가정의 행복은 영원하다.

한 이불을 덮은 지 수십 년이 넘어도 내면의 감정을 솔직하게 표현하지 않으면 배우자는 상대의 감정과 생각을 헤아릴 수 없다. 말하지 않아도 상대가 알아주면 참 좋으련만. 이런 능력은 상대의 생각을 알아내는 독심술을 가진 사람에게나 가능한 일이다. 서로 평화로운 시간이 허락되면 자기 내면의 감정을 수시로 나눌 수 있어야 한다. 좋은 대화만 나누려고 한다면 대화가 쉽게 열리지 않는다. 그렇게 되면 오히려 말할 기회가 줄어들게 된다. 그로 인해 솔직한 자기 내면의 감정을 제대로 전달할 기회조차 사라지고 만다. 상대도 마찬가지로 대화를 꺼리게 된다. 대화 주제에 제한 두지 말고 그냥 편안하게 얘기할 수 있어야 한다. 미국의 작가 로이 T. 베넷은 감정 표현에 대해 이렇게 말했다.

"상대의 감정을 존중해 주어라. 왜냐하면 그것이 당신에게는 아무런 의미가 없을 수도 있지만, 상대는 모든 것을 의미할 수도 있으니까 말이다."

바람의 세계

 결혼한 사람이 배우자가 아닌 다른 이성과 바람을 피우는 이유가 무엇일까? 그들이 바람을 피우게 된 이유는 여러 가지가 있지만, 다음 세 가지로 요약할 수 있다.

 첫째는 배우자에게서 느끼지 못한 편안함을 찾기 위해서이다. 남편이든 아내든 일일이 캐고 따지면, 상대는 스트레스를 받게 되고 이를 어디선가 해소하려고 한다. 술로 풀다가 그것이 반복되면 외도로 이어진다. 예컨대 남편은 아내와 마주할 때마다 매일 불평

불만과 잔소리를 들어야 했다. 또한 아이들이나 집안 식구들 앞에서 대놓고 무시하는 말투 때문에 결혼생활을 힘들어하는 남편도 있다. 불륜 상대 여성은 내가 어떤 이야기를 하더라도 귀 기울여 듣고 편안하게 대해 준다. 행복한 결혼생활을 위한 최우선은 서로가 편안해야 한다. 불편하면 아직 내 가정이 아니다.

둘째는 안정된 가정을 이룬 40~50대 꽃중년 부부가 충격적인 외도로 인해 자신만의 마음의 여유를 찾으려 한다. 그들은 풍요로운 가정생활 속에 자기 자녀들에게 나름의 방식으로 날개를 달아줬다고 생각한다. 또한 긴장된 사회생활 속에서 자기 가족을 지켜야 한다는 책임과 의무를 완수했다고 믿는다. 그렇다고 해서 그들이 집안일에 충실하지 않은 것은 아니다. 오히려 누구보다도 더 적극적이다. 그렇지만 한쪽이 바람을 피우면 상대는 외롭고 세월의 아픔을 느끼며 보내야만 한다. 그래서 삶의 순간마다 아름다운 추억을 쌓도록 노력해야 한다.

셋째는 집안의 온갖 갈등 때문에 화가 쌓여 분노로 바뀔 때 탈출구를 찾는다. 이를 구체적으로 살펴보면 사소한 돈 문제, 자녀의 양육이나 교육 문제, 끔찍한 가정 폭력, 시댁 혹은 친정과의 갈등, 배우자의 외도로 인한 분노 등이 해결되지 않아 심각한 정신적 갈등에 시달린다. 이러한 갈등이 오랫동안 지속되면 불면증, 신경증, 우울증 등 심리적인 문제로 이어질 수 있다. 이런 분노는 대부분 남편보다는 아내에게서 나타난다. 아내는 온갖 가정사로 인해 많은 스트레스를 받아 집중력이 떨어지고 의욕마저 잃어 자신도 모르게 무기력함을 느낀다. 이런 모든 일이 일어나는 동안 남편이 곁에 없으면 어떻게 될까? 아내 혼자서 무거운 짐을 다 해결하기에는 너무도 힘겹다. 남편이 옆에 있으면 힘이 되고 상의도 하고 그래서 공동의 합일점도 찾을 수 있을 텐데…….

이들 세 가지 외도 유형에서 공통점 한 가지가 있다. 모두 하나같이 심한 갈등이나 힘든 환경에서 느끼는 심리적, 신체적 긴장을 풀기 위한 하나의 수단으로 외도를 선택하는 경우이다. 이 외에도 호르몬 때문에 바람을 피운다는 전문가의 말도 있긴 하지만, 이는 절제력 부족의 문제로 볼 수 있다. 또 남자의 본능 때문이라는 것도 있지만, 그런 이유로 바람피우는 것이 정당화될 순 없다. 바람을 피웠다고 해서 모두 이혼하지 않는다. 그들은 대부분이 평화로운 가정을 지키고 싶어 한다. 그렇지만 외도가 장기적으로 지속되면 하나의 습관처럼 절제가 안 되는 것이 문제이다. 인간에게는 감정과 이성이 있다. 도덕과 교육을 받는 과정에서 감정을 억제하고 이성을 강화해 나간다. 하지만 아무리 이성이 강한 사람이라도 인간의 나약함 때문에 주체할 수 없는 무언가가 밀려오면 스스로 제어하기가 어렵다. 이것은 도덕성 결여 때문인데, 돈으로도 시간으로도 해결되지 않는다. 여러 원인 중에서 배우자의 외도가 가장 치명적이다. 바람을 피운 당사자는 그 나름의 명분이 있다. 말도 안 되는 그들의 변명 얘기를 들어보면, 그런 행동이 잘못이라는 걸 안다면서도 자신들에게만 한정된 문제가 아니라고 말한다. 그러나 아무리 그렇다 해도 바람을 피우는 사람들을 이해할 필요는 없다.

저지른 당사자는 심각하게 받아들이지 않을 수 있지만, 그건 상대를 기만하고 배신하는 행위이다. 행복한 결혼생활에 '바람'이 도화선이 되어, 결국엔 이혼으로 이어지는 직접적인 원인이 된다는 걸 명심해야 한다.

"원만한 결혼생활의 비결은 결코 죽느냐 사느냐 하는 아슬아슬한 지경까지 이르지 않도록 하는 것이다." 『죄와 벌』을 쓴 위대한 소설가 도스토옙스키의 말이다. 결혼생활을 지속하다 보면 상대의 좋은 점은 당연하게 느껴지고 단점만 부각될 때가 있다. 어떤 말을 해도 쉽사리 고쳐지지 않아 답답하고 짜증 날 때가 분명히 있다. 이는 일종의 권태기이다. 배우자의 행동과 말에 익숙해져 때로는 지루하게 느껴지기도 한다. 이탈리아 사회학자 프란체스코 알베로니는 "아내는 신혼과 같은 사랑을 원하고 있지만 남자는 현실에서 오직 의무와 책임만이 강요되는 가정생활을 하면서, 권태는 그렇게 여자들을 우울증에 빠지게 하는 것"이라고 말했다.

권태기에 빠졌다면 어떻게 하면 좋을까? 전문가들은 여행, 새로운 경험, 취미활동 같은 신선한 분위기에서 체험활동을 권장한다. 그렇지만 나는 다른 방법을 제시하고 싶다. 먼저 자기 자신을 사랑하고 삶에 자신감과 희망을 품을 수 있는 필요한 열쇠를 찾아야 한다. 그 전략적 방법을 소개하면 이렇다. 첫째는 삶에 새로운 이정표(目標) 설정이 필요하다. 둘째는 모든 것에 늘 감사하는 마음을 갖는다. 셋째는 자신만의 강점을 살려 활동할 수 있는 것을 찾는다. 넷째는 분위기 있는 장소에서 배우자와 진실한 대화를 나눈다. 만일 상대의 외도로 생긴 권태기라면 다음의 문장을 기억하길 바란다. 한때 그 사람이 나를 설레게 하고 가슴 뛰게 했던 순간들을 떠올리며, 상대를 새롭게 느끼고 용서하려고 노력해야 한다. 그리고 외도 때문에 배우자와 다투더라도 다음과 같은 말은 절대 하지 말아야 한다.

"내가 이걸 증명해 보이고 말겠어!"

"우리 서로 인연 끊자!"

배우자와 끝장을 보려는 심정으로 분을 삭이지 못해 가슴에 사무친 말은 너무도 생생하고 뚜렷하게 느껴져서 평생 간다는 것을 기억해야 한다. "남편들이 보통 친구들에게 베푸는 것과 꼭 같은 정도의 예의를 아내에게 베푼다면 결혼생활의 파탄은 훨씬 줄어들 것이다." 결혼에 관해 많은 명언을 남긴 화브스타인의 말이다.

결혼한 지 5년이 되었고 아이는 없다는 어느 부인이 남편에 대해 스트레스가 커서 이혼해야 할지 고민이라면서, 힘든 결혼생활의 얘기를 나에게 털어놓았다. 그녀의 얘기를 들어보자.

"맞벌이 부부인 저희는 평범한 다른 부부들처럼 내일의 희망을 품으며 살았어요. 좀 더 노력해서 조그만 아파트를 장만한 후에 아이를 갖기로 했어요. 게다가 저는 일 욕심도 있고 출장도 잦아서 일주일에 2~3일 정도는 남편과 떨어져서 지낼 때가 많았어요. 그러다 보니 직장과 가사 일이라는 이중 부담의 굴레 때문에 늘 스트레스에 시달리곤 했어요. 때로는 남편에게 소홀한 점도 있고 신경을 못 쓰는 점도 있었어요. 그렇다고 남편을 사랑하지 않는 건 아니에요. 그렇지만 남편한테 여자가 있을 거라곤 전혀 생각하지 못했어요. 그 사실을 알고 난 후로 저는 남편에 대한 신뢰가 하루아침에 무너지는 것 같았어요. 그때 받은 충격과 상처 때문인지 혹시나 또 다른 여자를 만나지나 않을까 하는 불안감과 스트레스에 시달리고 있어요. 바람을 피운 남편을 믿고 결혼생활을 계속할 수 있을까요?"

그 부인의 말을 가만히 경청한 나는, 그들의 결혼생활을 지속할 방안을 고민하면서 마침내 부인에게 이렇게 말했다.

"신뢰했던 남편이 다른 이성과 외도했다는 사실에 여자로서 매력이 없거나 또 자신에게 잔뜩 화가 날 수 있습니다. 그러나 그러지 마세요. 이는 여자의 정체성에 의해 나타난 조절되지 않은 일시적 감정일 뿐이니 결코 자신을 탓하지 마세요. 본질적으로는 남편의 태도에 따라 달라질 수 있습니다. 반성의 기미가 전혀 보이지 않는다면 다음에 또 바람을 피울 가능성이 큽니다. 그러나 남편이 반성하고 가정사에 적극적으로 참여해서 노력하는 모습을 보이는지요? 무엇보다 중요한 것은 먼저 부인께서 스스로 남편의 외도에 대해 감당할 수 있는지 판단해야 합니다. 그런 다음에 부인의 의지입니다. 즉 남편이 외도한 사실을 이해하는 것이 아니라 그 자체를 받아들이는 것입니다. 그러니까 부인께서 한 번 더 용서하고 평생을 함께 살아갈 각오가 되셨다면, 배우자의 외도에 대해 어떠한 말도 하지 않는 것이 좋습니다. 그렇지 않다면 법의 이혼 절차에 따르면 됩니다."

그로부터 한 달 뒤에 그 부인으로부터 연락이 왔다. 남편이 자기의 외도를 솔직하게 인정하고 용서를 비는 모습을 바라보면서 남편의 외도를 용서하기로 마음먹었고, 그리고 앞으로 외도하지 않겠다고 각서도 받았다는 것이었다. 무엇보다 중요한 사실은 그녀가 자신의 무거운 짐을 내려놓으니 마음이 한결 가벼워졌다는 것이었다.

부인이 남편을 용서했더라도, 이미 깊은 마음의 상처를 입은 그녀가 남편으로부터 충분한 사랑의 표현을 제대로 받지 못한다면 심한 우울증에 걸릴 수도 있다. 육체적인 고통을 포함해 우울증은 사랑받지 못할 때 불청객처럼 불쑥 찾아온다. 몸에 난 상처는 얼마의 시간이 지나면 아물어서 금방 잊고 살아갈 수 있다. 하지만 마음에 난 깊은 상처는 무서운 트라우마처럼 평생토록 잊지 못할지도 모른다. 사랑하지 않으면 함께 살 가치가 없듯이, 굳건히 쌓아온 배우자의 신뢰가 무너지면 고통 또한 그만큼 클 수밖에 없다.

죽은 옛사랑과 닮은 젊고 예쁜 여직원과 사랑에 빠진 남편 때문에 괴로워하는 부인이 있었다. 남편이 번듯한 직장에 취직해서 부장으로 승진한 지 3개월쯤 되었을 때이다. 부인은 남편의 입사 동기로부터 남편이 직장 여직원과 바람을 피운다는 전화 한 통을 받고서 몹시 괴로워했다. 그녀는 순간 할 말을 잃고 당황하지 않을 수 없었을 것이다. 또 너무도 황당해서 영혼이 주체할 수 없을 정도로 슬픔과 허무감이 밀려왔을 것이다. 그도 그럴 것이 시계추처럼 집과 회사만을 오가며 모범적으로 생활한 남편이었다. 부인은 그런 남편을 믿고 의지하며 살았다. 며칠이 지나서 부인은 남편 모르게 그 여직원을 만나 대화를 나누었다. 부인은 그 여직원이 남편에 대한 풋사랑에 푹 빠져 있는 것처럼 보였다고 했다.

나는 절망의 늪에서 허우적거리는 부인에게 조심스레 말을 꺼냈다. 나는 부인에게 외도한 남편과 함께 평생 살 수 있느냐고 물었다. 그녀가 그토록 많이 우울한 순간에 두려움과 고독감이 밀려오는 지난 기억을 주체하지 못하고 그만 눈물을 왈칵 쏟고 말았다. 얼마의 시간이 흘렀을까. 그녀는 남편의 마음이 가정으로 돌아오길 마음속 깊이 기다린다면서 말문을 열었다.

"우리 부부가 결혼한 지 2년이 지나서 첫 아이를 낳았어요. 그로부터 또 2년이 지난 뒤 제가 유방암 진단과 수술 후 항암 치료를 받았을 때 늘 남편이 제 곁에 있었어요. 그런 남편을 여전히 사랑하고 있어요."

그러나 아무리 그렇다 해도 남편의 외도에 대해서는 그 어떤 이유로도 변명의 여지가 없다. 이윽고 시간을 두고 남편과 해결할 수 있는 두 가지 방법을 부인에게 제시했다. 첫째는 추억 속 옛 사진을 남편과 함께 펼쳐 보며 앞날의 계획과 희망을 이야기하라고 부인에게 권했다. 그런 다음 남편과 함께 동네 한 바퀴 산책하는 것을 생활의 취미로 여기면서 공동의 생활 습관에 관해서 얘기를 나누라고 제시했다. 이때 외도에 대해서 남편이 말하기 전에 부인이 먼저 얘기해서는 안 된다고 덧붙였다. 이들 부부의 결과는 어떻게 되었을까?

결론적으로 말해서 남편은 여직원과의 관계를 말끔히 청산하고 부인과 자식이 있는 가정으로 다시 돌아왔다. 남편은 추억 속 옛 사진을 보면서 아내에게 미안한 마음이 들었다고 했다. 그리고 동네 주변을 산책하면서도 아내가 화를 내는 대신에 자신을 편안하게 대해줬다는 것이 남편의 설명이었다. 부인은 남편과 함께 좋은 추억을 많이 쌓고, 앞으로 행복한 미래와 자식에 대한 희망을 하나씩 만들어 가겠다는 뜻을 내비쳤다. 남편의 옛사랑은 하나의 추억으로만 간직해야만 한다. 다시 말하면 결혼과 동시에 과거의 여인은 잊어야 한다. 옛사랑은 과거이고 현실과 연결해서는 안 된다. 그것이 지금의 아내에 대한 최소한의 존중이자 화목한 가정의 정석이다.

배우자가 불륜을 저질러 부부 사이에 대화가 오래도록 단절되면 어떻게 해야 할까? 뜻하지 않게 배우자가 바람을 피우는 낌새를 알았거나 확실한 증거를 확보했더라도 자신의 감정을 잃어버리면 사태가 더욱 악화할 가능성이 크다. 바람을 피운 당사자로부터 변명이라도 들어야 한다. 단순하게 가정보다는 둘만의 조용한 장소를 찾아서 바람피운 배우자가 편안하게 말할 수 있게 그 기회를 주는 것이 좋다. 만일 외도한 당사자가 방어적인 태도를 보이거나, 당신을 비난하거나, 화를 낸다면 이건 당신의 배우자가 진실하지 않거나, 책임을 지려고 하지 않거나, 신뢰를 회복하기 위해 노력하지 않을 거라는 경고이다.

  배우자의 외도에 잘 예방하는 방법에 대해서 다시 한번 강조하면 이렇다. 첫째, 행복한 부부 생활을 위한 최우선은 서로가 편안해야 한다. 둘째, 매일 온갖 기억할 만한 생활의 추억들로 가득 차야 한다. 그러려면 매 순간 삶이 아름다워야 한다. 셋째, 무슨 일이든 배우자와 상의해서 공동의 합일점을 찾아야만 한다. 하지만 배우자의 외도로 부부간에 터놓고 대화를 나눌 기회조차 어려울 때가 있다. 대화방식의 차이 때문일까. 부부 사이에 대화를 나눈 적이 별로 없어서일까. 서로의 대화 자체가 어색해서일까. 어색한 분위기를 슬기롭게 극복하는 방법이 있다. 그것은 간접 대화 방법이다.

  간접 대화는 부부간에 직접 대화가 아닌 제삼자를 거치거나 편지를 작성하거나 영상물을 제작하는 등의 방법을 활용하여 위기의 순간을 극복하는 데 도움이 된다. 가령 제삼자가 나서서 대화가 단절된 부부 사이에 어색하지 않게 자연스러운 관계를 연결해 준다. 직접 대화는 주사를 맞는 것처럼 효과가 빠르게 반응한다. 반면에 간접 대화는 약물처럼 서서히 느리게 다가오기 때문에 빠른 효과가 없으나 직접 대화가 불가능할 때 아주 유용하게 쓰인다. 그렇게 해서 배우자와의 대화를 나눌 기회가 마련되면 이제 절반은 성공한 셈이다. 배우자에게 가까이 다가가서 상대방의 마음이 열리면 그때 자기 생각을 말하면서 갈등의 위기를 슬기롭게 극복할 수 있다. 하지만 대화로만 끝나는 것보다 더 중요한 것이 있다. 앞으로 계속 대화를 나눌 수 있는 현명한 방법을 생각해 내야 한다. 그건 부부가 함께 즐길 수 있는 '공동의 습관 만들기'를 고안해야 한다. 공동의 습관 만들기는 테니스, 등산, 골프, 수영 같은 격한 운동이 아니라, 두 사람만의 취향에 맞도록 편하게 터놓고 얘기할 수 있는 장소를 물색하는 일이다. 예를 들어 집 근처 공원에 함께 걷기, 가까운 산에 가볍게 오르기, 마음이 편해지는 옛 고택 방문하기, 분위기 있는 시골길 걷기, 아침에 티타임 갖기……. 처음에는 다들 그런 장소가 어색하거나 불편해서 시도조차 하지 않으려고 한다. 그런데 이 방법을 선택해서 행복의 길로 가는 이들이 많다. 꾸준히 습관적으로 지속하는 것이 중요하다. 그리고 그 목적의 중심에는 반드시 '대화'가 존재해야 한다. 부부의 가치관이 같은 방향이면 대화가 끊임없이 지속할 것이고 배우자의 외도는 일어나지 않는다.

이제 겨우 16살 된 딸아이는 아빠가 바람을 피우는 걸 눈치챈 것 같아, 괴로운 시간을 보내고 있다는 어느 슬픈 부인의 사연이 있다. 어느 날 딸아이가 대뜸 엄마에게 다가와서 뜻밖에 이런 말을 했다.

"엄마, 아빠가 바람피우는 것 같아요. 술 먹고 늦게 들어와서는 어떤 여자 이름이랑 제 이름이랑 헷갈렸나 봐요."

부인은 차분한 성격의 딸아이로부터 그런 말을 듣는 순간 불안정한 심장의 고동이 딱 먹는 듯했다고 말했다. 사실은 수개월 전부터 부인이 그걸 알고 있었으나 딸아이가 눈치챌 것 같아 조마조마했었다. 어느 토요일 이른 아침이었다. 남편이 갑작스럽게 등산복 차림으로 집을 나서려고 했다. 마하트마 간디는 "여성의 직관은 때때로 남성의 오만한 지식을 능가한다."라고 말했다. 부인은 흥분을 가누지 못하고 얼른 남편 앞을 가로막고 힘껏 떠다밀면서 말했다.

"누구랑 어디를 가려고 이른 아침에 집을 나서는 거야?"

그러자 남편이 나지막하게 대답했다.

"오늘 중학교 동창들과 등산하는 날이라고 내가 얘기를 안 했었나."

이때였다. 거실에서 아빠와 엄마의 시끄러운 말다툼 소리에 아직 잠이 덜 깬 딸아이가 거실로 나왔다. 딸아이는 다짜고짜로 아빠를 향해 소리쳤다.

"아빠는 몹시 나쁜 사람이야. 엄마의 마음을 이렇게 아프게 하면 어떻게 해!"

어린아이의 가슴에 한이 맺힌 것 같았다. 그러자 남편이 부인에게 이렇게 말했다.

"당신이 애를 어떻게 키웠길래 애 입에서 저런 말을 하게 해! 그러고도 당신이 엄마야!"

부인은 당시 무척 당황하지 않을 수 없었다면서 눈물을 흘렸다. 그로부터 몇 달이 지난 어느 날 늦은 오후에, 부인이 시장에서 저녁 반찬거리를 사 오다가 어떤 골목에서 음침하고 우중충한 술집으로 들어가는 남편의 뒷모습을 목격했다. 그 이후부터 남편과 잦은 다툼에서 싸움으로 번지게 되었다. 이건 정말이지 힘들고 괴로운 일임이 틀림없다고 부인이 나에게 고백했다. 무엇보다 부인의 마음을 더욱더 괴롭히는 것이 있었다.

"며칠 전에 딸아이가 밤늦게 아빠가 그 술집에서 나오면서 어떤 젊은 여자와 입 맞추는 장면을 목격하고서 그 사실을 저에게 거짓 없이 말하는 것이었어요."

그런 말을 들었을 때, 그녀는 괴로움으로 가슴이 미어지고 너무 아팠다고 말했다. 심지어 딸아이가 이렇게까지 말했다고 했다.

"만일 이혼하면 저랑 남동생은 엄마와 헤어지게 돼요? 그렇게 되면 공부도 학원도 제대로 못 다니고……. 술만 마시면 화부터 내는 아빠와 함께 살기 싫어요."

부인은 한동안 정신병원에서 프로그램에 따라 치료를 받은 적이 있었다. 그녀가 말을 하면서도 깊은 배신감과 분노에 휩싸여서인지 그녀의 눈에서 눈물만 흘러 내렸다.

나는 남편의 바람이 틀림없이 잘못된 것이지만, 그런 행동을 하는 원인이 분명히 있을 거로 생각했다. 그래서 나는 부인에게 조심스럽게 제안했다. 시간이 되시면 남편과 함께 저를 다시 찾아올 수 있느냐고 정중하게 말했다. 얼마 후 부인이 남편을 데리고 나를 찾아왔다. 부인에게 들었던 걸 토대로 무슨 연유로 바람을 피우는 것인지 조심스레 남편에게 질문을 던졌다. 남편은 자신 없는 목소리로 무뚝뚝하게 대답했다.

"알다시피 직장생활은 늘 긴장되는 순간의 연속이라 해도 전혀 놀랄 일이 아니죠. 가정만큼은 이 세상에서 가장 편안한 곳이라고 생각해요. 6개월 전까지만 해도 저희 가정은 누구보다도 행복했어요. 하지만 그 이후로 잠자리를 가지려고 하면 아내가 피곤하다며 부부관계를 피하려고 하는 바람에 정말이지 외로웠어요."

이번에는 아내에게 부부관계를 거부한 것이 사실이냐고 물었다.

"남편이 평소 집에 들어오면 아무런 말도 없이 씻고 밥 먹고 혼자 앉아서 텔레비전을 보다가 잠들어요. 그것이 저희 가정에서 매일 반복적인 남편의 생활 루틴이에요. 주말에 남편과 함께 가까운 곳이라도 바람을 쐬러 가고 싶었지만, 남편은 집에서 잠만 자요. 전 자식의 양육 문제나 교육에 대해 의논하고 싶었고, 시어머님께 드릴 선물로 무엇이 좋은지 남편과 함께 고민도 해 보고 싶었어요. 계속 반복되는 남편의 생활 루틴에다가 자녀 문제, 가정의 사소한 일, 시댁 부모 생신과 제사 같은 집안의 온갖 대소사를 도맡아 처리하다 보니 우울증 증세를 보인 것 같아요. 아마도 이 세상에 존재하는 직업 중에 주부가 가장 많이 스트레스를 받을 거예요. 거기에 몇 년 전 둘째 출산 후 제 몸매가 형편없이 망가져서 자괴감에 빠진 상태였어요. 그럴 때 남편이 옆에서 저랑 이런저런 얘기를 나누었다면 마음이 한결 밝고 편안해졌을 텐데 말이에요. 지금도 마음이 너무 아파요."

두 사람 각자의 얘기를 듣는 순간 이런 생각이 들었다. 부부 사이에 대화가 얼마나 중요한지. 또 연애 시절처럼 서로 간에 관심을 두는 것이 얼마나 필요한지. 또 상대가 그냥 옆에 있다는 것이 아니라 상대를 왜 존중해 줘야 하는지. 배우자의 외도는 분명 한 가정에 비극의 씨앗이 되는 것이 틀림없다. 그건 배우자에 대해 온갖 부정적인 감정으로 평생 트라우마로 남고, 자녀에게도 불행의 고통을 체험하게 만들기 때문이다.

전통문화가 중요시되던 예전과는 달리, 현대는 자신을 헌신하는 배우자나 부모가 되면서까지 결혼생활을 유지하는 것이 점점 덜 중요하게 여겨지는 것 같다. 또 배우자의 바람이 안겨준 심한 배신감과 분노로 인해 상대에 대한 신뢰가 한순간에 무너지고, 마음의 깊은 상처를 치유할 힘이 없어 보이는 것 같다. 그렇다고 다시 한 번 배우자를 용서하더라도 외도가 계속될 가능성이 크기 때문에, 주변에서는 괜한 시간과 인생을 낭비하지 말고 이혼을 권하기도 한다. 또 상처로 얼룩진 배우자가 바람을 피운 상대를 보는 것만으로도 강한 불신이 일어, 부부간의 관계와 그들의 가정을 쉽게 포기하게 된다. 이때 그들의 자녀들과 주변의 모든 관계된 사람들이 어떻게 생각하는지는 전혀 개의치 않고 이혼을 결정하기도 한다. 상기 사례에서 그들 각자 주장한 바를 겉으로만 놓고 볼 때, 남편이 스스로 잘못을 인정하면 평화로운 가정을 되찾을 수 있을 것으로 보인다.

바넷 브리크너는 "결혼의 성공은 단순히 좋은 짝을 찾은 데서 오는 것이 아니라, 좋은 짝이 되는 데서 온다."라고 말했다. 또 달리 샤흐트는 "결혼은 완벽한 두 사람의 결합이 아니다. 두 불완전한 사람이 서로 용서와 포용을 배우는 것이다."라고 말했다. 또 17세기 위대한 스페인의 철학자 발타자르 그라시안은 금속은 소리로 그 재질을 알 수 있지만, 사람은 대화를 통해서 서로의 존재를 확인해야 한다고 말했다. 17세기 프랑스의 귀족 출신 작가 라 로슈프코도 상대의 말을 경청함과 동시에 잘 대답할 수 있는 것이 대화의 극치라고 말했다. 자기 입장만 주장하는 것은 생산적인 대화가 아니다. 배우자의 말을 듣고 존중하고 칭찬하고 인정해 주는 것이 진정한 대화이다. 남편의 외도로 힘들게 생활하고 있는 이들 부부에게 나는 다음과 같은 말을 전했다.

"두 분 모두 서로에게 '우리 가정의 행복 프로젝트-감사하기 5'를 작성하세요. 서로에게 칭찬이나 고마운 점 5가지가 무엇인지 쪽지에 적어 상대에게 전해 주세요. 이때 중요한 것은 물질적인 것들에 대한 감사보다는 베풀어 준 조그만 것이라도 진정한 감사가 될 수 있어요. 이를테면 '당신이 곁에 있었기에 내가 존재하는 거예요.', '당신 덕분에 이 가정이 이만큼 밝아졌어요.', '당신이 노력해 준 것에 늘 고맙게 생각해요.' 작성된 쪽지는 직접 전달하지 말고 상대가 잘 보이는 곳에 놓아두는 것이 좋을 듯합니다. 그런 다음 두 분이 상의해서 '공동의 생활 습관 만들기'를 실천하세요. 이건 운동이 아니라 편하게 대화를 나눌 수 있는 곳을 정해서 습관처럼 실천하라는 의미예요. 두 분은 분명히 가정생활에 무엇인가 변화된 걸 보실 수 있을 거예요."

그로부터 몇 달 뒤, 그들 부부가 다시 나를 찾아와서 이렇게 말하는 것이었다.

"말씀하신 대로 '상대에게 감사하기'를 작성했는데 남편의 어두운 얼굴이 편안한 모습으로 변했고, 저 역시 시무룩하고 늘 화난 표정에서 부드러운 표정으로 바뀌었어요. 그리고 매주 일요일 오후가 되면 동네 분위기 있는 카페에 가서 딱히 주제랄 것도 없이 이런저런 얘기를 나누고 있어요. 그러다 보니 서로에게 긍정적인 말 한마디에 만족스러운 미소가 번지는 것을 느꼈어요. 무엇보다 딸아이가 생기가 넘치고 발랄한 모습으로 바뀐 건 정말 뜻밖이었어요. 이젠 결혼의 의미가 뭔지 느낄 수 있을 것 같아요."

배우자의 외도를 겪은 사람들은 그 원인을 자신에게서 찾으려고 애쓴다. 자신이 바뀌면 배우자도 바뀔 거라 굳게 믿어서일까. 아무리 그렇다 해도 바람을 피우는 사람은 계속해서 바람을 피울 가능성이 높다. 그 욕구가 배우자나 아이들이 받을 상처보다 더 강하게 느껴지기 때문이다.

바람을 피운 상대에게 윽박질러 추궁하면 상대는 그 순간을 모면하기 위해서 고개를 숙일지 모르지만, 그로 인해 바람을 피운 당사자의 애정이나 호의는 절대로 기대할 수 없다. 또 바람을 피운 상대가 되레 큰소리로 윽박지른 예도 있다. 말만 붙이면 버럭 화내는 그런 사람에게는 그 성격이 차분할 때까지 인내하며 기다려야 한다. 그런 다음에 바람을 피운 상대의 말을 듣고서 어떻게 할지를 결정해야 한다. 또 불륜을 저지르다가 그렇게 된 사정을 장황하게 거짓말만 늘어놓는 배우자도 있다. 그건 무엇으로든 자신을 가리려는 야만적인 위선이다. 부부간에 거짓말은 신뢰에 금이 갈 수 있다. "애매한 말은 거짓말의 시작이다." 서양의 속담이다. 탈무드에서 죄가 되지 않는 거짓말 두 개가 있다. 첫째는 배우자를 포함해서 누가 새 물건을 산 것에 대해 의견을 물으면 설령 그 물건이 별로여도 좋아 보인다고, 잘 샀다고 거짓말을 해야 한다. 둘째는 결혼식장에서 신랑과 신부에게 비록 잘생기지 못했거나 뛰어난 미인이 아닐지라도 반드시 잘생겼다거나 굉장한 미인이라 말하고 행복을 기원해야 한다.

바람, 불륜, 외도 같은 부정적인 단어들은 부부 사이에 끼어들어 금이 가게 만드는 요소들이다. 유교의 전통이 여전히 남아 있는 사회에서 남자가 바람을 피우는 경우는 비교적 관대하게 여겨지지만, 여자의 경우는 매우 냉혹하게 받아들인다. 번듯한 직장에다 많은 재산이 있어도 그것이 부부간에 행복을 대신해 줄 수 없다. 게다가 외도로 시작한 가정은 결국에 가서 결혼생활의 실패로 이어진다. 부부관계는 배우자가 전부인 것이 아니라, 자신의 삶이 중심이 되어야 한다. 즉 자신을 사랑해야 배우자를 배려할 수 있듯이, 자신의 자존감이 생겨야 배우자를 존중할 수 있다. 친인척이 한자리에 모인 예식장에서 결혼 서약 조건에 보이지 않는 것이 있다.

"배우자와 결혼해서 한평생 동안, 이 사람만을 진심으로 사랑하겠습니다."

5장
자녀 사랑법

　우리 아이가 자꾸만 부모로부터 인정받고 싶어 하지 않은가? 혹시 우리 아이가 남들과 비교 대상이 되지 않은가? 혹시 우리 아이가 어떤 일에 실패(가령, 심부름 임무 실패)했을 때 필요 이상의 과장 표현(가령, 지나친 장난, 과장된 말이나 행동)을 하지 않은가? 혹시 우리 아이가 자기 일을 곧잘 미루는 성향이 있지 않은가? 혹시 우리 아이가 자신이 불리하거나 위협받을 때 공격적이지 않은가?

　그 아이들이 그러한 행동을 하는 데는 그만한 이유가 있다. 그건 바로 낮은 자존감 때문이다. 다른 사람에게 존중받기 위해서 행동하는 것과 달리 자존감은 스스로 존중하는 마음이다. 그래서 자존감은 곧 자신감이다. 아이가 성장하는 과정에서 자존감이 낮으면 자기 삶의 가치에 빨간 줄이 그어진 것처럼 그건 정말로 위험하다. 그러니까 낮은 자존감은 학교생활이나 사회생활이나 인간관계에 부정적인 영향을 끼친다. 말하자면 상대의 말에 따라 자기 마음에 상처받고, 마음이 흔들거리고, 아픔을 경험한다. 심지어 자기 마음이 통제 불가능할 때가 있다. 그런 것은 마음이 상하는 일이라서 자신의 부정적인 감정의 늪에 빠지기 쉽다. 예를 들어 말하자면 엄마가 아이에게 무심코 이렇게 말할 때가 있다.

"엄마 말 잘 들으면 용돈 줄게."

"공부 잘해서 성적 올라가면 네가 갖고 싶은 것 하나 사줄게."

이런 조건부 말은 아이의 자존감에 부정적인 영향을 미친다. 그 아이는 조건에 따라 생각하고 행동하는 사람으로 성장하게 된다. 반면에 자존감이 높으면 성공적인 인생으로 자기 삶을 이끌 수 있다. 즉 긍정적인 마음과 강한 자신감을 느끼기 때문에 자기 행복에 유리하다. 그러기에 힘난한 인생에 절망이나 좌절에도 굴복하지 않고 쉽게 빠져나온다. 이는 또한 상대의 말에 쉽게 상처받지 않고, 오히려 자기 마음에 긍정적인 힘이 생겨 다른 사람을 배려하고 용서한다. 그러기 때문에 아이의 성장 과정에서 가정 교육이 중요하다. 어린 시절에 경험했던 것들은 성장해서도 자기 말과 행동이 습관처럼 그대로 형성되는 경우가 많다. 또 사랑을 많이 받고 자란 아이는 성장해서도 자신의 표정에 온화함과 평온함이 그대로 드러난다. 하지만 사랑을 제대로 받지 못하고 자란 아이는 좋지 못한 경험을 하게 되고 하나의 트라우마가 생겨, 결혼 후에도 그 영향이 그대로 미친다. 그래서 부모는 자녀에게 늘 관심과 애정을 갖고 그들의 말과 행동에 대해서 자주 인정하고 칭찬해 줘야 한다.

세 번의 결혼과 세 번의 이혼을 경험한 유명 연예인이 있다. 그녀는 자신의 성급한 성격 탓에 상대 배우자들이 힘들어했던 것이 원인이라면서 이렇게 말문을 열었다.

"저는 사람을 쉽게 믿다가도 다가온 인연을 빨리 정리하는 성격 탓에 고통의 연속인 것 같아요."

그녀의 어린 시절은 너무도 편하게 생활했다. 그녀가 배우고 싶은 것은 얼마든지 배울 수 있게 부모가 적극적으로 지원해 주었다. 하지만 그것이 싫증 나면 포기도 빨랐다. 성장해서 보니 여러 일을 경험하면서 쉽게 그만둔 적이 한두 번이 아니었다고 그녀는 고백했다.

"자식을 불행하게 하는 가장 확실한 방법은 언제나 무엇이든지 손에 넣을 수 있게 해 주는 일이다." 근대 교육학의 근간이 되는 장 자크 루소의 『에밀』에 나오는 말이다. 어린아이를 키울 때 모든 걸 다 해 주면 아이가 성장했을 때도 부모가 보살펴 줘야 한다. 자녀들이 스스로 자존감을 높이고 자신감으로 험난한 세상의 파도를 헤치며 살아갈 수 있도록 부모가 그 힘을 키워줘야 한다. 미국의 저명한 작가인 도로시 로 놀트는 이렇게 말했다.

"격려 속에 사는 아이는 자신감이 넘치고, 칭찬 속에 사는 아이는 감사할 줄 알게 된다."

아이들에게 몸으로 가르치면 따라오고, 입으로 가르치면 반항한다는 말이 있다. 부모가 솔선수범하고 언행일치하는 모습을 그대로 아이들에게 보여 주어야 한다는 뜻이다. 이와 유사한 말은 중국 송나라의 유자징이 편찬한 『소학』에서도 언급하였다.

"어린이에게는 결코 거짓말을 하거나 속여선 안 된다는 것을 항상 보여야 한다. 어릴 때의 기억은 오래가기 때문이다."

부모가 전쟁터 같은 사회생활에 시달리는 탓에 자녀와의 대화시간이 턱없이 부족하다 보니 그들과 유대관계가 소홀해지는 것이 당연해 보인다. 엄마는 일을 마치고 퇴근길에 반찬거리를 사서 집으로 돌아오면 저녁 준비로 바쁘다. 더군다나 아버지는 회사 일로 늦게 귀가해서 아이와 마주하는 날이 주말밖에 없다. 그렇지만 아이들에게는 그 시간이 가장 기다려지는 순간이다. 그것이 문제다. 만일 자녀가 사춘기라면 더욱더 심각하다. 자녀는 부모와 떨어져 대화시간이나 관심이 줄어든 만큼, 점점 외톨이라고 느끼며 말수가 적어지고 자꾸 비틀어진 말투로 부모에게 대들곤 한다. 마침내 자기 방문을 꼭 걸어 잠그고 자기만의 공간과 세계에 빠져든다. 아이도 부모도 힘들기는 마찬가지이다. 어쨌든 부모는 자녀와 함께할 시간을 만들어야 한다. 그래서 그들의 정서적 불안을 달래고 그들을 편안하게 해줘야 한다. 부모의 말 한마디가 아니라 부모가 옆에 있어 주는 것만으로도 자녀들에게 큰 힘이 된다.

　마흔 살의 엄마가 중학교 3학년이 된 딸아이 때문에 속상해하고 있었다. 딸아이는 자기 방에 틀어박혀 꼼짝하지 않았고, 심지어 등교도 하지 않는 날도 여러 번 있었다. 게다가 가벼운 말도 심각하게 반응해서 걸핏하면 화내기 일쑤였다. 딸아이 때문에 그들 부부가 다툴 때가 많았다. 하루에도 몇 번씩 화가 머리끝까지 치밀어 올랐지만, 부인은 마음을 다시 고쳐먹고 딸아이에게 대화를 나누려고 노력했다. 그럴 때마다 돌아오는 대답은 자신의 방에 들어와서 귀찮게 하지 말라는 것이었다. 다른 아이들처럼 그녀 역시 딸이 잘 성장해서 꿈꾸었던 자기 삶을 살기를 바라고 있었다. 그런데 그녀의 딸이 늘 쾌활하고 차분했는데, 중학교에 들어가면서 비협조적이고 반항하는 일이 점점 늘어났다고 그녀가 슬픈 목소리로 말했다. 그러다가 언제부턴가 엄마와 대화하기 싫다면서 딸아이는 고립된 공간 속에 갇혀 생활했다.
　부인은 눈에서 눈물을 쏟아내며 어떻게 딸아이와 대화해야 할지 고민에 빠져 있었다. 그러면서 그녀는 이렇게까지 말하는 것이었다.
　"이젠 딸아이를 볼 때마다 짜증부터 나요. 지금부터 딸아이에게서 관심을 끊으려고 해요. 이대로 가다간 제가 지쳐 쓰러질 판이에요."
　나는 자식과의 갈등으로 힘들어하는 그 부인에게 조언의 한마디를 해주었다.

"조금만 참고 기다려 보세요. 틀림없이 딸이 슬그머니 엄마 곁에 다가와서 얘기할 거예요. 그때 엄마의 태도가 중요합니다. 엄마로서 딸에게 푸념을 늘어놓아서는 절대로 안 됩니다."

6개월이 지난 어느 봄날에 나는 부인을 또다시 만났다. 그런데 이번엔 부인의 얼굴에 고민이 하나도 없는 것처럼 평화로운 미소를 띠며 말했다.

"처음에 어떻게 대화해야 할지 고민이었어요. 딸아이의 말은 학교 다니는 것이 의미가 없고 자신이 원하는 것을 배우고 싶다고 하더군요. 그래서 학교를 그만두고 자신이 원하는 것을 하면서 검정고시를 보면 된다는 거예요. 딸아이의 말을 이해할 수 없어 순간 저는 당황하지 않을 수 없었어요. 한 번도 그런 걸 생각해 본 적이 없었기 때문이었어요. 마음을 가다듬고 그런 행동을 하는 이유에 대해서 딸아이에게 물었어요.

딸아이는 특목고 중 외국어고에 지원을 준비할 정도로 학교에서 공부를 잘했어요. 지금까지 부모의 마음에 거슬리는 행동을 한 적이 없을 정도로 착하고 성실했어요. 어느 날 딸아이가 고개를 떨구고 슬피 울면서 어렵사리 저에게 자신의 심정을 고백하더군요."

딸아이의 심정이 어떤지 부인의 다음 말을 조용히 들었다.

"엄마는 저에게 관심을 보이지 않는다고 생각했어요. 제 감정에 관해서 이야기하고 싶었는데, 그럴 때마다 엄마는 언제나 명령조로 지시만 했어요. '치마를 입어야지 맨날 바지만 입으려고 그렇게도 고집을 부리니?', '이번 과학 점수가 왜 이렇게 안 나왔니?'라고 말할 때마다 저는 숨이 막힐 지경이었어요. 엄마가 바라는 특목고에 입학하기 위해 노력하고는 있지만 지금 제 에너지가 바닥이 났어요."

딸의 마음을 설명하는 동안 그녀는 콧물을 훌쩍거리며 울고 있었다. 그러면서 부인은 다음 말을 계속 이어갔다.

"지금까지 저는 단 한 번도 딸아이의 마음에 관심을 두지 않았어요. 딸아이에게는 자신의 미래에 관한 혼란스러움과 내면의 감정을 털어놓고 얘기할 친구이자 상담 상대가 필요했던 거예요. 그래서 저는 옆에 다가온 딸아이의 말을 끝까지 들으려고 노력했어요. 이따금 딸아이가 말하는 중간마다 인정하고 칭찬해 주었어요. 딸아이는 신이 난 듯 낭랑한 목소리로 속 시원히 저에게 털어놓더군요. 그 이후로 우리 모녀 관계가 한없이 좋아졌어요. 어느 때보다도 말수가 많아진 딸아이가 전보다 훨씬 밝아졌어요."

마침내 딸아이는 원하던 시험에 합격했고, 딸 아이가 새로운 꿈을 향해 도전하고 있다면서 부인은 얼굴에 엷은 미소를 지으며 말했다. 그 부인은 그녀의 딸아이를 교육시키면서 느꼈던 점을 다른 사람에게도 다음의 세 가지를 실천해 보라고 조언해 주었다.

"첫째는 자녀의 마음에 늘 관심을 가지고, 둘째는 자녀의 말을 인정하고 칭찬해 주면서, 셋째는 용기와 자존감을 높여 줘라."

"아이들이 당신 말을 듣지 않는 것을 걱정하지 말고 그 아이들이 항상 당신을 보고 있음을 걱정하라."

미국의 목사이자 작가인 로버트 풀검이 말했듯이, 아이들의 마음에 늘 관심을 기울여야 한다. 19세기 러시아를 대표하는 위대한 작가이자 사상가 톨스토이는 자존감에 대해서 이렇게 말했다.

"자녀교육의 핵심은 지식을 넓히는 것이 아니라 자존감을 높이는 데 있다."

부모는 아이의 성장에 필요한 영양분을 제공하고 사회로 진출해서 건강한 사회인으로 성장할 수 있게 도와주는 조력자이다.

어느 강의에서 만난 여성 한 분이 있었다. 그녀는 13살 딸과 9살 아들 이렇게 남매를 키우고 있었다. 그렇게 행복한 가정인 듯 보였지만 그녀의 가정에 문제가 생겼다. 그녀의 남편이 습관처럼 바람을 피우며 속을 썩이는 바람에 끝내 남편과 이혼했다. 그들 부부는 이혼하기 전까지 쇼윈도 부부로 행세하며, 어린아이들에게 깊은 상처를 남기지 않기 위해 애썼다. 아이들 앞에서 말다툼도 하지 않았고 남편의 외도에 대해서도 말하지 않았다. 그저 자상하고 늘 믿고 의지할 수 있는 아버지로 인식되도록 부인은 노력했다. 하지만 막상 이혼하고 나서 아이들의 반응 때문에 부인은 더 비참하게 되었다. 그건 아이들이 아버지를 미워하는 것이 아니라 오히려 엄마를 원망했다. 딸 아이가 사색한 얼굴로 이렇게 말했다.

"아버지의 작은 실수를 이해하고 용서했으면 이혼하지 않아도 될 일을. 이건 명백히 엄마의 잘못이야."

아이들은 엄마의 깊은 아픔을 이해하지 못했던 것일까. 힘들 때마다 부인은 아이들이 큰 버팀목이라고 생각했었을 것이다. 그러면서도 그때 부인은 순간적으로 몹시 화가 났었을 것이다.

   가정에 아버지와 엄마가 함께 존재해야만 아이가 정서적으로 안정을 느낄 수 있다. 아버지와 엄마는 각기 다른 역할을 하며, 아이들의 성장에 필요한 다양한 영양분을 공급해 주는 비료와 같다. 하지만 부부가 이혼한 상태라면 엄마와 아이들 모두 자신의 위치에서 최선을 다해야 한다. 그런데 아이들이 이혼한 엄마의 마음을 헤아리지 못한 상태에서는 진정한 대화를 나눌 수 없다. 그래서 나는 부인에게 이렇게 조언해 주었다.

   "엄마로선 마음이 아프겠지만 현재 아이들의 마음을 그대로 인정하는 것부터 다가가야 합니다. 엄마의 마음을 이해해 주길 아이들에게 바라지 말고, 시간을 갖고 지켜보다가 익숙해지면 그때 서서히 다가가세요. 어린아이들은 이기적이라서 그들의 부모가 이혼하는 것보다 이혼 후 자신들에게 돌아올 불이익에 대해 더 큰 관심이 있어요."

   부인은 내가 말한 대로 시간을 두고 서서히 아이들에게 다가갔다. 그로부터 6개월이 더 흐른 뒤 아이들이 엄마의 마음을 이해하기 시작했다는 것이었다.

   부모의 대다수는 자식 뒷바라지에 헌신적이다. 그러나 다른 한편으로는 그들의 자식은 비뚤어진 태도와 생각을 보일 때가 있다. 그렇다면 부모의 노력이 한순간에 물거품이 되어 버리고, 자식이 철없고 엉뚱하게 생각한 것에 대해서 부모는 어떻게 대처해야 할까?

   당신의 자식들에게 다가가서 솔직하게 대화를 나눌 수 있게 환경을 만들어야 한다. 그러고 나서 그들의 아픈 마음에 가만히 귀를 대고 들어야 한다. 그들이 스스로 마음의 문을 활짝 열고 감정을 털어놓을 때, 그들을 인정하고 칭찬해야 한다. 이때 주의해야 할 것이 한 가지 있다. 당신의 한없는 넋두리를 늘어놓아서는 절대 안 된다. 그렇게 되면 자식이 당신에게 어렵게 자신의 상처를 털어놓으려는 마음의 문을 닫고 만다. 끝으로 부모는 친구로서 조력자로서 상담사로서 자녀들에게 아낌없이 용기를 심어주고 자존감을 높여 주어야 한다. 영국의 철학자 존 로크도 말했듯이, 아이는 백지와 같아서 어떠한 인간으로든지 만들 수 있다. 아이는 부모의 행위를 비추는 거울이다. 즉 자식에게 부모는 거울이고 삶의 모델이다. 아이에게도 나름대로 느낌과 판단의 능력이 있다. 독일의 실존주의 철학자 니체의 말대로, 아이들이 보는 앞에서 절대로 아버지와 엄마가 다툼을 내비쳐서는 곤란하다. 부모 사이의 갈등은 아이들의 정서에 상처를 주고, 마음의 고통을 안겨 줄 수 있다.

이번에는 경제적으로 부유하고 사회적으로 인정받는 의과대학교 교수의 사례를 들어보자.

고3인 교수의 딸은 학교에서도 상위 1% 이내에 들 정도로 공부를 잘했다. 아빠의 소망은 딸이 자신처럼 의과대학에 입학하기를 굳게 믿고 있었다. 어느 날 담임선생님으로부터 연락받고서 그 교수는 큰 충격을 받았다. 담임선생님은 "따님이 공부를 잘하고 있지만, 학교의 특별활동 시간에 그림을 그리는 것을 보고 의과대학을 포기한 것인지 궁금해서 연락드렸습니다."라고 말했다.

그는 곧장 집으로 달려와 딸의 방에 들어가 한쪽 구석에 쌓아 놓은 그림 도구를 발견하고 화가 머리끝까지 치밀었다. 또 다른 곳에서 그림 그리며 받은 상장을 보고는 찡그린 얼굴로 입술을 굳게 닫고 애써 감정의 분노를 억제했다. 그의 감정대로라면 두 손으로 힘 있게 그림과 받은 상장을 찢고, 딸에게 큰 소리로 윽박지르고 불꽃이 튈 만큼 험하게 손찌검을 했었을 것이다. 그러나 그는 그런 말과 행동을 딸아이에게 하지 않았다. 마침내 딸아이가 학교를 마치고 집에 와서 자기 방에 들어가는 모습을 보고는 그 교수가 딸아이에게 편안한 표정을 짓고 부드러운 말씨로 말했다.

"지금 오니? 피곤하겠다. 어서 들어가서 쉬어."

주말이면 그 교수는 딸아이와 함께 산책도 하고 등산도 하고 레스토랑에서 즐거운 한때를 보내기도 했다. 그러던 어느 금요일 오후, 딸아이가 학교를 마치고 집에 들어와서 거실에 앉아 있는 아빠의 모습을 보았다. 딸아이가 살며시 아빠 옆에 다가가서 이렇게 말했다.

"아빠가 집에 들어오시기 전에 이 집을 나가려고 했어요. 아빠가 저에게 거는 기대가 너무 커서 제 마음을 감히 드러내기가 두려웠거든요. 근데 몇 주 동안 아빠와 시간을 보내며 함께 웃고 대화를 나누다 보니 생각이 달라졌어요. 만약 제가 가출했다면 이런 소중한 순간들을 발견하지 못했을 것이고, 앞으로도 더 많은 귀중한 순간들을 놓쳤을 거란 생각이 들었어요."

"아빠, 정말 고마워요."

"앞으로 더 잘할게요."

그 순간 교수는 가슴이 미어졌지만 딸아이를 껴안으며 말했다.

"오히려 내가 미안하구나. 너의 마음을 이해하지 못해서. 앞으로 친근한 아빠가 되어 줄게."

결국에 가서 딸은 자기가 하고 싶은 미술을 전공했고 아빠도 동의했다. 그 후로 그 교수의 가정은 행복하게 살고 있다.

부모가 바라는 대로 자식이 아바타처럼 자랄 수 없다. 딸의 인생은 아빠가 대신할 수 없기에 행복도 전적으로 딸에게 맡겨야 한다. 부모의 인생에 자녀를 참여시킨다면 그 자녀는 반발심이 가득한 아이로 성장할 것이다. 자녀의 성장 과정에서 20세까지는 부모의 보호가 절대적으로 필요하다. 부모는 자녀가 올바르게 성장할 수 있도록 용기와 자신감을 심어주고, 조언자로서 미래 목표를 향해 나아갈 수 있게 지도해야 한다. 하지만 그 이후에는 부모가 자녀의 인생에 개입해서는 안 된다. 그리고 자녀가 성인이 되면, 경제적으로나 정신적으로 독립해야 한다. 그렇지 않으면 부모가 자녀의 인생에 지분을 가지고 참견하게 된다.

"너희는 아이들에게 육신의 집은 줄 수 있으나, 영혼의 집까지 주려고 하지 말라. 너희는 아이들에게 사랑은 줄 수 있어도, 너희의 생각까지 주려고 하지 말라. 너희가 아이들같이 되려고 애쓰는 것은 좋으나, 아이들을 너희같이 만들려고 애쓰진 말라."

철학자이자 시인이며 『예언자』, 『부러진 날개』로 유명한 칼릴 지브란의 말이다. 부모가 감정 조절이 안 되고 화가 먼저 나오면 아이는 공격적인 말과 행동을 하면서 성장한다. 화를 내는 대신에 변함없이 사랑한다는 걸 아이가 느끼도록 더 많이 표현해 주어야 한다. 일하느라 아이에게 사랑을 줄 시간이 적을 때 엄마들은 죄책감을 느낀다고 한다. 그럴 필요가 없다. 연구에 의하면 맞벌이 부부의 아이들은 다른 아이들처럼 똑같이 행복하게 자란다고 했다. 출산, 육아, 그리고 아이 돌봄 같은 힘든 상황에서 벗어나고 싶은 갈망을 느끼는 주부들이 많다. 처음 아이가 생기면 좋은 엄마가 되고 싶은 마음이 굴뚝같지만, 막상 닥쳐보니 현실이 너무도 힘들다는 것이다. 엄마는 이래야만 한다는 생각 대신에 편한 마음으로 자녀를 바라보고 대해야 한다.

조선 중기에 당대 최고의 학자이며 시인이자 화가로 명성을 얻은 신사임당에 대해선 모르는 사람이 없을 것이다. 그녀는 4남 3녀의 훌륭한 자녀들을 두었다. 그녀의 자녀교육은 특별하다. "뜻을 세우면 이루지 못할 것이 없다."라는 유명한 명언을 남겼듯이, 입지 교육(스스로 뜻을 세워라!)의 중요성을 그녀의 자녀들에게 강조했다. 즉 부모가 아이의 미래를 결정짓는 것이 아니라, 아이 스스로 꿈을 만들게끔 도와주는 방식이다. 장원 급제를 아홉 번이나 한 셋째아들 율곡 이이와 첫째 아들 이선에게는 학문적 재능을, 첫째 딸 이매창과 막내아들 이우에게는 예술적 재능을 발견했다. 그녀의 남편이 외도를 저질렀을 때도, 마법 같은 교육 방법으로 그녀의 자녀들을 이처럼 성공적인 인생으로 이끌었다. 남편 이원수는 천박한 주모 권씨와 바람을 피웠다. 그럴 때마다 그녀는 그림을 그리고 눈물로 마음을 달래곤 했다. 그걸 몰래 지켜본 율곡은 화가 치밀었다. 율곡은 아버지가 미웠다. 또 그럴 때마다 그녀는 아들에게 이렇게 말했다.

"이것저것 따지지도 미워하지도 증오하지도 말아라. 아비를 원망하는데 너의 모든 인생을 허비하지 않겠다고 약속해다오."

그러면서 그녀는 자녀교육에서 부족한 점을 혼내지 않고 조금이라도 잘하는 부분을 칭찬했다. 다툼이 잦고 성격이 고약한 둘째 아들에게는 혼내는 대신에 그의 얘기를 자주 들어주었다. 자녀를 지나치게 감싸고 보호하고 걱정하는 것은 부모의 마음이지 자녀의 마음이 아니다. 탈무드에 이런 말이 나온다.

"자식이 어렸을 때는 엄하게 꾸짖고 성장한 후에는 꾸짖지 말라. 어린아이는 엄하게 가르쳐야 하지만 기가 꺾이게 해서는 안 된다. 아이를 꾸짖을 때는 잔소리를 늘어놓지 말고 단 한 번 엄하게 꾸중하라."

신나게 게임하고 있는 아이에게 '들어가서 공부해라!'라고 하면 정말로 자기 방에 들어가서 공부할까? 아마도 해변에 모래사장의 모래 한 알처럼 하찮게 여길 가능성이 크다. 아이가 과체중인데 많이 먹는 것에 대해서 '그만 먹었으면 좋겠어!' 이런 부모의 하소연에 아이가 귀를 기울일까? 아무런 의미가 없을 것이다. 이처럼 부모의 말에 자녀가 반항하거나 화를 낼 때가 있다. 그럴 때 부모가 폭언이나 폭력으로 억압하려고 하면, 아이의 마음이 닫혀 소통 자체가 불가능하게 된다. 자녀가 화가 난 이유가 무엇인지, 반항하는 원인이 어떤 것인지 그들이 직접 표현하도록 도와주고 그들의 감정을 그대로 인정해 줘야 한다. 이를테면 '엄마는 그것에 대해 이렇게 생각하는데, 네 생각이 어떤지 궁금하구나!'라고 자녀에게 묻는다. 자녀가 어떤 잘못을 저질렀을 때도 마찬가지다. 그럴 때마다 자녀의 잘못을 지적하고 혼내기보다는 자녀의 마음을 먼저 이해하고 인정해 주는 것이 중요하다.

공자는 '삼계도(三計圖)'(세 가지 계획)에서 다음과 같이 말했다.
일생의 계획은 어릴 때 있고
일 년의 계획은 봄에 있고
하루의 계획은 새벽에 있다.

어려서 배우지 않으면
늙어서 아는 것이 없고
봄에 밭 갈지 않으면
가을에 거두어 드릴 곡식이 없고
새벽에 일어나지 않으면
오늘 할 일이 없다

자녀와의 근본적인 갈등을 줄이는 가장 좋은 방법은 그들의 말과 행동에 귀를 기울이고, 인정과 칭찬을 해주며 용기와 자신감을 심어주는 것이다. 자녀의 부모이자 또 하나의 상담자이기 때문이다. 이것이 부모의 역할이자 자녀를 진정으로 사랑하는 방법이다.

20세기 자신의 운명을 극복하고 세계 최고가 된 사람이 있다. 그 아이는 인종차별과 싸워야 했고 가난도 견뎌야만 했다. 무엇보다도 눈이 보이지 않는다. 시각장애라는 콤플렉스로 학교에서도 따돌림을 받으며 외톨이가 된 아이였다. 주변 사람들은 그 아이가 약점투성이어서 기껏 할 수 있는 일이라고는 주전자 손잡이를 만드는 간단한 일뿐이라고 생각했다. 그러나 그 아이가 바로 12살에 첫 레코드를 내고 세계적인 거장의 반열에 성큼 올라선 스티비 원더이다. 그는 피아노, 드럼 같은 여러 악기를 뛰어나게 연주하고, 독창적인 창법으로 노래하는 가수이자 작곡가이다. 그가 세계적으로 위대한 음악가로 성장하게 된 계기가 있었다. 그의 어린 시절의 이야기 하나를 옮겨보겠다.

어느 날 수업 중에 쥐 한 마리가 교실로 들어와 이리저리 헤집고 다녔다. 어찌나 빠른지 그 쥐는 결국 교실 어딘가에 숨어버렸다. 그 반 아이들은 겁이 났는지 달리 숨을 곳도 없어서 그들의 책상과 의자 위로 올라섰다. 선생님은 눈이 보이지 않는 사람이 청력이 유난히 예민하고 발달했다는 것을 알고 있었다. 그래서 선생님은 시각장애인 그 아이에게 부탁했다.

"뛰어난 너의 청력으로 숨어버린 쥐를 찾아낼 수 있겠니?"

반 아이들이 숨을 죽인 채 그를 바라보고 있을 때, 그는 다른 누구도 듣지 못한 쥐 소리를 듣기 시작했다. 그 소리는 교실 구석의 벽장에서 새어 나오고 있었다. 그러고서는 그 소년은 선생님에게 자기 손가락으로 쥐의 위치를 알리고 쥐를 쉽게 잡을 수 있었다. 수업이 끝나자 선생님은 그 아이를 불러 이렇게 말했다.

"넌 우리 반에서 누구도 가지지 못한 훌륭한 능력이 있어. 바로 너의 뛰어난 청각이야."

선생님은 누구도 하지 못했던 일을 해낸 그 아이의 능력을 인정하고 칭찬했다. 그 아이는 청력에 대해 인정을 받았던 것이 그때가 처음이었다고 고백했다. 선생님의 '인정과 칭찬' 말 한마디가 그 아이의 인생을 바꾸기 시작했다. 그로부터 몇 년 뒤 12살이 된 그 아이는 훌륭한 가수이자 작곡가가 되었다. 어릴 때부터 음악을 좋아했던 그 아이는 여러 가지 악기의 소리를 들으며 그 음을 정확하게 연주해냈다. 눈이 보이지 않는 약점이 있었지만, 탁월한 청력을 발견한 후 그는 한 번 들은 소리를 절대 잊지 않는 절대 음감을 가지게 되었다.

20세기 세계 대중음악에 큰 영향을 준 스티비 원더는 성공한 사람들의 능력을 부러워하거나 자신에게 없는 걸 한탄하기보다는 자신의 장애를 긍정의 힘으로 극복하는 것이 성공의 비결이라고 말했다.

"우리는 모두 저마다 능력을 갖추고 있습니다. 유일한 차이점은 어떤 사람은 그 능력을 사용하고, 또 어떤 사람은 그 능력을 사용하지 않는다는 것입니다."   - 스티비 원더

자식은 일종의 나그네와 같아서 부모 그늘에 잠시 머물다가 결혼하면 부모 곁을 매정하게 떠나게 된다. 그걸 서운하게 생각할 필요는 없지만, 인간이기에 애정이 들고 자신의 모든 걸 아낌없이 퍼부었기에 서운하고 허전한 마음이 드는 건 당연하다. 그러나 이것만은 반드시 기억해야 한다. 나중에 늙어 힘이 없을 때 그 자식이 나를 죽을 때까지 잘 보살펴 줄 거라고 꿈같은 생각은 하지 말아야 한다.

어느 분야에서나 성공하는 사람들을 보면 일에 열정이 대단히 뛰어나다고 생각하지만 그들의 비결은 따로 있다. 그건 동료나 부하직원들에게 '인정과 칭찬'을 아끼지 않는 것이었다. 자녀의 밝은 미래를 위해 수학 공식이나 역사적 사건을 외우는 것보다 더 소중한 것이 있다. 그건 바로 가정의 행복이다. 그렇게 되면 자녀는 안정된 마음으로 공부에 집중할 수 있고, 부모와 자연스럽게 대화도 자주 하게 된다. 이때 부모로서 주의해야 할 점은 아이의 흠을 잡아 잔소리하는 것이 아니라 어떻게 하면 칭찬할 수 있을지를 생각해야 한다.

6장
문화의 차이 이해하기

배우자와 사소한 의견 차이로 다투는 일이 잦아졌는가? 평소 표현이 없던 배우자가 가끔 이유 없이 불쑥 화내지 않는가? 배우자가 심하게 윽박질러 대번에 기가 꺾이는 경우가 있지 않았는가? 비극적 결말에 이르는 부부들은 대부분이 이런 사유를 조목조목 들면서 끝머리에 성격 차이를 내세우는 경향이 짙다. 생활 습관의 차이, 돈과 관련된 경제적 시각, 가사 육아 부담 및 자녀교육, 양가 부모와의 관계, 명절 스트레스, 취미나 여가 등 생활 방식, 성격 차

이…….

　대부분 성격 차이로 우리 부부가 서로 맞지 않는다고 생각할 수 있다. 하지만 우리는 모두가 서로 다른 성격을 지니고 있다. 성격은 저마다 고유의 특성이며 반드시 변화시킬 필요까지는 없다. 단순하게 그런 갈등이라면 어렵지 않게 해결할 수 있다. 서로 대화로 조정해가며 합일점을 찾아가면 된다. 솔직히 말해서 그들이 말하는 성격 차이로 갈등한다는 것은 서로 자신의 성격에 상대가 변화해가며 맞추길 바라는 것이다. 설사 그것이 불행의 길로 들어선다고 해도 자신의 의지는 꺾지 않으려고 애쓸 것이다. 성격 차이 같은 원인 모를 이유 때문이 아니라 근본적인 원인은 왜곡된 정서적 결핍 때문이다. 다시 말해 성장하는 과정에서 심리적 상처 때문에 왜곡된 정서를 자신의 마음에 품고서 자란다. 즉 트라우마가 문제인 셈이다. 어느 시점에선가 자신이 입은 상처가 지금의 모습에 영향을 미친다는 점이 트라우마의 힘이다. 우리는 모두가 어린 시절부터 좋든 그렇지 않든 트라우마를 겪었다. 그런 경험이 결혼 후에도 계속된다. 대개 한 사건이나 특정 시절 자체를 떠올리는 것만으로도 마음속의 분노, 고통 같은 공포가 밀려오는 경우가 있다. 그것들에 대해선 누구보다도 자기 자신이 제일 잘 알고 있다. 인생의 동반자인 배우자에게 자기의 성향을 충분히 이해할 수 있도록 알려야 한다. 배우자와 특정 문제에 대해 해결되지 않은 채 그냥 덮어 두고 넘어간다면, 미래 어느 시점엔가 가라앉았던 그 문제가 반드시 수면 위로 떠오르게 된다. 또다시 그것을 덮어 둔다면 훗날 심각한 문제로 다가와서 그때는 도저히 걷잡을 수 없을 정도로 최악의 결과가 일어날 수 있다.

이런 문제가 일어나게 된 근본 원인은 뭘까? 그것은 상대의 문화를 제대로 이해하지 못해서이다. 행복한 부부관계에서 중요한 것은 서로 얼마나 잘 맞는가 보다는 다른 점을 어떻게 극복해 나갈 것인가이다.

지극히 평범한 부인이 찾아와서 그녀의 첫마디는 이러했다. "성격 차이 때문에 이혼하려고 해요." 무엇 때문인지 그 이유를 묻자 그윽한 목소리로 부인은 이렇게 말했다.

"저는 꾸미거나 이리저리 둘러대지 않고 바로 직설적으로 말하는 성격이에요. 저를 무시해서인지 남편은 한참 생각한 끝에서야 말해요. 결혼 초에는 그냥 넘겼는데, 매번 그럴 때마다 제 마음속을 다 간파하고 있는 듯 제 속을 태우는데 질렸어요."

매사에 급하고 부정적인 그녀의 말투를 들으니, 지난 시절 그녀의 삶이 궁금해졌다. 나는 그녀의 어린 시절에 있었던 문제 중 하나를 꺼내 들을 수 있었다. 그녀의 어린 시절에 관한 이야기를 들어보자.

"그때 제 나이가 10살쯤이었어요. 엄마가 늘 옆에 있어 줬으면 했었고, 하루에도 여러 번 엄마를 보고 싶을 때도 있었어요. 아버지가 일찍 돌아가신 이후로 재래시장에서 엄마는 과일 장사를 시작했어요. 그러다 보니 먹고 싶은 것도 먹지 못했고 입고 싶은 것도 입지 못했어요. 집을 지키며 홀로 앉아 있을 때면 무섭고 외로울 때가 많았어요. 그때 옆집 개가 짖어 대면 전 버럭 화를 내곤 했어요. 어린 나이에 생의 고통을 경험한 뒤 좀 더 나이가 들었을 때, 저는 삶의 고통이나 슬픔 같은 것들을 떨쳐 내려고 결혼했어요. 그 후에도 세상이 변하지 않으리라는 걸 알았지만, 야속하게도 저의 성격만 변해 있었어요. 지금도 복잡하고 답답해요. 제 말과 태도는 과거 상처 때문인지, 매사에 부정적이거나 툭하면 거칠어진 말투 때문에 저 스스로 힘들 때가 많았어요. 앞으로 어떻게 해야 할지 고민이에요."

나는 남편과 함께 방문해 주길 부인께 요청했고, 다음 날 오후에 그들을 다시 만났다. 나는 진지한 표정을 지으며 소파에 앉아 있는 남편에게 말했다.

"부인께서 어린 시절에 홀로 긴 세월을 지내다 보니, 부인의 삶에 고통과 슬픔과 외로움에 대한 트라우마가 있어요. 그로 인해 부인의 말투가 투박하고 성격도 거칠어진 성향도 있어요. 남편께서 그런 부인의 상처를 알고 계셨습니까?"

"아니오!" 남편은 어리둥절한 표정으로 짧게 대답했다.

남편은 아내에 대해 어떤 것도 알지 못했고 또 알려고도 하지 않았다. 나는 부인의 어린 시절에 대해 남편에게 간략히 설명했다. 그리고 나서 나는 남편에게 이런 말을 전해 주었다.

"남편께서 부인의 상처에 대고 공격하기보다는 그녀를 배려하고 존중해야 합니다. 부인의 어린 시절을 이해하고 보듬어 주면서 서로 대화하려고 노력하는 사이에, 부인은 스스로 고질적인 트라우마를 극복할 힘이 생겨납니다."

남편도 부인의 트라우마에 대해 수긍하였는지 아내의 손을 꼭 잡고 집으로 돌아갔다.

과거에 정서적으로 결핍된 상태에서 상처받은 마음은 절박한 심정에서 집착으로 이어지게 되는데, 집착은 또다시 끊임없는 갈등과 고통을 만들어 낸다. 어린 시절부터 충만하지 못하거나 정서가 불안정하면, 하나의 질병처럼 결핍된 상태로 위험에 노출되어 그것이 왜곡된 가치관을 형성한다. 그래서 배우자는 상대에게 지난날의 부정적 트라우마를 이해하고 배려하고 존중하는 마음이 필요하다.

옆집에 살면서 나에게 자주 인사하고 지내는 부부가 있었다. 어느 날 우연히 동네 식당에서 바로 옆 테이블에서 식사하는 그들 내외를 만나서 합석하게 되었다. 서로 대화가 무르익어 갈 무렵, 부인이 갑자기 눈물을 글썽거렸다. 그녀는 나에게 말하고 싶은 뭔가 있어 보였다. 그녀는 집 나간 아빠의 모습을 보며 자란 어린 소녀가 있었다고 말문을 열기 시작했다. 그 아이는 아빠가 집을 나간 슬픔보다 엄마의 아픔이 더 슬펐을 거로 생각했다. 그때부터 그 아이는 이 세상 남자에게 자기 마음의 문을 열지 않겠다고 다짐했지만, 지금의 남편에게 어렵게 그 문을 열었다는 것이었다. 어느 햇빛 화창한 일요일 오후, 오랜만에 외식하고 팔짱 끼고 육교 위로 올라가려는 순간에 부인이 남편에게 화를 버럭 냈다.

"왜 옆으로 지나가는 남의 여자 다리를 곁눈질해서 뚫어지게 쳐다보는 거야! 그것도 선글라스를 끼고."

부인은 의심스런 눈초리로 남편에게 툭 내뱉었다. 남편은 황당해하면서도 보려는 것이 아니라 보이는 것이라고 그의 아내에게 말했다. 그러자 부인은 남편에게 화난 표정으로 말했다.

"당신은 늘 그런 식이야."

나는 부인의 얘기를 들으면서 그녀의 심정을 충분히 이해할 수 있었다. 그 순간 바로 옆 테이블에서 중년 여성이 재밌다는 듯이 귀를 쫑긋 세우며 우리의 얘기를 엿듣고 있었다. 나는 모른 척하고 부인의 나머지 얘기를 더 들었다. 부인은 그녀의 커다란 두 눈에서 눈물을 쏟으며 말을 이어갔다.

"언제 변할지 모를 남편의 마음에 전 항상 두려웠고, 그러다 보니 저 자신도 모르게 민감해졌어요."

옆에 있던 남편은 아내의 그런 말을 처음 들었다면서 당황하며 무슨 말을 해야 할지 고민하고 있었다. 나는 남편에게 이런 말을 전했다.

"모두가 마찬가지겠지만 누구나 하나 정도의 트라우마를 마음속에 간직하고 있어요. 그래서 부부 사이에 대화가 필요한 겁니다. 아내의 트라우마가 무엇인지 애정 어린 마음으로 들어야 합니다. 아내의 그런 마음의 상처를 포근하게 감싸줄 수 있는 사람이 바로 남편이에요."

그러자 남편은 부드러운 얼굴로 그의 아내에게 말을 꺼냈다.

"지난날 당신의 심리적 상처가 있는 줄 처음 알았어. 앞으로 당신의 마음을 거스르지 않도록 특별히 조심할게."

인도 건국의 아버지 마하트마 간디는 "당신의 내부 평화가 바깥 세계를 변화시킵니다."라고 말했다. 또 미국의 테레사 수녀로 불릴 만큼 평화를 위해 4만 킬로미터가 넘는 거리를 걸었던 피스 필그림은 내면의 평화에 관해 이렇게 정의했다. "만약 당신이 자신의 내면에서 평화를 찾게 된다면, 당신은 다른 사람들과도 평화롭게 살아갈 수 있는 사람이 될 것이다."

자기 내면에 과거 부정적인 정서의 잔재가 있다면 배우자에게 솔직하게 털어놓아야 한다. 그래야 그것이 가벼워져서 자기 마음에 평화가 찾아온다. 또 자기 마음의 무게를 덜어야 가정생활에 더욱 충실할 수 있다.

모자지간의 앙금이 그대로 고부간의 갈등으로 번지는 사례 하나를 들어보자. 아내가 시어머니를 만나고 나면 더 행복해야 하는데 서로에 대해 뭔가 앙금이 쌓여서인지, 시어머니가 며느리에게 으르렁거리기 시작할 때마다 그녀의 아들은 심기가 불편하다고 하면서 불만이 가득했다. 그 이후로 아들은 아내와 함께 어머니를 뵈러 가지 않는다고 했다. 그렇게 된 사유를 묻자 자신 없는 목소리로 그의 다음 이야기를 들을 수 있었다.

그의 어린 시절, 아버지는 집을 나서면 서너 달이 지나서야 돌아왔고, 엄마는 장사하느라 가정을 돌볼 여유가 없었다. 이것만 보아도 홀로된 그의 어린 생활이 외롭고 힘들었을 것으로 생각되었다. 엄마는 자기 아들에게 말투가 포근하고 따뜻하게 대하는 것이 아니라 감정이 섞인 센 말투로 던지기 일쑤였다. 장사 탓인지 아니면 세상 탓인지 모를 일이었지만, 그의 엄마는 그렇게 거친 말투가 하나의 습관이 된 것이었다. 아들은 엄마에 대해 정이 그립고 사랑이 그립고 포근한 말투가 그리운 것이다. 그 아들의 성장과 결혼 이후, 엄마가 아들에게 한 것처럼 며느리에게도 똑같은 말투로 대했다. 그럴 때마다 아내는 이유 모를 눈물에 옆에서 지켜본 아들은 무척 힘들었다고 고백했다. 그 이후로 아들은 명절 때면 엄마 집에 가는 것이 아니라 처가에 먼저 들렀다. 장모님을 비롯하여 처가댁 식구들이 늘 따뜻하게 대해 주기 때문이었다. 그래서 그런지 그는 나에게 아내의 얼굴이 전보다 훨씬 밝아졌다고 말했다. 결혼생활에서 가장 중요한 것 중 하나를 꼽으라면 서로가 '편안함'이다. 편해지면 부정적인 말투에서 긍정적인 어조로, 매사에 민감한 반응에서 부드러운 반응으로, 격앙된 감정에서 차분한 감정으로 바뀌게 된다.

"즐거운 생활을 하고 싶거든 지나간 일을 공연히 되새기지 말 것. 사소한 일에 성내지 말 것. 특히 사람을 미워하지 말 것. 미래의 일은 하나님께 맡길 것." 60년에 걸쳐 완성된 대작 『파우스트』의 저자 괴테의 말이다.

부부가 서로 편해지기 위해서 문화적 이질감을 어떻게 이해하고 극복할 수 있을까? 시댁이든 처가든 그 문화 자체에 대한 이질감의 차이 때문에 갈등이 일어나는 것이 아니다. 상대의 문화와 가치 기준을 이해하기 위해 제대로 된 대화를 나누지 못해서이다. 부부간에도 상대의 문화와 가치 기준을 이해하지 못하면 원활한 대화를 나눌 수 있을까? 외국에 나가서 사는 교포들이 행복한 이유가 돈이 많아서일까? 이 모두는 '문화와 가치 기준'을 이해해야만 가능한 일이다. 더욱이 그중에서도 가장 으뜸은 '언어'의 이해이다. 상대의 말뜻 자체를 이해하는 것이 아니라, 문화와 가치 기준이 포함된 언어를 이해할 수 있어야 그다음에 서로의 소통이 원활해진다. 즉 어떤 나라에서 편안하고 행복하게 사는 유일한 방법이 그곳의 문화와 언어를 빠르게 익히는 것이라면, 배우자와의 관계에서도 배우자의 문화와 언어를 재빨리 이해하는 것이 중요하다.

이것을 한번 생각해 보자.

어느 추운 겨울날 첫눈이 내릴 때 사람들은 저마다 온갖 추억들로 가득한 과거를 마음속에 품고 있다. 지난 시절 아름다운 추억 하나를 마음속에서 끄집어내어 첫눈과 그 추억이 결합할 때 현재의 행복한 자신을 보게 된다. 반대로 첫눈을 떠올리기조차 싫은 추억을 끄집어낼 때는 현재의 불행한 자신을 보게 되어 괴로울 것이다. 그래서 부부가 대화를 나누면서도 아름다운 추억을 쌓아야 하는 이유다. 즉 부부간의 대화는 상대의 문화와 언어를 이해하기 위해서, 또 자기 마음의 상처를 치유하고 상대와 편해지기 위해서. 겉으로는 다들 행복한 것처럼 살지만 모두가 상대의 말에 상처받거나 상대의 말투 때문에 죽고 싶은 심정일 때가 있다. 정말로 싫어하는 어떤 한 사람을 떠올려 보자. 그런 후 그 사람을 싫어하는 진짜 이유가 뭔지 생각해 보라. 미워하거나 증오하는 생각의 강도가 심해진다면, 그 사람으로부터 상처받은 말과 행동이 강하게 당신의 마음에 새겨짐을 알게 된다. 대화가 그런 상처를 치유해 준다. 즉 대화를 나누면서 상대의 문화와 언어를 자연스럽게 이해하고 알 수 있다.

문화가 전혀 다른 시어머니와 며느리가 원활한 소통을 한 사연 하나를 소개하고자 한다. 오십 대 후반의 중년 부인은 시집와서 그녀의 시할머니와 시부모님 모두를 모시느라 힘든 삶을 살았다. 그러면서 고지식한 옛날 분들을 모셔서인지 중년 부인은 보수적인 성향이 짙다고 고백했다. 세월이 흘러 이번엔 그 중년 부인의 아들이 결혼했다. 도심지에서 자라서인지 며느리는 현대인의 자화상으로서 전형적인 개인주의의 성향이 짙어 보인다고 중년 부인은 거침없이 말했다.

나는 그 중년 부인의 얘기를 들으면서도 시어머니와 며느리 사이에 어떠한 공통점도 발견하지 못했다. 시어머니는 권위주의의 성격을 보이고, 며느리는 개인주의 성향이 짙어서 서로 간에 대화가 제대로 이루어질지 의구심이 들었다. 아니나 다를까 시어머니는 며느리의 말과 행동을 이해하지 못했고, 며느리 역시 시어머니의 마음을 헤아리지 못했다. 그들이 서로 불편한 관계를 지속하다 보니, 아들이 중간에 끼여 여간 힘든 게 아니라고 그 중년 부인이 투덜댔다.

나는 그 중년부인에게 이런 말을 전했다.

"한 집안의 문화를 전혀 모른 상태에서 너무 무리한 요구를 한다면, 며느리는 어떤 것도 쉽게 받아들이지 못할 것입니다. 그러니까 서로의 문화와 방식이 다른 채 자신의 방식만 옳다고 강하게 주장하면 서로 간에 갈등의 골만 깊어질 게 틀림없습니다. 먼저 며느리가 시댁에 오면 부담을 주지 말아야 합니다. 그래서 부인께서는 며느리를 배려하는 것부터 시작해 보세요."

6개월쯤 지났을까. 그 시어머니는 그동안에 며느리와 원활한 소통이 이루어진 비법을 나에게 알려 주었다.

"제사 때 이것저것 음식 준비를 시키는 것이 아니라, 제사상에 올릴 전을 부치는 일만 시켜서 며느리의 부담을 확 줄였어요. 그리고 며느리의 처지를 이해하려고 노력했어요. 그랬더니 며느리가 친근하게 저에게 다가와서는 제 건강 상태를 묻더라고요. 그 후로 며느리와의 사이가 가까워졌어요. 이따금 전화를 걸어서 대화도 나누곤 해요."

상대의 문화와 가치 기준을 이해하면 아름다운 추억이 쌓이게 될 것이고 갈등마저 줄어들게 분명하다. 그런데 현재의 좋지 않은 말과 행동에서 과거 어느 시점에선가 그 원인을 예측할 수 있는데 몇 가지 사례를 살펴보자.

어린 시절에 새어머니 때문에 어머니가 쫓겨나는 상황을 보고 자랐다면 결혼 후 배우자를 신뢰하는 데 많은 시간이 필요하고, 또 성격적으로 불안과 집착을 겉으로 드러낼 가능성이 크다. 또한 가정사의 모든 결정권이 아버지에게 있고 어머니는 늘 순종하며 따라가는 모습을 보고 자랐다면, 자기주장이 강한 아내의 모습에서 마음이 편치 않을 뿐만 아니라 성격적으로 자기 주체성이 강할 수 있다. 또한 지금 배우자가 자린고비 조륵처럼 구두쇠라면 어린 시절에 얽힌 트라우마가 분명 있을 것이다. 대화를 나누는 중간마다 가끔은 배우자의 어린 시절을 물어보고 아픔이 있다면 그것을 찾아 포근하게 보듬어 줘야 한다.

어떤 유명 연예인은 자신의 트라우마에 얽힌 사연을 소개하면서 그 해결책을 제시해 주었다. 그는 노래하는 대중가수다. 한동안 노래가 히트되고 외부 행사 요청이 많아 쉴 새 없이 바쁘게 일했다. 언제부턴가 행사 요청이 뜸해지자 집에 있는 시간이 늘어나면서 반찬 투정이 심하다고 그의 아내가 불만을 드러냈다. 남편이 돈을 벌어올 때는 참았지만, 이제는 집안일도 함께 했으면 좋겠다고 그의 아내가 말했다. 그 연예인은 행사가 없을 때 집에서 이런저런 생각이 들 때쯤 돈 앞에서 작아지는 자기 모습을 보고는, 허무감과 슬픔 같은 것이 교차했다면서 자신 없는 목소리로 말했다. 그의 아내가 가장 큰 불만인 것은 함께 외출하고 집으로 돌아올 때, 외식이 아닌 꼭 집밥을 먹으려는 남편이 싫다는 것이었다. 그러면서 그의 아내는 수십 년 동안 외식한 적이 한 번도 없었다며, 피곤함을 이끌고 집에 와서 밥하려니 너무 힘들고 귀찮다고 그의 아내가 불평했다. 연예인인 그가 집밥을 먹을 수밖에 없었던 사정을 조심스레 늘어놓았다. 그는 어린 시절에 부모 없이 악조건의 환경을 극복하면서 외로이 살아가는 것이 여간 고통이 아니었다. 더구나 그는 겨울에 혹한이 닥쳐오면 사랑이 듬뿍 담긴 어머니의 집밥이 늘 그리웠다고 말했다.

돈 벌어다 주는 것은 통장에 쌓이는 것이지 마음에 쌓이는 것이 아니다. 결혼은 절대 혼자가 될 수 없다. 절반은 배우자의 몫이다. 집밥이 늘 그리운 남편의 어린 시절 문화와 가치 기준을 인정하고, 남편이 아내의 눈치 보며 지내지 않게 아내는 편안하게 품어 주어야 한다. 남편 또한 평소에 아내에게 고마움과 감사를 표현해야 한다. 그래서 남편의 마음에 난 상처를 치유한 이후에 그들 부부만의 새로운 문화를 재창조해야 한다.

감정 코칭을 개발하고 관계 연구의 세계적 권위자인 미국 심리학자 존 가트맨은 불행한 부부들은 대개 이렇게 표현한다고 말했다.

"불행한 부부들은 애정, 친밀감 같은 긍정적인 감정보다는 상대방에 대한 분노, 서운함, 불평, 불만 같은 부정적인 감정이 더 높다."

행복한 부부는 그들의 대화 중 80%가 인정하기, 칭찬하기, 존중하기, 감사하기 같은 긍정적인 대화를 즐겨 사용한다고 한다. 그런 부부들은 가정생활이 늘 행복해질 수밖에 없을 것이다. 불행한 부부들은 상대를 인정하지 않거나 무시하는 경향이 짙어, 상대의 약점이나 실수를 지적하고 꼬투리를 잡는 바람에 울화통이 터지거나 좌절감을 느낀다. 말하자면 이런 화법들은 서로 편하기 위한 화술이 아니라 상대에게 불편함을 주기 위한 부정적인 말들이다. 늘 그런 식으로 지내다간 결혼생활이 곧 지옥이 되고 만다. 불행한 부부란 상대를 미워하고 증오하며 집 안팎에서 늘 말다툼이 잦거나 심지어 이혼을 결심한 부부까지 포함한다.

배우자와 사소한 의견 차이로 다투는 일이 잦아졌는가? 평소 표현이 없던 배우자가 가끔 이유 없이 불쑥 화내지 않는가? 배우자가 심하게 윽박질러 대번에 기가 꺾이지 않는가?

부부가 하나의 목표를 향해 나아가기 위해서는 두 개의 문화가 분리되지 않고, 서로 합심하여 새로운 하나의 문화를 만들어야 한다. 이렇게 함께 만들어가는 문화는 부부가 행복의 세계로 항해하는 데 중요한 역할을 한다.

서로 침묵하는 부부 탈출기

 어느 나른한 봄날 오후였다. 몇 차례 만난 적이 있었던 김 선생 내외분이 갑작스레 나를 찾아왔다. 그들이 팔걸이 소파에 걸터앉더니 잔뜩 흥분한 김 선생이 나를 매서운 눈초리로 쳐다보았다. 그러고는 김 선생은 다시 애써 태연한 표정을 지으며 마음속에 담아둔 이야기를 하나씩 꺼내기 시작했다.

 "제가 개를 싫어하는 걸 뻔히 알면서도 보란 듯이 자는 침대까지 데리고 온 이유를 모르겠어요. 우리 부부가 지난 몇 주 동안 말하지 않다가 안 되겠다 싶어서 이곳까지 온 겁니다."

그러자 고른 숨소리를 내며 엄숙한 목소리로 그의 아내가 말했다.

"저희는 파피용이라는 개 한 마리를 몇 달 전부터 키우고 있어요. 어느 날 새벽, 제가 잠에서 깨어 보니 안방 한쪽 구석에 마련된 개 방에서 잠자지 않고 주인을 마냥 기다린 듯이 또렷한 눈빛으로 저를 바라보고 있더군요. 사랑스럽고 애처로운 마음에 저는 본능적으로 침대에서 일어났어요. 그러고는 파피용을 들쳐 안고 다시 침대로 와서 곧바로 잠들었어요. 그렇게라도 하지 않으면 제가 잠을 청하지 못할 것 같았어요. 그런데 이른 새벽에 목이 말라 거실에 나와 보니 남편이 쪼그린 채로 소파에 잠들어 있었어요."

당시 부인은 남편의 모습을 보고 안쓰럽게 생각해서일까. 그녀는 나지막한 목소리로 남편의 귀에 속삭이듯 말했다.

"어찌 거실에서 자요. 어서 방에 들어가요."

그러자 남편은 소파 위에 자다가 벌떡 일어나더니 더는 참을 수가 없었던지 대뜸 그의 검지를 치켜들면서 큰 소리로 말하는 것이었다.

"개를 싫어한다고 몇 주 전부터 말했을 텐데, 안방까지는 양보했지만 안락한 침대만큼은 안 된다고 했잖아!"

이윽고 아내가 남편에게 대답했다.

"자다가 눈떠 보니 얼마나 안쓰러운지. 그래서 파피용을 침대에 데리고 와서 잤는데, 그것이 그렇게 못마땅해요?"

남편은 더욱더 흥분된 얼굴로 아내를 바라보며 말했다.

"안돼! 침대만큼은 절대 안 된다고 말했을 텐데."

아내가 되받아치면서 말했다.

"얼마나 사랑스러워요. 당신이 조금만 이해해 주면 안 돼요?"

그날 티격태격 다투다가 날이 밝아 우유 한잔 마시고 출근했다는 김 선생의 말을 듣는 순간, 그냥 말없이 지켜보고 있으면 대판 싸움이라도 벌일 게 분명했다. 나는 그들 사이에 끼어들어 그들을 행복한 가정으로 돌리고 싶은 마음이 들었다. 그래서 나는 김 선생과 그의 아내에게 과제 하나를 내주었다. 일주일 동안 배우자의 장점 5개와 그 이유를 적어서 여기로 다시 오게 했다. 그러고 나서 파피용 문제를 두고 상대의 입장이라면 어떻게 할 것인가에 대해 역할 분담(role play)을 시도해 보라고 주문했다. 이튿날 오후에 김 선생으로부터 연락이 왔다. 그는 마침내 감사를 표하며 이렇게 말했다.

"저희 부부가 원만하게 그 문제를 해결했습니다. 아내가 한 발짝 뒤로 물러나서 제 의사를 충분히 반영하기로 했습니다. 그래서 개집은 거실 한 모퉁이에 놓기로 했습니다. 정말 감사합니다."

과제를 낸 것 중 어느 항목에서 문제의 해결책을 찾았는지 궁금해서 그에게 물었다. 그랬더니 조금도 망설임 없이 역할 분담 수행 중에 아내가 뭔가 깨달음을 얻었는지 몰라도 그의 옆에 있던 아내가 이렇게 말했다.

"어떤 것도 남편보다 더 소중할 순 없다는 걸 알았어요. 그동안 제가 잘못 생각하고 있었어요."

이제는 서로를 이해하고 그전보다 더 많은 대화를 나누기로 남편과 약속했다는 것이었다.

평상시 대화를 나눌 때 상대를 비판하거나 비난하는 것은 행복한 결혼생활에 아무런 도움이 안 된다. 오히려 결혼생활에 방해되거나 위험할 수 있다. 그렇게 하면 상대의 소중한 마음에 깊은 상처를 남기고, 상대의 가치관마저 흔들어서 분노를 촉발하기 때문이다. 그걸 당하는 상대는 완벽하게 배수진을 친 다음에 필사적으로 자기 행위를 정당화할 게 분명하다. 어느 모임에 정장 차림으로 가면 상대는 그에 걸맞게 대우해 준다. 또 상대에게 거칠게 말하면 언젠가 부메랑처럼 그것이 자기에게 되돌아온다. 반대로 상대를 존중하면 분명히 그만큼 대우받는다. 미국의 정치가이자 건국의 아버지로 불리는 벤저민 프랭클린은 외국 대사로 파견 나갔을 때 그의 성공 비결을 이렇게 말했다.

"저는 절대 남의 험담을 하지 않습니다. 그리고 제가 아는 사람들에게는 언제나 좋은 점만을 말합니다."

어떤 문제로 서로의 갈등이 생겼을 때 화가 나서 소리치거나 잔뜩 권위 있는 음성으로 거침없이 주장한다면, 평화로운 대화는 비난과 모욕으로 끝나는 경우가 많다. 결국엔 상처의 흠집을 내고 갈등의 문제는 해결되지 않는다. 그렇게 해서 부부싸움의 골이 깊어진다면 서로의 지속적인 대화를 나누는 것은 절대 불가능하다. 그럴 수밖에 없는 것이 남자는 자존심을 잃지 않으려는 습성을 지니고 있다. 남편은 그 싸움에서 질 경우는 모든 것이 끝이라는 생각에 거의 목숨 걸고 싸운다. 반면에 아내는 상대의 잘못된 점을 인정받으려고 마음이 힘들어도 그 싸움이 끝날 때까지 밀고 간다. 그러나 한편으로 생각해 볼 때, 서로 물러설 기세 없이 각자 고집이 세면 그 가정은 이미 내 가정이 아니다. 참혹한 전쟁터에서 희생이 너무 크다면 잠시 물러나는 전략이 필요한 것처럼, 잠시 뒤로 물러나서 얼마의 시간 동안 갈등의 원인에 대한 적당한 방법을 찾으려고 애써야 한다. 싸움이 절정으로 치달으면 싸움의 발단 자체가 아니라, 자신의 감정을 억제하지 못한 채 넘지 말아야 할 상대의 마음에 상처를 남기기 때문이다. 그 말을 들으니 영국의 유명한 정치인 두 사람이 생각났다.

　19세기 영국 최고의 정치가를 꼽으라면 단연코 벤저민 디즈레일리와 윌리엄 글래드스턴일 것이다. 두 사람 다 영국의 총리를 번갈아 가며 역임했다. 치열한 정적(政敵)으로 알려진 그들은 많은 일화를 남긴 것으로도 유명하다. 두 사람에게는 확연하게 다른 느낌과 철학이 있지만, 개인적으로는 디즈레일리가 한 수 위라는 생각을 떨칠 수 없다. 당대에 사교계의 큰손인 한 여성이 이런 말로 두 사람을 평하는 일화가 있다. 여기에 그 이야기를 옮겨보겠다.

　"두 분 다 하루걸러 저녁에 저를 초대한 적이 있었어요. 글래드스턴의 옆에 앉아 식사를 마치고 나왔을 때, 나는 그분이 영국에서 가장 현명한 사람이라고 생각했어요. 하지만 디즈레일리의 옆자리에 앉아 식사한 후, 나는 내가 영국에서 가장 현명한 여자라는 걸 깨달았어요."

 틀림없이 글래드스턴은 자기 업적과 철학에 대해 함께 한 그녀에게 늘어놓았을 것이다. 이에 비해 디즈레일리는 자리를 함께한 그녀의 말을 듣고 시종 그녀를 존중해 가며 자신의 의견을 말했을 것이다. 이건 디즈레일리의 인기가 늘 앞질렀던 이유뿐만 아니라 빅토리아 여왕이 그를 좋아하는 까닭을 알 것도 같았다. 평생을 두고 자기변명을 하지 않은 것으로 널리 알려진 디즈레일리는 "제가 상대방의 일을 화제로 삼으면 상대방은 몇 시간이든지 귀를 기울여 줄 것입니다."라고 그의 대화 비결을 밝혔다. 그러면서 그는 부부에 대해 한마디 덧붙였다.

 "부부 사이에 사랑받는 비결은 간단합니다. 단 한 가지만 실행하면 되는데, 그건 상대방을 존중해 주면서 이야기를 잘 들어주는 겁니다."

 우리는 모두가 신분 고하를 막론하고 자기를 높이 존중해 주는 사람을 선호한다. 어떤 문제가 꼬여서 절대 풀리지 않은 채로 침묵으로 일관하는 부부 사이에 존중해 주거나 존중을 받으면 어떻게 될까? 자연스럽게 마음의 문이 열리면서 대화의 문도 열리고 어느덧 문제 해결의 문도 열린다.

 "누가 가장 행복한 사람인가? 상대의 장점을 존중하고 상대의 기쁨을 자기 것인 듯이 기뻐하는 자다."『젊은 베르테르의 슬픔』으로 유명한 독일의 작가 괴테의 말이다. 부부 사이에서 자신의 처지가 중요하듯이 상대의 입장이나 생각도 마찬가지로 중요하다. 결국엔 존중의 문제다. 어떤 일을 상대의 의견 없이 막무가내로 저질러 놓고서 그 일이 무슨 문제가 될 수 있느냐고 묻는다면, 나는 당당하게 말할 수 있다. 말하고 듣는 것은 입과 귀가 아니라 바로 인격이 말하고 듣는 것이라고.

결혼한 지 6년이 된 한 여성이 있었다. 36살쯤 되어 보이는 그 여성은 대뜸 오늘 아침에 남편이 이혼하자는 말에 너무도 어이없고 터무니없다고 하면서, 앞으로 어떻게 해야 할지 나에게 물었다. 그녀의 말을 일부 듣고서 순간 나는 당황했다. 나는 무슨 말을 어떻게 해야 할지 고민이었다. 그 자리에서 그런 비슷한 사례를 들려주고 싶었지만, 마땅한 방법이 생각나지 않았다. 그래서 나는 잠자코 그녀의 말을 더 들어보기로 했다.

"오늘 아침에 남편이 이혼하자고 말하더라고요. 구석진 곳에 처박혀 먼지만 소복이 쌓인, 남편의 취미인 피규어를 버렸다는 것 때문인 것 같아요. 피규어는 가상의 인물 또는 사물을 특정한 재료를 이용하여 다양한 동작으로 움직일 수 있게 만들어 놓은 장난감이에요. 구석진 곳에 피규어가 군데군데 방치된 것을 보니 어떻게 할지 고민하다가, 방도 좁아 보이고 지저분해서 청소하기도 힘들다는 불만을 남편에게 여러 번 말했어요. 남편은 월급의 20퍼센트나 되는 돈을 자기 취미활동에 사용하는데 뭐가 문제냐는 것이었어요. 한 번 구매에 10만 원은 족히 넘는 것 같아요. 남편이 그걸 살 때마다 전 마음이 괴롭고 힘들었어요. 그러던 어느 날 마침내 인내의 한계에 이르러 남편의 방에 처박힌 피규어를 집어 들고 아파트 쓰레기통에 냅다 집어 던져 버렸어요. 얼마 후 퇴근하고 들어온 남편이 화가 머리끝까지 치밀었나 봐요. 그래도 우리 가정이 더 소중한 걸 깨우칠 것이라고 굳게 믿었어요. 아니나 다를까 남편은 자기 물건이 없어진 사실을 알고 곧바로 쓰레기장에 가서 조각난 피규어를 도로 집어 들고 와서 자기 방에 틀어박혀 안으로 문을 잠그고 나오지 않았어요. 그러고는 다음 날 아침에 남편이 난데없이 '이혼하자! 지금 당장 법원에 가서 이혼 도장 찍자!'라고 매몰차게 말하더군요. 그러는 사이에 아들은 아빠를 따라가겠다고 하고요.

선생님, 전 이혼하고 싶지 않아요. 제가 이 집에서 일방적으로 나가야 할 이유가 없거든요. 솔직히 제가 잔소리하기 전까지 남편은 집안일에 관심이 없었어요. 자기 용돈에 대해서는 아예 간섭하지 말라고 해요. 그 돈은 틀림없이 남편 것이 맞아요. 이따금 한 가정의 가장이자 남편으로서, 그리고 아이의 아빠로서 남편의 용돈 일부를 가정을 위해 사용하기를 짐짓 기대했었어요. 그이의 일부 용돈은 가족을 데리고 나가서 저녁 외식으로 사용할 수도 있었어요. 게다가 결혼 당시에도 남편이 집안 자산에 조금이라도 보태지 않아서 전 그게 불만이었어요. 저는 남편의 감정을 건드릴 수도 없는 노릇이라서 그저 모른 척하고 지냈어요. 첫 단추를 잘못 끼운 것에 저는 모멸감을 느꼈어요. 가정보다 자신만의 즐거움을 우선한 남편이 도저히 용서가 안 돼요. 이제 고립무원의 상태에 빠진 저는 이혼을 피할 수 없을 것 같아요."

그들에게는 넘을 수 없는 큰 강을 지금 건너는 중인 것 같다. 그럼에도 불구하고 나는 그녀에게 이렇게 조언해 주었다.

"부부는 서로에게 존중과 긍정적인 사고방식으로 격려해 줘야 합니다. 그러니까 서로의 의견을 존중해야만 진정한 가정의 행복이 시작된다는……(중략). 평소에 남편이 아내의 말에 귀를 기울이지 않은 것도 문제이고, 아내 역시 남편의 소중한 물건을 말 한마디 없이 갖고 나가 버리는 것도 문제입니다. 급기야 서로가 지켜야 할 최소한의 한계선이 무너진 거예요. 빠른 시일 내에 남편과의 갈등을 회복해야만 해요. 그렇지 않으면 서로가 침묵하게 되고, 그러다가 마침내 돌이킬 수 없는 멋진 한 가정이 무너지고 말아요. 이런 상황에서 부인이 잘못한 부분을 잘 정리하셔서 남편을 존중하는 마음으로 솔직히 고백하세요. 그리고 용서를 구하세요. 여기에서 중요한 점은 남편의 말을 경청하면서 부정적인 언어 대신에 긍정적인 언어를 사용해야만 합니다. 부정적인 언어는 대화의 흐름 자체를 끊게 만들어요. 그리고 대화 중 가끔은 남편을 존중해 주세요."

그로부터 일주일 뒤 부인으로부터 연락이 왔다. 부인은 남편에게 말없이 피규어를 버린 것에 용서를 빌었고, 또 남편이 말하는 중간마다 존중과 칭찬을 해주었다고 부인이 나에게 상냥한 어투로 말했다. 무엇보다도 그동안 소홀했던 가정의 행복을 다시 찾도록 노력한다는 다짐을 남편으로부터 약속받았다는 것이었다. 나는 그렇게 빨리 문제가 해결될 줄은 전혀 예상하지 못했다. 행복한 가정을 위해서는 서로가 소중히 여기고 감사하며 인정미가 넘치는 대화를 해야 한다.『톰 소여의 모험』으로 유명한 미국 문학의 아버지로 추앙받는 마크 트웨인은 "존중과 칭찬을 듣는 것으로 나는 두 달을 행복하게 살 수 있다."라고 말했다.

또 하나의 사례를 들어보자.

결혼 8년 차인 이 여성은 3년 전부터 전업주부가 되었다. 그녀는 다른 가정처럼 집안일과 두 아이 돌보는 일에 열중했었다. 그런데도 집 안은 늘 정리가 안 되었고 그녀의 경력이 단절된 불안감이 폭풍처럼 밀려왔다. 마침내 그녀에게 우울증이 찾아온 것이다. 그러던 어느 날 바로 옆에서 남편이 아내의 손을 꼭 잡고서 '당신의 노력에 늘 고마워요. 이번 주 일요일에 우리 둘만의 시간을 가지면 어떨까!'라고 칭찬과 존중하는 남편의 말에 그녀는 마음이 가벼워지고 생활에 의욕이 생겼다. 지난 3년 동안 그녀의 시간과 노력의 결과에 대해 남편이 알아주지 못한 것에 한탄하며 허무한 생각마저 들었던 것이었다. 지금은 그녀의 지친 영혼을 부드럽게 위로해 주는 남편에게 그지없이 고맙게 생각한다고 말했다. 마침내 그녀는 삶의 자존감을 되찾게 되었다. 그래서 그토록 쌓였던 우울한 것들을 말끔히 떨쳐 버릴 수가 있었다.

우리의 입술은 축복의 통로도 될 수 있고, 저주의 통로도 될 수 있다. "좋은 말 한마디는 많은 책 중의 한 권보다 더 낫다."『홍당무』를 쓴 프랑스의 소설가 쥘 르나르의 말이다.

마흔여덟의 최 선생은 어느 모임에서 알게 되었는데 자기 말과 행동이 얼마나 어리석었는지 깨달았다고 후회했다. 아내가 그 일을 남편과 함께하는 것을 즐길 거라는 걸 최 선생은 생각하지 못했다고 했다. 얼마 전 점심 식사를 마친 후 그의 아내는 냉장고를 정리해야 하니 도와줄 것을 남편에게 정중히 부탁했다. 남편은 모처럼 일요일이라 쉬고 싶다고 하면서 아내의 제안을 대놓고 거절했다. 그러다가 남편은 곰곰이 생각해 보고는 마지못해 아내의 말대로 냉장고 정리하는 일을 도와주었다. 한결 아내의 얼굴빛이 밝아 보였고 기쁜 내색을 애써 감추지 못한 채로, 2시간 동안 빼곡히 들어찬 냉장고 안의 것을 밖으로 들어냈다. 그러면서 아내는 냉장고를 청소하면서 남편과 이런저런 대화를 나누는 중간마다 행복감을 느꼈다고 말했다. 최 선생은 김칫국물과 여러 때 자국으로 얼룩진 냉장고 안을 열심히 닦아 내었다. 그런 다음 그는 냉장고를 다시 여는 순간 달라진 모습을 보고서 흐뭇하게 생각했다. 이젠 그는 냉장고 청소를 통해 아내의 처지에서 보는 법을 배웠다고 말했다.

　언젠가 텔레비전 예능 프로그램에 일반인 젊은 부부가 출현한 적이 있었다. 그 프로그램은 일반인이 출현하여 그들의 고민거리에 대한 신통방통 해결책을 제시해 준다. 연상인 아내는 남편에게 순수성을 자신 있게 밀고 나가면 그걸 그대로 지켜줄 것이라고 말했다. 그리고 나서 아내는 '한 달에 백만 원만 벌어와요!'라고 응원하면서 남편에게 부담을 주지 않았다. 오히려 그녀는 남편을 편안하게 대해 주었다. 아내는 3년이 지나면 사랑의 배터리가 다 소진된다고 말했다. 하지만 남편은 고개를 갸우뚱하면서 그렇게 생각하지 않았다. 아니나 다를까 엄숙한 태도로 앉아서 서로 대화를 나누다가 곧이어 남편의 한마디 말에 그들 부부의 눈가에 눈물이 번졌다. 남편은 거침없이 이렇게 말했다.

"그런데 3년이 지나고 8년이 지난 지금에도 사랑의 배터리가 재충전이 된 것 같아요."

영화의 한 장면이 따로 없었다. 나는 그들 부부를 보면서 이런 생각을 했다. 부부는 자기 처지만 생각하는 이기적인 성향이 있는 것 같다. 결혼 전에는 모든 희생을 할 것처럼 당당한 마음이었지만, 결혼 후에는 그 마음에 어느 누가 먼저 돌을 던졌는지 깨끗한 물이 흙탕물로 변해 버리고 만다. 그런데 상기 부부처럼 서로를 배려하고 존중하고 신뢰하는 모습을 보면서, 이들 부부는 행복한 가정생활을 이룰 것임이 틀림없다고 생각했다. 상대를 존중하면 분명히 사랑도 배려도 존재한다.

결혼한 지 17년 차인 일미 스님은 미국 예일대학교 교수다. 두 자녀를 둔 그는 결혼관에 대해서 이렇게 말했다.

"저는 운이 좋았어요. 아내는 정말이지 가까운 도반(함께 불도를 닦는 벗)이에요. 제 아내는 제가 아닌 어떤 누구에게도 참으로 존경받을 만한 사람이에요. '훌륭한 수행자'란 생각이 들 정도입니다. 더구나 가정에서는 언제나 진실해야 합니다. 서로가 감추는 것 없이 진실적으로 대화해야 합니다. 가족은 그 자체가 수행처입니다. 진실한 남편이자 진실한 아빠라는 말을 들으면 성공한 삶이라고 저는 생각합니다."

존중하는 마음으로 대화를 주고받는 부부는 틀림없이 행복한 가정을 만든다. 그들은 부정적인 말투 대신에 칭찬, 고마움, 격려, 감사, 위로 같은 긍정적인 언어로 말한다. 그러기에 부부 갈등에서 자주 등장하는 멸시, 증오, 학대, 모멸감뿐만 아니라 분노에서 시작된 화병을 조절할 방법이 있다면, 그것은 상대에 대한 이해와 존중하는 마음일 것이다.

누구나 저마다의 결점과 약점을 가지고 있다.

그리고 대다수의 사람은 자신의 결점과 약점을

혐오하고 외면하기에 급급하다.

행여나 다른 사람에게 들키지 않을까 가슴을 졸인다.

그러나 사실 결점과 약점은 가장 좋은 스승이 될 수도 있다.

그것은 내가 무엇을 극복해야 하는지,

어떤 점을 고쳐야 하는지,

또한 나의 장점은 무엇인지,

어떤 개성을 가졌는지를

조용히 귀띔하며 일깨워주기 때문이다.

– 니체

행복의 길

햇살이 비추는 길 위에
두 손 맞잡고 함께 춤추며
그곳에 사랑의 꽃이 피어나네!

서로의 눈빛 속에 담긴 약속
어떠한 어려움도 함께라면
행복이 넘쳐흐르는 그 길!

바람이 전하는 사랑의 노래
꽃들이 피어나는 그 길 위에
서로의 품속에서 따스함을 느끼네!

시간이 흘러도 빛나는 우리
우리의 사랑 이야기가 시작되고
행복의 그 길로 함께 걸어가네!

– 정성인

II부

행복의 길로
떠나는 부부

쇼윈도 부부

 우리는 모두가 자신의 위치에서 옷으로 포장하고, 마음에도 없는 표정을 지으며 자기 마음을 최대한 숨긴다. 그리고 서로 자기 마음에 가면을 쓰고 결혼하기 때문에 좀처럼 상대의 색깔을 찾기가 어렵다. 가면을 벗은 이후의 모습은 서로가 상상 이상일 것이다. 결혼 후에는 어차피 자기 가면이 벗겨질 수밖에 없다. 언제나 가면을 쓴 채로 평생 배우자와 생활할 수만은 없다. 그래서 결혼을 전제로 만날 때는 진실한 바탕 위에 가면 속에 가려진 자기 세계를 상대에게 보여줘야 한다. 이건 상대에 대한 예의고 신뢰다. 자기 모습을 가린 가면은 자신의 진짜 모습이 아니기 때문에 자신도 누군지 가끔 헷갈릴 때가 있다. 결혼하고 나서 마음속의 가면을 벗지 않으면, 그로 인해 배우자나 내가 모두 불행해지는 비참한 결과를 낳는다.

몹시 추운 날 늦은 오후에 대뜸 중년 여성이 다음과 같이 말하는 순간 나는 당황하지 않을 수 없었다.

"저희는 쇼윈도 부부예요."

어떤 사십 대 중반의 부인이 어느 모임에서 내게 거침없이 한 말이다. 그녀가 쇼윈도 부부가 된 원인이 무엇인지 난 도무지 알 수 없다. 시댁이나 친정과의 대립, 성격 차이, 배우자의 외도, 애정 상실감, 경제적 관념, 자녀 문제 중 한 가지 갈등 때문일까. 쇼윈도 부부는 타인의 시선을 의식하여 겉으로는 행복한 부부처럼 보이도록 위장하고 행세하는 것을 말한다. 다른 의미로 디스플레이 부부라고도 부른다. 쇼윈도 부부는 정서적으로 메말라 마음이 고장 난 것처럼 또 하나의 질병이라고 할 수 있다. 그들은 자식 때문에 이혼을 미루고 있을 뿐, 어쩌면 황혼이혼과도 일맥상통한다. 그들 부부의 문제는 단순하게 현재의 갈등에서 해답을 찾으려고 애쓴다. 이를테면 대화를 시도할 때 상대에게 화부터 내면, 상대는 그 원인을 모른 채 분노와 허무감에 젖게 된다. 만일 애정이 상실되었다면 상황은 더욱 난감하기 짝이 없다. 서로가 분명한 이유를 발견하지 못한 채, 애처롭게 섹스리스 상태로 부부생활의 중요한 대화가 사라져 버린 상태로 생활한다. 쇼윈도 부부의 사례를 우리는 너무도 많이 봐 왔다. 여기에 대해 쇼윈도 부부로 사는 가장 대표적인 유형 몇 가지 사례에 대해 알아보자.

[사연 1] 고위직·공인·유명인이 배우자와의 갈등

그들은 경제적으로 풍요로운 삶을 영위하며 사회적으로 상위계층에 있거나 누구나 알만한 위치에 있는 조건을 모두 갖추고 있다. 쇼윈도 부부는 아내보다 남편이 사회적으로 상위 계층에 속하는 경우가 대부분이다. 그들은 사회적 시선과 지위, 체면 때문에 겉으로는 행복한 부부처럼 가면을 쓰고 생활하고 있다. 일부는 외도를 즐기기도 한다. 그렇다면 왜 그들은 사회적 가면을 쓰고 위장한 채로 사는지 의구심이 든다. 남편은 부모의 주입식 교육 때문인지 보수적이고 고지식한 가치관을 추구하는 전형적인 가부장적인 모습을 보인다. 반면에 아내는 자기중심적인 성향인 남편과는 거리가 멀다. 이혼하지 않는 가장 큰 이유는 두 가지이다. 경제적인 문제와 자녀 문제이다. 어느덧 그들은 서로가 다른 곳을 바라보며 각기 다른 꿈을 꾸고 있다. 남편은 자기의 세계에, 부인은 자기만의 방에, 아이들은 그들의 섬에 빠져 각자도생하면서 삶을 살아간다. 그러면서 그들은 진정으로 행복한 가정을 떠올리며 시린 가슴을 맞대고 혹한의 겨울처럼 힘든 환경을 견뎌야만 한다. 헤어질 그날이 올 때까지…….

남편은 자기 외도에 대해 스스로 관대한 편이다. 만일 전형적인 방식으로 남편을 한쪽 코너로 몰아붙이면 갈등으로 인한 충돌은 더욱 고조된다. 여기서 아내가 남편에게 보이는 태도가 무엇보다 중요하다. 남편의 어리석은 행동에 대해 분노를 가라앉히고 마음을 추스르며, 그를 흔쾌히 받아들일 마음의 준비가 되었는지 아닌지 분명하게 판단해야 한다.

[사연 2] 전문직·고학력자 주부의 자존감 붕괴

전문직이나 고학력자 여성이 결혼과 동시에 자기 본업의 일을 그만두고 전업주부가 되는 경우이다. 그들은 사회경력이 단절된 상태에서 집안일과 아이 돌봄에만 매달리며, 다람쥐 쳇바퀴 돌듯 반복되는 일상에서 벗어나지 못하고 있다. 막상 잘나가는 또래 친구들이나 자신의 처지와 다른 학부모 모임에 참여하게 되면, 상대적 박탈감이 더욱더 커질 수밖에 없다. 급기야 자신의 자리가 형편없이 좁아지고 일말의 불안감이 폭풍처럼 밀려온다. 겉으로는 평온해 보이는 가정이지만 내면에서는 자존감이 서서히 붕괴되어 결국 우울증으로 심화하고 만다. 심지어 사회적 성공을 이룬 그들의 아내는 만족스럽지 못한 자녀의 성적에 대한 죄의식과 남편으로부터 구박을 당하는 일이 일상적이다. 더욱이 자녀 문제에 관한 대화가 시작되면 늘 비난을 받기 때문에, 싸움을 피하고자 각방을 쓰는 부부도 있다. 그들의 자녀는 부모의 눈치를 보며 그 순간 마음속으로 빨리 이 시간이 지나가길 바란다. 하지만 부모는 이를 전혀 눈치채지 못한다.

사회적으로 성공한 남편은 경력 단절된 아내에게 존중이나 칭찬을 자주 표현해 주어야 한다. 그리고 아내는 자존감을 손상하는 모임에 참여하기보다는 자존감을 높일 수 있는 건강한 모임이나 자신만의 취미활동을 통해 생활의 보람을 찾아야 한다. 그런가 하면 아이를 위해 참고 사는 것은 어리석은 행동이다. 인생의 목표는 아이의 성적이 전부가 아니다. 아이가 자라서 성장할 때까지 측면에서 보살펴 주는 역할만 하면 된다. 그 이후로 자녀의 인생에 절대로 개입해서는 안 된다.

[사연 3] 재력 있는 친정과의 갈등

재력 있는 친정의 도움으로 신혼 초부터 근사한 집을 마련한 경우도 있고, 양가 집안의 재력 차이로 인해서 원인 모를 갈등이 생길 때도 있다. 그럴 때는 친정 부모가 재력의 힘을 빌려 사사건건 부부 사이에 끼어들어, 그들의 꿈과 희망을 무참하게 짓밟고 삶의 이정표를 잃게 만들기도 한다. 그로 인해 그들 부부는 삶의 행복을 느끼지 못한 채 말없이 침묵의 늪에 빠진다. 이를테면 친정어머니가 사위의 감정을 흔드는 말을 했을 때, 더는 참을 수 없었던 사위는 용기를 내어 자기 아내에게 자신과 친정어머니 중 어느 한쪽을 택일하라고 윽박지르기도 한다. 그러다가 마침내 서로의 집안 문제까지 번지면서 극한의 갈등을 초래한다.

친정집에서 경제적 지원을 받았다면, 아내는 암묵적으로 남편이 친정에 각별한 관심을 둘 것을 은근히 바라고 있을 것이다. 행복한 부부 관계가 유지되기 위한 조건은 자라온 집안과의 분리 및 독립, 배우자의 정서적 안정이 무엇보다 필요하다. 친정 부모의 생각을 설득하기보다는 부부간의 의견을 한데 모아 친정 부모님께 분명하게 그 의사를 전달해야 한다. 결혼생활은 양가 부모님이 아닌 부부가 중심이 되어야 한다. 연극에서 주인공은 부부이기 때문이다.

[사연 4] 자녀의 교육 문제

교육 전문가에 따르면, 경제적 재력이나 사회적 지위가 높을수록 교육열은 그에 따라 비례한다고 했다. 그러니 교육열이 높은 지역은 대체로 부유한 사람들이 많이 사는 동네가 많다. 소위 사회적으로 부러워하는 위치에 있는 그들은 자녀의 교육에 대해 매우 민감하게 반응해서 교육에 투자하는 액수는 일반인의 상상을 초월한다. 그들의 주요 관심사는 안타깝게도 자녀의 성적표이다. 그들의 갈등은 교육에 투자 대비 결과가 좋지 않은 것에 늘 불만을 품고 있다. 그렇게 자녀의 성적표는 그들에게 또 하나의 사회적 신분을 나타내는 증표가 된다. 그래서인지 그들은 자기의 학창 시절 성적표보다 떨어지면 그들의 자식을 다그친다. 그럴 때마다 비난의 화살이 아내에게로 바로 향한다. 그들은 자녀들에게 많은 사교육비를 쏟아부었지만, 기대에 미치지 못하는 결과에 대해 아내를 사정없이 질타한다. 그도 그럴 것이 사회에서 만나는 사람들은 대부분이 뛰어난 스펙으로 성공을 이룬 젊은 사람들이 많다. 이를 자기 자녀와 비교해서 모든 짐을 아내의 탓으로만 돌린다. 그렇다 보니 아내에게 더욱 가혹한 비난을 퍼붓고 있는지도 모르겠다. 그들의 아내는 자식의 교육을 위해 굽이굽이 힘든 길을 걸어오며, 헌신적으로 자신의 모든 청춘을 바쳤다는 생각이 들 것이다. 하지만 남편의 무책임한 말 한마디에 육체적인 고통뿐만 아니라 외로움과 슬픔이 강하게 밀려와 마음에 깊은 상처만 남긴다.

자녀 문제는 아내 혼자만의 짐이 아니라 부부에게 공동의 책임이 있다. 더욱이 남편은 자녀와의 친밀한 교감을 통해 자녀의 목소리를 들어야 한다. 자녀 문제에 관해 수시로 부부가 대화하는 것이 유일한 해법임을 자각해야 한다.

어리석은 질문 하나 하면, 위의 사연들에서 공통점 한 가지가 있는데 그것이 무엇인지 아는가?

모두가 진정한 대화 없이 그들이 사는 사회의 틀에 맞추려고 노력한다는 점이다. 처음엔 사소한 의견 차이로 시작되지만, 점차 두 사람의 친밀한 관계에 금이 가기 시작한다. 마침내 시한부 인생을 사는 것처럼 부부관계가 위태로워질 수 있다. 두 사람의 성격에도 문제가 있을 수 있으나, 그동안 쌓였던 것이 분화구처럼 한꺼번에 터진 것이 더 큰 문제다. 상대는 그 원인이 무엇인지조차 짐작하기 어렵다. 그렇게 해서 갈등의 골이 깊어지면 사실상 부부 싸움이 아닌 본격적인 냉전의 시기로 접어들게 된다. 각방을 쓰면 한편으론 부딪칠 일이 없어 편할 수 있으나, 시간이 흐를수록 차츰 자신의 마음 한구석에 공허함과 답답함이 차츰 밀려온다. 우리는 모두가 성격 차이든 가치관의 대립이든, 다양한 이유로 크고 작은 부부 싸움을 겪게 된다. 그때마다 초기의 갈등이 번지지 않도록 대화를 나누지 않으면 틀림없이 사태가 심각해지는 것은 분명한 사실이다.

20세기 영국의 대철학자이자 수학자인 버트런드 러셀은 배우자와의 관계를 이렇게 정의했다. "우리 스스로 대의, 열정, 관심에 빠져들고 배우자의 안녕을 더 중요시할 때 비로소 행복은 얻어진다." 그러면서 "인간의 삶, 모든 영역은 그것이 결혼이든 육아든 집안일이든 외적인 노력이 필요하고 이런 노력 자체가 행복을 가져다준다."라고 강조했다. 버트런드 러셀은 1950년에 『서양철학사』로 노벨 문학상을 받았다. 미국의 철학자 시드니 훅은 "러셀은 500년 만에 한 번 나올까 말까 하는 천재"라고 평했다. 어쨌든 러셀의 말을 계속 들어보자.

"사람들은 내일 아침을 먹지 못할까 봐 두려워하는 것이 아니라 옆 사람을 뛰어넘지 못할까 봐 두려워한다. 다른 사람들이 자신을 생각하는 것만큼 높게 평가하지 않는다는 사실을 받아들이기가 쉽지 않다. 남들에게는 결점이 있다는 것을 알면서도, 자신만은 결점이 전혀 없다는 평가를 남들로부터 인정받고 싶어 한다. 자신의 단점을 숨기고 장점을 과대포장하고 권력에 집착하고 허영을 갖게 되면 불행해질 수밖에 없다."

그러면 타인과 자신을 속여가며 부부가 가면의 세계에서 살아가야만 하는 진정한 이유가 뭘까? 쇼윈도 부부의 특징은 다양하다. 그들은 물질적 풍요 속에서 지성을 기반으로 한 사치스런 사회활동을 즐기며, 누군가에게는 부러움의 대상이 되고, 또 누군가에게는 질투를 유발하고 싶어 한다. 이른바 그들의 목표는 일시적이지만 외부적으로 인정과 관심에 대해 평가를 받는 것에 치중하고 있다. 그런가 하면 쇼윈도 부부들은 현실에서 자신의 내면적 갈등, 배우자와의 대립, 상처받을 아이들 때문에 불행한 부부생활을 겪으면서도 이혼을 꺼린다. 그럼에도 불구하고 그들이 당장 이혼하지 않는 이유가 따로 있다. 그들은 이혼 이후에 사회적으로 부끄러운 평판의 후폭풍이 싫고 그런 상황이 두렵기 때문이다. 그들에게 불행의 심리적 원인은 많고도 다양하다. 공통적으로는 어린 시절에 사랑을 포함한 정상적인 만족을 누리지 못한 경험이 큰 영향을 미치는 듯하다. 그런 불행한 경험 때문에 사람들은 특정한 만족을 무엇보다 중시하게 되고, 그 만족을 얻는 데만 치중할 뿐 다른 것은 제쳐놓게 된다. 어떤 사람은 시대적 상황 탓에 행복해야 할 이유가 없다고 말하기도 한다. 하지만 영국의 철학자 러셀은 이렇게 지적했다. "사실 그들은 자신들이 불행한 이유를 제대로 깨닫지 못하고 있을 뿐이며, 또한 불행하기 때문에 세상의 불쾌한 특징에 집착하고 있을 뿐이다."

　더군다나 일반 사람이 부러워하는 유명인들처럼 사회적으로 출세하여 높은 명성을 얻으면 자신들의 이미지 관리가 절대적으로 중요하다. 그들 또한 부부간에 불화가 있더라도 소리 없이 포장하며 남의 시선을 의식해서 사람들의 눈과 귀를 가린다. 다시 말하면 그들은 사람들의 인정과 관심에 민감하게 반응한다. 부부간의 갈등 문제는 그들에게 크게 중요하지 않다고 생각한다. 그러니까 이 무미건조하고 삭막한 부부는 자신들의 가슴이 원하는 것이 무엇인지에 대해선 아무런 관심이 없다. 그런 시한부 부부, 아니 쇼윈도 부부는 다른 사람들의 시선에서 행복한 사람으로 보이기를 원한다. 이쯤 되면 쇼윈도 부부는 결혼의 굴레에서 벗어나 결혼의 성탑이 아니라 결혼의 철탑이 된다.

부부의 정석처럼 사는 삼십 대 후반의 여성이 있었다. 쇼윈도 부부로 사는 이유를 자신도 모르는 그녀의 기막힌 사연을 들어보자.

"연애가 아닌 양가 부모님의 소개로 만나 결혼하게 되었어요. 남들처럼 딸 하나에 남부럽지 않은 아파트에 살고 있어요. 언제부턴가 우리 부부에게 문제가 생겼어요. 보수적인 양가 집안도 문제이지만, 우리의 사랑이나 우정의 벽이 얇아 금이 가서 결혼생활에 가장 스트레스를 많이 받고 있어요. 얼굴을 맞대고 어떤 대화를 시도할라치면 무뚝뚝한 표정으로 입에 담기 어려운 폭력적인 말로 되돌아올 뿐이에요. 그 바람에 집안의 대소사에 대해 의논조차 불가능한 상황이에요. 남편이 퇴근 후 집에 들어와 그의 방에 들어가면 코빼기조차 볼 수 없어요. 저녁은 밖에서 먹고 들어와요. 갈등의 원인이 무엇인지 모른 채 살고 있어요. 이젠 집안에서 숨조차 쉬기 힘들어요. 어떻게 할지 고민하다가 부모님들이 걱정하지 않는 범위에서 쇼윈도 부부처럼 연기하기로 했어요. 남들은 저희를 보면서 천생연분이라고 입을 모아 말하지만, 애써 서로의 감정을 감추고 성실한 척 살아요. 지금은 서로가 다른 누구를 만나든 관심조차 없어요. 제가 걱정하는 것이 하나 있어요. 그건 저의 딸이에요. 혹여나 아이의 교육이나 성장에 나쁜 영향을 주지 않을까 하는 것이 제일 큰 걱정이에요. 딸아이 앞에서 어떻게 처신해야 할지 고민이에요."

이해할 수 없는 난폭한 언어를 퍼붓는 남편에 대해 그녀의 기막힌 이야기를 듣고서 나는 그녀에게 이렇게 설명했다.

"쇼윈도 부부로 사는 가정은 원인도 모른 채 잦은 부부 싸움으로 번지기도 하고, 어떤 원인 모를 이유로 대화 단절과 각방을 쓰기도 합니다. 그들도 처음에는 다른 면에 있어서 여느 부부처럼 지극히 평범한 부부들입니다. 그들이 어떤 갈등 때문에 대화가 단절되는 것이 아니에요. 배우자를 존중하지 않거나 혹은 인정하지 않는 데서 그 골이 깊어지는 경우가 꽤 많아요. 남자와 여자는 생각하는 것, 받아들이는 것 자체가 정말이지 아주 달라요. 그런 걸 이해하면 갈등이 일어나더라도 쉽게 봉합할 수 있어요. 남편은 평소 무심코 부인으로부터 무시당한다는 걸 느꼈을 거예요. 그렇기에 두 사람의 차이를 이해하고 존중하는 것부터 시작해야 합니다. 그리고 자녀에 대해서 한 말씀 드리면, 아이는 무심한 척 행동하지만 그 아이의 속마음은 자기 부모의 숨소리조차 세심하게 느끼고 눈치 보면서 생활합니다. 아이가 겉으로 자주 표현할 수 있도록 분위기를 만들어, 그 아이의 심리적 건강 상태를 수시로 살펴보고 대화를 자주 시도해야 합니다. 먼저 부인께서 자존심이 상하더라도 남편에게 먼저 다가가세요. 그리고 대화를 시도하세요. 남편이 마음의 문이 열리면 모든 걸 용서하세요. 쇼윈도 부부로 생활한 이유가 분명히 있을 거지만, 서로 오해로 생긴 게 틀림없을 겁니다."

다음 날 오후에 부인이 내게 연락이 와서 이렇게 말했다.

"몇 년 전 명절 때 친정에서 자신을 무시한 이후로 마음의 문을 닫았다는 것이었어요. 그래서 제가 당시의 일을 사과하면서 오해가 풀렸어요."

흔히 사랑에 빠진 황홀한 기분에도 사랑에는 유통기한이 있다고들 한다. 즉 사랑이라는 것은 영원하지 않다는 것. 하지만 많은 사람은 사랑으로 결혼을 선택하고, 가정 속에서 행복을 찾기 위해 노력한다. 결혼의 굴레 속에 사랑을 실천하고 행복을 찾기 위해서……. 그렇지만 마음 한편으로 생각해 보면 사람들은 자기 자신이 갖추지 못한 완벽한 사람을 존경한다. 그래서인지 쇼윈도 부부들은 모든 면에서 완벽을 추구한다. 그러다 보면 그들은 순간 행복하겠지만 결국엔 불행해질 수밖에 없다. 가정에서 일어나는 사소한 일 중 일부는 욕심내지 말고 마음속에서 내려놓아야 한다. 그래야 실제로 삶에 영양가 있는 중요한 일에 더욱 집중할 수 있다. 이를테면 청소가 덜 되었거나 저녁 준비가 늦는 것까지 일일이 완벽하게 굴라치면 피곤한 건 오히려 자기 자신이다. 영국의 철학자 러셀의 『행복의 정복』 도입부에는 이런 이야기가 나온다.

"나는 선천적으로 행복한 아이는 결코 아니었다. 내가 좋아했던 찬송가는 '세상에 지친 내 몸에 죄로 된 짐을 지고'였고, 사춘기 때는 삶을 증오해 자주 자살을 생각했다. 그러나 수학에 대한 호기심 덕분에 자살 충동을 억누를 수 있었다. 하지만 지금 나는 삶을 즐기고 있다. 나는 내 자신과 결점을 대수롭지 않게 여기는 법을 배워나갔다. 이는 내가 좋아하는 일을 더 많이 하고 이룰 수 없는 바람들은 깨끗하게 단념했기 때문이다. 하지만 무엇보다도 내가 삶을 즐기게 된 주된 비결은 '자신에 대한 집착을 줄인 것'이었다."

60~70년대 한국의 영화계를 대표하는 당대 최고 미녀 영화인으로서 한국영화인협회 이사장을 역임한 여배우가 있다. 파란만장한 삶을 살았던 그녀는 80세가 훨씬 넘은 나이에 자기의 결혼 철학에 대해 이렇게 말했다.

"나이 든 남자든 어린 남자든 능력 있는 남자든 저에게는 모두가 똑같은 존재들이에요. 그렇다고 결혼을 크게 후회하거나 속아서 살아온 것은 아니에요. 지금에 와서 돌이켜 생각해 보면, 설령 집안이 좋고 돈이 많음에만 비중을 두고 시집 보내면 딸이 불행해져요. 그런 조건보다는 딸의 진정한 행복이 더 중요하다고 생각해요. 그래서 조카들에게 다른 것보다 배우자의 미래에 희망을 걸 수 있는지, 가장 편한 배우자인지 그것으로 충분하다고 말해요. 한마디 덧붙이고 싶은 말은 완전하게 갖춰진 사람을 만나면 그만큼 희생이 따르기 때문에 그렇게 하지 말라고 조카들에게 충고해 줘요."

물질이 지배하는 가정에서는 점점 허위에 가득 차서 위선적으로 되고 만다. 사람들에게서 대우와 존경을 받으려고 풍족한 물질로 교묘하게 자신을 포장하는 한 돈과 재산을 둘러싼 불화와 갈등, 그리고 시기하고 미워하는 일이 그치지 않을 것이다. 우리가 가면을 벗으면 편안하다. 사람들이 자연을 좋아하고 사랑하며 행복해하는 이유가 자연은 가면을 전혀 쓰지 않기 때문이다. 그래서인지 문명 문화가 풍부한 도시에 사는 사람들과 달리 자연 속에 사는 사람들은 지금 이대로 행복하다고들 말한다. 바다, 산, 강, 바위, 숲 같은 것은 가면을 쓰지 않고 그대로의 모습이기 때문이다.

쇼윈도 부부는 다른 사람의 시각에서 보면 틀림없이 부러운 대상이지만, 그들 부부의 내부 세계를 들여다보면 분명 비극임이 틀림없다. 말하자면 형태적 행복의 조건은 모두 갖추었다. 그러나 그들 부부는 가장 소중한 내면적 행복을 충족하지 못했기 때문에, 그들의 내적 빈곤은 누구도 알 길이 없다. 그러기에 쇼윈도 부부는 지성적 성공은 이루었으나 감성적 행복에는 실패했다.

내면의 행복과 발전에 주력하기 위해서는 자신을 존중하면서도 남의 시선이 아닌 자기의 진정한 삶의 가치로 살아가는 것이 중요하다. 서로가 침묵하면서 상대의 마음을 고문하기보다는 서로에 대한 따뜻한 믿음과 존중, 그리고 사랑을 베푸는 것이야말로 행복의 세계로 가는 지름길이다.

대화의 기술

 사랑하는 사람에게 상처를 주기에는 단지 몇 초의 시간밖에 걸리지 않으나, 그 상처가 아물기에는 몇 년의 시간이 걸릴 수도 있다. 부부의 세계에서 말이란 상대를 이기는 수단이 아니다. 그렇다고 상대를 지게 하는 것도 아니다. 물결처럼 부드러운 마음을 움직이게 할 수 있는 것이 말이다. 상대의 말을 들어주고 받아주면 다투는 일이 없다.
 부부간에 진실한 대화를 많이 해야 하는 이유는 뭘까?

두 사람의 오해를 없애고 신뢰를 확인하기 위해서이다. 부부는 일평생 동안 한 이불 아래에서 하나의 꿈을 향해 서로를 알아간다. 그런가 하면 뜻밖에 사소한 갈등이라도 일어나면 부부생활에 적잖은 어려움을 겪게 된다. 그 해결 방법은 어디에서도 가르쳐 주지 않는다. 그렇다고 정답이 있는 것도 아니다. 부부가 스스로 숙제하듯이 해결해야 한다. 그래서 상대에 대한 배려가 중요하고 서로의 마음을 이해하고 신뢰하는 것이 절대적으로 필요하다.

반대로 대화하지 않으면 어떻게 될까?

상대의 의도를 정확히 파악하지 못한다. 상대도 내 마음을 절대로 이해하지 못한다. 그래서 서로에 대한 편견으로 오해의 불씨만 키운다. 부부가 살아가는 동안 하나의 의견을 만들어 내는 일은 결코 쉬운 일이 아니다. 매번 서로 다른 견해차로 말다툼에서 싸움으로 번지는 경우가 흔하다. 불행의 문턱에 선 가정들은 대부분 이런 말들을 주로 한다. '대화가 안 돼요! 이유를 물어도 대답하지 않아요!' 살면서 배우자로부터 내가 이런 걸 경험하게 되면 말문이 막힌다. 완전히 할 말을 잃을 정도로 기가 막힐 노릇이다. 침묵 시간이 오래 지속되면 말할 수 없이 정체 모를 병으로 아프고, 두렵고, 외롭고, 괴롭고, 슬프고. 영혼마저 아프다. 말하자면 모든 꿈과 소망을 다 앗아가 버린 채 자신의 결혼생활이 죽어가고 있는 셈이다. 하지만 사람들은 여전히 결혼의 최대 꿈인 행복한 결혼생활을 이루길 소망하고 있다. 정체 모를 병을 치료할 수 있는 유일한 방법은 배우자와 편안함부터 시작해야 한다. 그런 다음 침묵을 깰 수 있게 자기 마음의 문을 열고 배우자의 영혼을 부드럽게 어루만져 주고 이해해야 한다.

그러면 부부간에 대화가 안 되는 이유는 뭘까?

부부간의 다툼은 옳고 틀린 쪽이 존재하지 않는다. 둘 다 명분이 있고 이유가 반드시 있다. 그러다 보니 다툼이 일어날 때마다 누가 이기고 누가 지는 경우가 발생하지 않는다. 둘 다 옳기 때문이다. 그런데도 그들 사이에 다툼이 계속 일어나는 두 가지 이유가 있다. 그것은 평소 배우자에 대한 여러 불만을 가슴에 품고 있다가, 현재 다투는 상황에서 거친 말투로 표출되는 것이다. 또 다른 한 가지는 자기중심적 사고를 갖고 배우자를 존중하지 않는 데서 그 원인을 찾을 수 있다. 여기에 배우자와 대화가 단절될 수밖에 없는 몇 가지 이유를 들면 이렇다.

- 경제적 책임을 회피할 때
- 공동의 관심사나 목표가 없을 때
- 배우자의 존재가치를 느끼지 못할 때
- 배우자로부터 자존심에 금이 가는 말을 들었을 때
- 육아 및 자녀 문제로 책임과 배려가 전혀 존재하지 않을 때
- 시댁이나 친정 식구들과의 갈등으로 하나뿐인 내 편마저 없을 때
- 배우자의 외도, 가정폭력 및 폭언 같은 부도덕한 행위로 인해 신뢰가 깨졌을 때

이런 사례들은 대화의 단절뿐만 아니라 이혼하는데도 결정적인 원인을 제공하는 것들이다. "이기적인 성품을 지닌 사람은, 늘 비탄에 빠지며 타인의 감정 따위는 무시한다." 독일의 철학자 쇼펜하우어의 말이다.

어느 한 부부가 대화의 단절로 이혼에 이르게 된 사연 하나를 소개하겠다. 아내는 중견기업에 다니고 있었고, 남편은 대학에서 학생들을 가르치는 시간강사였다. 남편은 시간이 한결 자유로운 편이었다. 어느 날 아내가 남편에게 정중하게 부탁했다.

"내가 늦어서 그러는데, 회사까지 좀 데려다주면 안 될까?"

그런데 남편은 별다른 말도 없이 그러지 않았다. 그것이 갈등의 씨앗이 되었을까. 그 이후부터 부인은 불만이 하나씩 쌓이더니 남편과의 대화 시간이 점차 줄어들었다. 부인은 남편에 대한 불평불만이 가득했고, 무책임한 남편의 반응에 화가 났다. 그 부인은 나에게 자신의 괴로운 심정을 이렇게 말했다.

"뭐라고 변명하든지, 아니면 무슨 다른 이유가 있는지 말을 해야 알지 않겠어요?"

심지어 그녀는 이렇게까지 말하는 것이었다.

"가정에서 남편의 존재가치를 모르겠고, 더는 함께 살아가야 할 이유를 모르겠어요. 그래서 저는 남편과 이혼하기로 결심했어요."

나는 부인에게 몇 가지 방법을 제시하였으나 완고한 부인의 생각을 되돌릴 수 없었다. 결국엔 그들 부부는 각자 자신의 새로운 행복을 찾아 다른 방향으로 향했다.

  이들 부부의 경우 '성격 차이'라기보다는 오해의 불씨가 쌓여서 결국엔 풀어내기 어려운 지경에 이른 것 같다. 남편의 무책임한 반응 때문에 대화를 계속 나눌 명분을 찾지 못하고, 서로 간에 신뢰가 깨져서 남편의 존재가치를 느끼지 못하게 되었다. 그 결과 부인의 마음에 금이 생겨 그들의 결혼생활을 지속하기가 어렵게 됨을 알 수 있다. 대부분은 부부간에 행복해지는 방법에 대해서 너무도 잘 알고 있다. 그런데 그걸 알면서도 실행에 옮기지 못한다. 상대를 무시한 채 자기중심적 사고 때문이다. 자신의 관점에서 생각하고 판단하고 결정을 내린다. 자기의 주장만 계속 강조한다면 부부 사이에 끝없는 평행선은 계속될 것이다. 이를테면 어떤 문제로 갈등이 일어날 때, 자기의 문제보다는 배우자의 잘못된 점에 대해 세밀하게 목록을 만들 듯이 나열하며 지적한다. 때로는 다투고 있는 중간에도 상대를 가르치려 한다. 그러면 당하는 상대는 거침없는 말과 행동에 방어적 자세로 나올 뿐이다. 플라톤이나 그의 제자인 아리스토텔레스의 철학적 논리를 늘어놓아도 당하는 상대는 좀처럼 마음의 문을 열지 않는다. 비난하거나 모욕적인 상대의 말투에 감정이 상했기 때문이다. 독일의 철학자 쇼펜하우어의 말처럼, 타인의 잘못을 고친다는 것은 거의 불가능한 일이다. 그리고 '지동설'을 주장한 이탈리아 철학자 갈릴레오 갈릴레이는 이렇게 말했다.

  "사람에게 무얼 가르치는 일은 불가능하며 스스로 발견하도록 도와줄 뿐이다."

대화는 항상 배우자가 중심이 되어야 한다. 이를 풀어보면 상대를 평가하거나 비평하지 말고, 상대의 말이 주제가 되어 대화를 나누어야 한다. 이것이 대화의 비법이다. '소통'도 마찬가지이다. 나 혼자 일방적으로 상대에게 전달하고 상대를 이해시키고 승낙을 얻어 내는 것이 아니다. 상대의 말을 경청하고 상대의 말에 호응할 수 있는 것이 소통의 기본이다. 그 내용이 나에게 맞든 나를 불쾌하게 하든 중요하지 않다. 상대와 함께 대화를 나눈다는 것 자체가 중요하다. 대화를 나누다 보면 내가 말한 것에 토를 달고 집요하게 공격하는 경우가 있다. 처음에는 이해시키기 위해 노력하지만, 시간이 흐를수록 목소리 톤이 올라가고 급기야 상대에게 물리적 행동을 가하는 결과를 초래하는 부부도 있다. 하지만 소통을 잘 활용하면 가정생활이든 사회생활든 더 편리해질 수 있다. 사회생활에서 어떤 어려운 일을 진행하다가 소통이 잘 통했던 사람이 자발적으로 나서서 솔선수범으로 적극적으로 도와주는 경우가 있다. 그것은 단순한 그 사람의 행동이 아니다. 상대도 그만큼 소통을 통해 도움을 받았기 때문이다. 미국의 오페라 테너 가수인 잔 피어스는 그의 아내와 약 50년간 결혼생활을 하면서 이렇게 말했다.

　"내 아내와 저는 오래전에 서약했습니다. 그리고 아무리 서로에게 화가 나도 그 서약을 지켜왔습니다. 그것은 둘 중 하나가 큰 소리를 내면 상대는 가만히 들어주기로 한 겁니다. 두 사람이 같이 큰 소리를 내면 소통할 수 없기 때문입니다. 그저 시끄럽기만 하고 분위기만 나빠질 뿐이지요."

성실하게 사업을 하며 살아가는 내 친구 하나가 있다. 어느 날 그 친구가 기분이 좋아 보이길래 그 이유를 물었다. 그러자 그는 싱거운 사람처럼 엷은 미소를 지으며 이렇게 대답했다.

"어제 아침에 출근하는데 아내로부터 칭찬을 들었지. 난 하루 종일 휘파람을 불며 일에 집중할 수 있었지. 그래서 어제저녁은 오랜만에 아내랑 단둘이서 외식했었다네."

내가 상대를 칭찬하면 상대도 마음의 문이 열린다. 대화는 그때 하는 것이 최대의 효과를 얻는다. 그러면 그때 가서 그간 불편했던 점을 차분한 어조로, 상대에게 가르치려 들지 말고 이해시키는 것이 대화기술의 첫걸음이다. 비단 이것은 가정생활만이 아니라 사회생활에도 그대로 적용된다. 동화 속 등장인물이나 초능력자가 부리는 마술처럼 사람의 말에도 마법의 힘이 작용한다. 대화하는 도중에 이렇게 말하면 어떨까.

"내 생각이 맞지 않을 수도 있지만 그래도 내 의견을 말하면 이래."

플라톤의 스승인 소크라테스는 그의 제자들에게 이렇게 설교했다.

"내가 유일하게 아는 것은 내가 아무것도 모른다는 사실이다."

이는 상대에게 질문해서 무지를 일깨우게 하고 지식을 탐구하게끔 가르쳐 주는 말이다. 다시 말하면 지혜를 얻는 데 겸손함이 최선임을 밝혀낸 것이다. 부부간의 대화도 상대의 말을 겸손하게 경청하는 것이 필요하다.

대화는 다툼의 도구가 아니다. 대화는 부부관계를 윤활유처럼 끈끈하게 이어준다. 그러나 그렇게 되려면 서로의 내면적 코드가 맞아야 하고, 사랑이 깔린 행복한 대화를 주고받아야 한다. 자기 기준에서 상대와 대화를 나누는 것은 일방적이다. '나', '너'에 대한 얘기가 아니라 '우리'부터 화두가 되어야 한다. 사회생활에 통용되는 공통된 대화법이 있듯이 결혼생활에도 행복을 위한 고급의 대화기술이 필요하다. 그건 바로 감사하는 마음가짐이다. 무엇이든 상대에게 '감사해요!'라는 말 한마디가 대화를 부드럽게 이끌 수 있다. 서양철학과 동양철학의 유사성을 최초로 발견한 철학자 쇼펜하우어는 감사에 관해 이렇게 표현했다.

"괴로운 일, 고통받는 일에 부딪혔을 때, 먼저 감사할 가치가 있는 것을 찾아내서 그것에 충분히 감사해야 한다. 그러면 그때 가서 마음에 평온함이 다가오고 불쾌한 기분이 서서히 가라앉으며 어려운 일도 쉽게 견딜 수 있다."

그런데 일반적으로 사람들은 상대에게 관심을 전혀 두지 않는다. 가정생활의 부부도 예외 없이 자기중심적이다. 기분이 불쾌하면 상대의 관점을 이해하려고 노력하기보다는 때로는 무시하는 편이 쉬울 때가 있다. 상대의 장점을 찾아 칭찬하기보다는 가끔은 허점을 찾아 비난하는 편이 훨씬 수월하다. 다시 말해서 상대가 원하는 것을 이야기하기보다는 자기가 원하는 것을 이야기하는 것이 훨씬 더 자연스럽고 편리하다.

어느 오십 대 후반 어느 부인의 사례는 부부간에 대화기술이 무엇인지 분명하게 보여준다. 그녀의 이야기를 들어보자.

"남편은 수십 년간 물류업을 운영하고 있었어요. 바쁜 사업 때문인지 종일 눈코 뜰 새 없이 바쁜 남편이 집에 오면 저와 자식들에게 신경을 쓸 수가 없었어요. 그런가 하면 사업은 날로 잘 되어서 그 영역을 하나씩 확장해 나갔지요.

그러던 어느 날이었어요.

비상사태와도 같은 나라에 큰 사건이 줄줄이 발생하였지요. 수많은 인명 피해도 있었어요. 그런가 하면 남편이 펼쳐놓은 여러 사업이 쓰나미 속으로 빨려 들어가듯 하나둘 사라지기 시작했어요. 단골들이 외면하고, 주문량이 거의 들어오지 않고, 거래처 파산으로 수금도 제대로 할 수 없었어요. 남편은 젊은 시절부터 생의 고통을 겪으면서도 항상 자기 일에 희망을 품고 있었어요. 그런데 어느 날 갑자기 그이에게 불행이 닥친 거예요. 그때 절망과 슬픔에 젖었던 남편이 비어 있는 자신의 마음을 저에게 내보인 것은 이번이 처음이었어요. 그이의 말에 저는 그저 경청하는 도리밖에 없었지요. 어느 화창한 토요일 오후였어요.

저는 가끔 직접 차를 몰고 인근의 아늑한 장소에 갈 때가 있어요. 세상 살다 보니 제 마음이 답답하거나 울적할 때가 참으로 많더라고요. 그럴 때면 그곳에 들러 마음을 달래곤 했었어요. 그곳은 사찰 정문 바로 옆길로 난 3킬로미터나 되는 고즈넉한 시골길이에요. 제가 홀로 그 길을 찾아가는 데는 그만한 이유가 있어요. 유유히 흐르는 물결 위에 제 모습이 비치면 답답한 제 마음을 달래고, 오솔길처럼 난 시골길은 지쳐버린 제 영혼을 노래하기에 충분했기 때문이에요. 이번엔 남편을 데리고 제 마음의 안식처인 그곳을 찾아갔었지요. 우리는 물과 산이 어우러진 그 길을 걸으며 웃음과 눈물 속에서 많은 얘길 나누었어요. 때로는 남편이 허무감에 젖은 채로 야속한 세상을 한탄하기도 했지요. 또 어떤 때는 남편이 저에게 환희의 물결이 자기 마음속에 밀려왔다고도 했어요. 그럴 때마다 저는 편안하고 부드럽게 대화하며, 절망에 빠진 남편에게 칭찬과 용기를 북돋아 주었어요. 여러 날이 지난 후, 또 그 길을 걸었어요. 얼마쯤 걸었을까 남편이 갑자기 걸음을 멈추더니, 바로 옆에 있는 저를 지긋이 쳐다보더라고요. 그러고는 그이가 겸연쩍게 웃으며 언제까지나 이렇게 헤매고 다닐 수만은 없다고 하면서 근엄한 표정으로 저에게 말했어요.

'다시 일어나 기회를 잡고야 말겠어!'

그러자 저는 평온한 어조로 남편에게 지금까지 훌륭하게 살아온 것처럼, 당신만은 할 수 있다고 칭찬했지요. 그의 눈에 눈물이 어른거렸고 저의 눈에도 눈물이 그렁거렸어요. 산책로를 따라 난 그 길에 마음을 달래면서 남편의 말을 경청하고 칭찬의 말 한마디가 그이에게 힘을 준 것 같았어요. 이듬해 남편의 사업에 새로운 불씨가 일더니 재기에 성공했어요."

누구나 어렵고 힘든 시기가 있다. 그럴 때 가장 필요한 것이 무엇일까? 둘만의 가치 있는 시간을 갖고 위로와 용기의 메시지를 찾는 일이다. 또 그런 대화의 장소는 가정도 좋고 외부 장소도 좋다. 둘만이 서로 편안하게 보낼 수 있는 곳이라면 어디든 좋다. 미국의 철학가이자 시인, 수필가인 에머슨은 대화가 가장 훌륭한 것이라며 이렇게 말했다.

"대화를 완성하는 가장 중요한 것은 배우자와의 신뢰 관계, 상호 이해를 두텁게 하는 것이다."

어느 부부는 시간이 허락될 때마다 카페에 자주 간다고 했다. 그 카페는 산기슭 아래 한적한 시골 도로변에 자리 잡고 있다. 그곳에 찾아가는 이유는 커피가 맛있어서가 아니라 분위기가 좋아서이다. 산 아래에 탁 트인, 인정이 넘치는 전형적인 시골 풍경 속에서 간간이 지나가는 자동차가 정겹게 느껴진다. 그곳에서 한 모금의 커피를 마시며 부부간에 숨어 있는 사랑을 발견하고 건강한 삶을 유지해 주는 것만 같다고 그들 부부는 말했다. 주제를 반드시 정해야만 하는 것이라면 그건 대화가 아니라 토론이다. 진정한 대화는 상대와의 정신적 교류를 진실하게 상호 소통하기 위함이다. 그러니까 그들 부부에게 공감 소통의 장이 조그만 카페에서 이루어진 것이다.

하루 평균 배우자와의 대화시간을 보면 행복한 부부생활을 하고 있는지 아닌지를 금세 알 수 있다. 여러 통계자료를 보면 부부 10쌍 중 4쌍 정도가 하루 평균 1시간도 채 대화를 나누지 않는다고 한다. 두 사람이 사랑으로 맺어진 그날부터 갈등은 매 순간 일어난다. 가정에서 생활 규범을 습득하고 학교에서 전문 지식을 배우면서도, 다른 한편으론 인간관계 형성에 큰 영향을 미치는 대화기술을 가르쳐 주는 곳은 없다. 맞벌이 부부의 증가로 인해 전통적인 가정의 역할이 점차 줄어들면서, 여러 교육적 기능을 수행하는 것이 더욱 어려워졌다. 그로 인해 심각한 문제인 '도덕적 범죄와 사회적 범죄'가 끊임없이 발생하고 있다고 관련 전문가들이 지적하고 있다.

이 세상을 살아가면서 사회적 인간관계든 가정의 부부관계든 거의 하루도 빠짐없이 저마다 자기 삶에 희로애락을 가슴에 품고서 대화를 나눈다. 대화는 모든 관계에서 소통의 수단 중 최고임이 틀림없다. 어떤 관계든지 가까운 관계일수록 더 많은 대화가 오가야 한다. 바로 그런 관계가 부부이다. 그럼에도 불구하고 대화를 시도하는 순간, 대뜸 화부터 내기 때문에 대화를 지속할 수 없는 부부들이 있다. 서로의 감정이 상해서일까. 대화가 시작되면 다툼이 계속되고, 결국 마음의 문을 닫게 된다. 사랑으로 맺어진 끈을 놓으려는 그들은 갈등의 늪에서 대화로 해결점을 찾지 못하다가 감정의 골만 더욱더 깊어지는 지경에 이르게 되고 만다. 그야말로 가장 가까운 배우자와 정서적으로 이혼 상태에 이르게 된다.

사십 대 초반의 주부가 나를 찾아오자마자 주저앉아 한없이 울었다. 이윽고 그녀가 입을 열더니 답답한 자신의 결혼생활에 불평을 내게 솔직하게 털어놓았다. 나는 그녀가 얼마나 힘든 생활이었기에 그리도 슬피 우는지 궁금했다. 그녀의 결혼생활 얘기를 들어 보자.

"남편은 농산물 청과 경매사 일로 저녁 늦게 출근하고 오전에 퇴근해요. 저는 미용실에 근무하고 있어요. 우리 부부가 집에서 만날 수 있는 시간은 저녁 한때예요. 가정생활에 남편과 의논할 일이 많은데, 그럴 때마다 거칠어지고 싸우려는 남편의 말투 때문에 어떠한 말도 붙이지 못하고 있어요. 쉬는 날이면 남편은 조기 축구회에 나가서 밤늦게 술에 취해 들어와요. 이런저런 사소한 가정사에 관해 대화하고 싶었는데 저에겐 대화 상대가 없어요. 남편은 이런 제 마음을 까맣게 모르고 있어요. 그러다 보니 남편과 한집에서 생활하고 있지만 이미 이혼 상태나 마찬가지예요. 그래서 답답하거나 힘들 땐 친구를 만나 수다를 떨곤 해요."

부인의 이야기를 듣고 나서 그들에게 가장 큰 문제점을 찾을 수 있었다. 서로 간에 관심이 부족하다는 점이다. 두 사람이 하나의 방향을 향해 터놓고 서로 웃으며 즐거운 대화를 나눈 적이 거의 없어 보였다. 부인도 이 점은 인정했다. 그렇게 되면 시간이 날 때마다 서로 다른 대화 상대를 찾게 된다. 남편은 조기축구회, 아내는 친구 만나 수다 떠는 일.

난 그 부인에게 차분한 어조로 이렇게 조언했다.

"남편의 성격이 강하면서도 내면으로는 매우 약해요. 그것을 감추려고 애써 대담한 척해서 부인의 마음을 상하게 할 수도 있어요. 그런가 하면 과거 어느 시점엔가 부인과의 대화에서 남편이 불편함을 느꼈던 것이 있었을 거예요. 댁으로 돌아가셔서 남편과의 대화를 먼저 시도해 보세요. 남편이 거부해도 시간을 두고 또 대화를 시도하세요. 그의 성격까지도 이해하려고 애쓰면서 끊임없는 대화를 시도해야만 합니다. 남편이 말하기 시작하면 그의 말을 끝까지 들어 주세요. 처음엔 힘들 수 있어요. 계속 노력하세요. 시간이 지나면 어느 순간 남편은 깊숙이 숨겨둔 내면의 비밀을 꺼내게 될 거예요. 한참 동안 대화가 끊어진 이유에 대해서……. 근본 원인을 발견하면 그 결과가 좋게 될 가능성이 크다는 것은 만고의 진리에요. 모든 물질에 상대성이 있듯이, 남편의 행동과 생각에는 그 나름의 명분이 있어요. 남편이 대화를 단절하는 이유가 부인의 태도에도 일부 책임이 있었을 거예요. 남편의 행동을 이해하려고 노력하고, 남편과 대화하는 중간에도 그의 성격을 마음으로 느껴야 합니다. 상대방의 처지에서 보면 그 사람의 마음까지도 알아낼 수 있어요. 다시 풀어서 말하면, '내가 저 사람이라면 어떻게 생각하고 반응할까!'라고 자문해 보면 상대의 말과 행동을 이해할 수 있을 거예요. 그리되면 자연스럽게 짜증스러웠던 것을 줄일 수 있어요. 게다가 남편이 싫어하는 것과 좋아하는 것도 보일 거예요. 그런 다음에는 남편의 말을 수긍해 주기만 하면 돼요. 그 이후에는 편안하고 행복한 대화 시간을 남편과 즐길 수 있을 거예요."

어느 날 그 부인으로부터 연락이 왔다. 한결 부드러워진 부인의 목소리를 듣는 순간, 나는 마음속으로 그들의 갈등이 어느 정도 풀렸다고 생각했다. 부인은 남편의 생각을 나에게 진솔하게 말했다.

"처음엔 남편과 대화하기가 어려웠는데 계속 대화를 시도했어요. 얼마의 시간이 지났을까. 어느 날 남편이 저에게 다가와 부드러운 목소리로 이렇게 고백하더군요. 남편이 저에게 제대로 말하지 못한 이유가 있었다고 했어요. 그건 두려움 때문이라고 말하더군요. 남편이 말하는 '두려움'이란 게 이런 거였어요.

어느 날 저와 솔직하게 대화를 나누다가 남편이 의미 있는 말에 제가 무시했다는 것이었어요. 그 이후로 남편은 저와의 대화가 두려웠다고 말하더군요. 남편은 자기 마음속에 있는 것을 털어놓으니 마음이 한결 가벼워졌다고 하면서, 이젠 당신이 필요하고 지금보다 더 잘살 수 있을 거라고 저에게 말했어요. 그때 전 왈칵 눈물이 쏟아졌어요. 남편의 솔직한 말이 고마워서요."

일반적으로 남편들은 불평이나 불만을 하나하나 말로 표현하는 데 익숙하지 않다. 반면에 아내들은 사소한 것이라도 말로 표정으로 자기 의사를 적극적으로 표현한다. 아내는 표현 자체가 꽤 구체적이라서 웬만한 남편은 말로 이길 도리가 없다. 때론 이런 차이로 부부 갈등을 일으키는 원인이 되기도 한다. 남편도 겉으로 표현하지 않았을 뿐 아내와 느끼는 감정이 거의 비슷하다. 상기 사례처럼 살다 보면 때로는 수치심과 두려움과 죄의식 같은 자신의 감정이 얽혀서 그것을 겉으로 표현해야 하지만, 부끄럽거나 마땅한 표현 방법이 생각나지 않을 때가 있다. 대화의 장애를 스스로 이겨내고 자신 있게 용기를 내지 못하면 결국엔 바라는 가정을 포기하게 될지도 모른다. 『의지와 표상으로서의 세계』로 유명한 독일의 철학자 쇼펜하우어는 지혜로운 사람에 대해 이렇게 말했다.

"지혜로운 사람은 생각과 말 사이에 간격을 유지한다. 격한 어조로 말하지 않는 것이 중요하다. 격한 어조는 언제나 비이성적인 말을 동반하기 때문이다."

대화할 때 그 기회와 시기도 중요하다. 대화를 더욱더 어렵게 하는 것들을 보면 이렇다. 상대가 잔뜩 배고파하는데 대화를 요구한다든지, 일터에서 스트레스 잔뜩 받아 일찍 자려는데 붙잡고 과거 얘기부터 꺼낸다든지, 상대의 마음은 딴 데 있는데 반대의 화제로 말한다든지, 어머님이 몸이 불편하여 입원해 있는데 해외여행에 관한 얘기를 꺼낸다든지…….

부부간의 대화에 장애가 되는 것이 하나 더 있다. 그건 가정생활의 습관이다. 사람도 보고 싶은 것만 바라보는 것처럼, 습관도 가장 편한 쪽으로 길들여진 것이 보편적이다. 가족이란 공동체에서 서로 지켜야 할 규칙들이 있어야 불편함과 갈등을 줄일 수 있다. 이를테면 무분별한 소비생활, 게으른 생활 습관, 청결하지 못한 나쁜 습관, 올바르지 못한 언어습관 같은 일상의 적지 않은 것들은 자녀가 그대로 배우고 습관화하기 때문이다. 상대가 불편함을 느끼며 하지 말라는 것에는 반드시 지켜줘야 한다. 이것은 상대의 자존감을 존중해 주는 것이다. 상대의 말을 무시하거나 자기 멋대로 행동하는 습관은 어처구니없게도 더 큰 갈등을 초래할 수 있다. 이런 사소한 것들 때문에 부부 사이에 원치 않는 비극이 발생할 수 있다.

"의식적으로 좋은 습관을 형성하려고 노력하지 않으면 자신도 모르는 사이에 좋지 못한 습관을 지니게 된다." 미국의 유명한 정신분석학자 디어도어 루빈의 말이다. 배우자와 웃으며 대화하고 삶을 즐기는 것만으로도 부부의 삶은 짧다.

부부간의 대화기술에서 가장 중요한 것이 있다. 부부생활에서 최고의 행복을 이끄는 대화의 기술은 서로 편안함이다. 상대를 존중한다는 것은 내가 대우받는 것과 같은 것이다. 그러면서도 편안한 대화를 나누기 위해 공동의 관심사를 찾아야만 한다. 불편하면 아직 완전한 부부가 아니다. 불편하다는 것은 서로 공동의 관심사가 부족하다는 것이다. 아침에 눈을 뜬 이후로 좋아하는 것부터 아주 세심한 부분에 이르기까지 관심을 가지고 찾아야 한다. 미국의 작가이자 현대 경영학을 창시한 피터 그러카는 의사소통에 관해 이렇게 말했다. "의사소통에서 제일 중요한 것은 상대방이 말하지 않은 소리를 듣는 것이다."

시간이 흘러 황혼의 나이가 될 때, 결혼생활이 연극처럼 희극과 비극으로 극명하게 나누어진다. 연극에서 행복한 끝을 맺는 극인지 불행한 끝을 맺는 극인지 공연이 끝날 때 드러난다. '결혼해서 행복하게 잘 살 수 있을까?' 이에 대해 고민은 하지 말아야 한다. 각자 자신에게 맞는 역할에 충실히 그리고 최선을 다하면 된다. 마치 연극 무대에 오른 배우들처럼 관객이 얼마나 올지에 대한 고민보다는 자신이 맡은 역할을 어떻게 잘 소화할지에 더 많이 고민하고 집중해야 한다.

행복한 부부에게는 세상의 시간이 존재하지 않는 듯하지만, 반대로 불행한 부부에게는 하루의 시간이 너무도 길어 보인다. 특히 행복한 결혼생활을 즐기는 부부들은 늘 습관처럼 이러한 대화의 사고방식을 가지고 있다. 비난이나 모욕적인 언어 대신에 서로 존중하며 친근한 말투로 대화의 문을 연다. 자기중심적 사고 대신에 상대를 배려하고 이해하려고 한다. 좋았던 지난날의 기억조차도 흠집을 내려고 애쓰는 불행한 부부들과 다르게, 불만족스러웠던 점이 있어도 아름다운 추억을 기억하려고 노력한다. 더욱이 배우자의 성장 과정에서 누구에게나 존재하는 과거 트라우마에 대해 그걸 이해하고 인정한다. 무엇보다도 상대의 말에 늘 귀가 열려 있다. 배우자가 좋아하는 것과 싫어하는 것을 명확히 구분하여 알고 있다.

결혼생활은 반복의 연속이다. 지루하고 무료해 보일 수 있지만, 배우자와 자식이 곁에 있어 절대 지루하지 않다. 힘든 삶일지라도 희망을 품고 내일을 준비하기 때문에 절대 무료하지 않다. 세상에서 가장 편안한 사람, 배우자와 대화해야만 하는 이유가 여기에 있는 것이다. 기쁜 일은 서로가 나눔으로써 두 배로 늘어나고, 힘들고 어려운 일은 함께 주고받음으로써 반으로 줄어든다. 배우자와 사랑과 애정을 가지고 가장 편안하게 대화를 즐기는 것이 행복으로 가는 지름길임을 명심해야 한다.

모든 것이 내 안에 있소이다

 강의에서 여러 번 만난 그녀는 언제나 밝은 미소를 짓고 자기 일에 자부심을 느끼며 사는 성실한 사람이었다. 그런 그녀가 불면증과 우울증에 시달린 채로 일 년 넘게 지냈다는 소식을 듣고서 놀라지 않을 수가 없었다. 어느 날 내가 자주 가는 카페에서 우연히 그녀를 만났다. 그녀가 불면증과 우울증에 빠지게 된 데는 그만한 사연이 있었다. 그날 그녀와 대화를 나눌 기회가 되어 그녀에게 들은 슬픈 얘기를 여기에 옮겨 보겠다.

힘들고 위험한 세상의 파도를 헤치며 온갖 고생을 겪으면서도 밝은 표정만은 잊지 않으셨던 엄마. 행복한 순간이 언제인지 기억나지 않을 정도로 불행의 나날로 지내셨던 엄마. 사랑을 몸으로 마음으로 실천하고 가르쳐 주셨던 엄마.

엄마의 절대적인 존재로 그녀는 당당하게 세상을 살아갈 수 있었다. 그런데 그분이 이곳과 다른 세상에 가 계신다. 그녀는 그 애틋한 분에게 '죄송하고 감사하며 사랑한다'라는 말을 전할 기회조차 없었다. 힘들 때마다 큰 위안을 주셨던 그분의 그림자가 이젠 여기에 없기 때문이다. 그녀에게는 대학생이 된 딸과 군대 간 아들이 있었지만 오로지 그녀 마음의 무게가 너무도 무거워서일까. 우울증이 그녀의 마음을 채우더니, 이윽고 불면증마저 곧 그녀의 영혼을 덮었다. 남편과 자식들에게 미안했지만, 그녀는 하루하루가 늘 두렵기만 했다. 엄마가 되기 전에는 엄마가 필요했다. 이젠 엄마가 된 후에는 엄마를 이해하게 되었는데…….

일 년이 지나 부드러운 바람이 불고 따스했던 어느 봄날, 그녀는 그분 생각에 묘소를 찾았다. 퉁퉁 부은 그녀의 두 눈에 눈물이 고였다. 그녀는 밤새도 못다 할 만큼 하고 싶은 말이 가슴에 첩첩이 쌓여 있었지만, 애써 침울한 자신의 마음을 가까스로 추슬렀다. 슬픔에 그녀의 가슴이 미어졌다. 그녀는 묘소 밖으로 나와 한참을 걸었다. 어느덧 그녀 자신도 모르게 근처 공원에 가 있었다. 그곳 벤치에 앉아 잠시 쉴 때였다. 그 어느 때보다 햇빛 화창한 오후였다. 엄마에 대한 그리움이 너무 깊어서 아무것도 하지 못하는 그녀를 묵묵히 옆에서 지켜만 보았던 남편이 늘 고마운 생각이 들었다. 그녀의 자식들도 엄마의 모습을 보며 말없이 응원하는 마음을 느꼈다. 이런저런 생각을 하다가 자기 자신이 여기에 있는 듯 없는 듯 알 수 없는 무아지경에 빠졌다.

그때였다. 그분의 모습이 바로 그녀 앞에 나타나셨다. 암에 걸려 바짝 여윈 얼굴이 아닌 아주 건강한 모습이었다. 그분도 울고 그녀도 울었다. 그저 말없이 오랫동안 서로 눈물만 쏟아냈다. 그러고 나서 온화한 얼굴로 옛 모습 그대로인 그분의 향기로운 냄새를 가까이서 느끼고 싶어서인지, 손을 뻗으면 바로 그분의 따뜻한 온기를 느낄 수 있을 것만 같았다. 그 순간, 눈물로 가득 고인 그녀의 눈에서 언제라고 할 것도 없이 그분의 모습이 사라졌다. 눈을 살며시 뜨고 어디에 눈물이 남았는지 그녀는 또 울었다. 그녀 마음속에 있는 모든 것을 토해내듯 울었다. 그녀는 너무 많이 울어서 눈이 퉁퉁 부은 걸 느낄 수 있었다. 다음 날 아침, 잠에서 일찍 깨었을 때 그녀의 마음이 한결 가벼워졌음을 느꼈다. 평소 체한 것처럼 묵직한 뭔가 그녀의 마음속에 있었는데, 이젠 그런 것이 없어지면서 속이 시원하고 머리도 맑아졌다. 그 이후로 그분의 꿈도 꾸지 않았고 그분의 생각도 나지 않았다. 그러더니 언제부턴가 불면증과 우울증도 사라졌다.

그 부인의 얘기를 듣는 동안에 돌아가신 내 어머니 생각에 나도 눈물이 흘러내렸다. 세상에서 그녀가 시련 없이 따뜻하고 편안하게 지낼 수 있었던 것은 바로 그녀의 엄마 그늘 덕분이었다. 하지만 평생 함께할 거라 믿었던 그분이 돌아가셨다. 못다 한 얘기도 참으로 많고, 또 못 해 드린 것도 그야말로 많았을 것이다.『레미제라블』,『노트르담의 꼽추』로 유명한 프랑스 작가 빅토르 위고는 "인생에서 가장 행복한 때는 누군가에게서 사랑받는다고 확신할 때이다."라고 말했다. 고생만 하셨던 엄마의 인생을 가슴에 묻고 살려니 그녀는 잠을 잘 수가 없었던 모양이었다. 아마도 시간이 흐를수록 그녀의 마음에 쌓인 짐이 더욱더 무거웠을 것이다. 그로 인해 그녀가 무슨 일을 하든 제대로 할 수 있었을까. 그러다 보니 슬픔과 공허감, 그리고 짜증스런 기분이 수반되면서 불면증에 시달리게 되었다. 그런데 늘 그리웠던 바로 그분이 그녀 앞에 나타난 것이었다. 꿈속인지 환상 속인지 알 수 없지만, 서로의 마음속에 묻어 두었던 못다 한 미련을 하염없이 눈물을 쏟으며 털어 버린 것이 분명했다. 그날 저녁 그녀는 그 어느 때보다도 마음의 평화를 느끼며 편안하게 잠을 푹 잘 수가 있었을 것이다.

'어머니'라는 단어는 내 안에 있는 마음의 고향과도 같다. 어머니의 존재는 지친 내 영혼을 위로하고 부드럽게 에너지를 충전시켜 준다. A.D. 라마트린도 말했듯이, 사랑받기 위해 사랑하는 것이 아니라 사랑하기 위해 사랑하는 것이 어머니의 사랑법이다. 그런가 하면 부모님을 모시고 싶은 마음은 추호도 없으면서 부모님 걱정만 하는 사람이 있다. 또 일이 바쁘다는 핑계로 자기 부모님을 찾아뵙지 않는 사람도 있다. 부모님이 돌아가신 뒤에 통곡하며 회오의 눈물을 흘린들 무슨 소용이 있을까. 결국엔 자기 영혼만 위로

할 뿐이다. 나를 키운 부모에게 사랑의 안부 전화 한 통이라도 해야 한다. 그래서 나중에 후회와 통곡하는 일을 만들지 말아야 한다.

내가 중학교 다닐 때 선생님께서 수업 시간에 몇몇 학생이 졸고 있는 모습을 보고, 졸지 말라면서 들려준 얘기를 여기에 옮겨 보겠다. 그 당시 선생님의 그 이야기가 사실인지 소설인지 잘 모르겠지만 그것이 사실이라 믿고 싶다.

대도시 중심가 길 건너편에는 부잣집들로 이루어진 조용한 동네가 있었다. 그 길은 인도와 차도가 따로 구분되어 있지 않았지만, 사람보다 고급 승용차가 더 많이 다니는 곳이었다. 가로등이 많아 밤에도 환했다. 집집마다 사람 키보다 훨씬 커 보이는 대문이 길 양쪽에 즐비하게 늘어서 있었고, 그 큰길 한쪽 모퉁이에 판자로 지붕을 둘러친 한 칸짜리 구두 수선집이 있었다. 그곳에서 68세쯤 된 노인이 그의 아내와 함께 손님이 오든 말든 상관없이 가게 문을 열어 놓고 앉아 있었다. 그러면서 노부부는 라디오에서 흘러나오는 노랫가락에 연신 덩달아 콧노래를 흥얼거렸다. 어느 중년 신사가 그 길을 걸어가다가 할아버지의 목소리가 하도 정겹게 들려 무작정 그 가게로 들어섰다. 마침 구두 뒤창을 갈 때도 됐다.

"할아버지, 제 구두 뒤창 갈 수 있을까요?"

할아버지는 그의 구두를 앞뒤로 보더니 문제없다는 듯이 대답했다.

"많이 낡았네요. 새것으로 갈아 드려야지요."

"요즘 손님들 좀 있으신가요?" 그가 물었다.

"단골손님 말고는 선생님처럼 가끔 있어요." 할아버지가 대답했다.

중년 신사는 노부부가 손님도 별로 없는 이 가게를 떠나지 않고 계속 가게 문을 여는 이유가 궁금했다.

"그럼 손님도 별로 없어 보이는데 이 가게를 고집해서 운영하시는 특별한 이유라도 있으신지요?"

그러자 할아버지가 잠시 일손을 놓고서 지난날 그의 삶에 관한 이야기를 그 중년 신사에게 쏟아 놓기 시작했다.

"과거 8살 된 아들 하나가 있었어요. 학교 간 녀석이 하루가 지나고 이틀이 지나도 돌아오지 않자 경찰에 실종 신고했지요. 하지만 30년이 지난 지금, 아직도 그 애가 돌아오지 않고 있어요. 재개발로 그 아이와 함께 살았던 집에서 다른 지역에 있는 집으로 이사를 가게 되었어요. 그래서 그 아이는 이곳밖에 알지 못해요. 언젠가 돌아올지 모른다는 생각에 계속 가게 문을 열어 놓고 있어요. 집사람도 그 아이 때문에 가끔 눈물을 훔치곤 해요. 그리고 이 가게 문을 계속 여는 이유가 또 있지요. 돈이 벌리면 길 건너편에 제화점을 차리는 것이 저희 부부의 작은 소망이에요. 내가 만든 구두도 팔고 구두수선도 하면서.

어느 날 그 꿈이 한순간에 이루어졌지요. 동네 주민 대표 몇 분이 저희 가게를 찾아왔어요. 길 건너편에 가게 하나 차려 줄 테니 그리로 가서 장사하라는 거예요. 처음엔 무척 기뻤어요. 저희 부부의 꿈이 생각지도 않게 일찍 이루어졌으니까요. 저희는 길 건너 가게로 옮기면서 '아들을 찾습니다.'라는 문구가 담긴 종이를 이곳

담벼락에 붙이고 매일 하루 한 번씩 여기에 와 보기로 했어요. 혹시 문구가 바닥에 떨어지면 다시 붙여야 하잖아요. 하지만 나중에 알게 된 사실이었지만, 동네 분들이 제 노랫소리가 시끄럽게 들렸나 봐요. 그렇다 보니 이 동네 부녀회에서 집집마다 얼마씩 돈을 거두어 저희에게 가게를 마련해 준 것이었어요. 처음엔 우리 부부는 그들이 마련해 준 가게에다 미리 만든 구두를 하나씩 진열해 놓고서 요리조리 바꾸기도 했어요. 심지어 매일 가게 앞 유리창도 닦기도 하고 바닥 청소도 했지요. 그런데 언제부턴가 라디오의 노랫가락이 시끄러운 소리로 들리기 시작했어요. 심지어 번듯한 내 가게가 생겼는데도 그 가락에 노래를 불러도 전혀 흥이 나지 않았어요. 말하자면 제 삶에 행복이 사라진 듯 공허감이 밀려왔어요. 아내도 저와 같은 생각이 들었다고 하더군요. 저는 아내와 상의해서 가게를 팔아 동네 주민 대표에게 다시 그 돈을 돌려줬어요. 그러고 나서 예전처럼 그 장소에서 가게 문을 다시 열었어요. 아니나 다를까 라디오의 노랫가락에 흥이 나고 삶에 보람을 다시 찾은 기분이 들었어요. 우리 부부에겐 서로 건강하고 적당한 일거리가 있으니 뭣이 더 필요하겠소. 여기에 잃어버린 아들 녀석만 돌아오면 조상님 뵙고 행복하게 살았노라고 당당하게 말씀드릴 수 있을 것 같은데 말이오."

할아버지의 구수한 얘기를 듣는 중에 어느덧 구두 뒤창이 새것으로 말끔히 교체되었다. 그 중년 신사는 할아버지에게 질문 하나를 던졌다.

"두 분 금실이 좋아 보이시네요?"

할아버지는 껄껄 웃으시며 말했다.

"우린 마음이 부자이니까요!"

자신이 지금 가지고 있는 것에 만족한다면 이 세상 모든 것을 소유한 사람보다 더 행복할 것임이 틀림없다. 권력, 부, 명예와 같은 것들은 행복의 범주에 들어가지 못한다. 그것들은 여전히 집착과 소유를 벗어나지 못하고, 자기 분수에 넘칠 정도로 욕심을 가득 차게 만들기 때문이다. 네팔 승려 리카르는 세상에서 가장 행복한 사람에 대해 이렇게 표현했다.

"사는 동안 줄곧 세속적인 목적만을 추구한다면 행복에 도달할 가능성은 없습니다. 마치 물이 모두 말라버린 강에 그물을 던지는 것과 같죠. 행복은 마음속에서 만드는 것입니다. 단지 기분이 좋은 상태가 아니라 나의 진짜 본성과 삶이 조화를 이루게 하는 것, 그것이 행복입니다. 인간은 누구나 그렇게 할 수 있는 잠재력을 지니고 있습니다."

가난한 살림에 남들만큼 잘살지 못해 늘 어두운 그림자를 안고 사는 부부가 있었다. 이들 부부는 어떻게 하면 돈을 벌 것인가에 대해 늘상 고민에 빠졌다. 그들은 늘 돈타령으로 불평불만이 가득 차 있었고, 만족스럽지 못한 결혼생활로 이어지면서 끝내 이혼하고 말았다. 또 어떤 부부는 동네에 조그만 빵 가게를 운영하면서 힘든 내색 하나 없이 즐겁게 일하고 있었다. 그가 밝은 미소를 지으며 말했다.

"내 마음을 내려놓으니 가벼워지고 또 하나의 새로운 목표가 생기더군요."

나는 새로운 그 목표가 무엇인지 그에게 물었다. 그러자 그는 사람들에게 이것을 알리는 것이라고 말했다.

"우리 마을에 이런 빵집이 있습니다."

고대 로마 시대의 철학자 세네카는 이렇게 말했다.

"당신이 소유하고 있는 것이 당신에게 불만스럽게 생각된다면, 당신의 걱정과 두려움이 끝이 없게 될 것이고 또 세계를 다 준다 해도 부족할 것이다."

집안이 가난해도 불평하지 말고 있는 그대로의 삶을 받아들이면 행복하게 살 수 있다. 돈이 부족하면 가정생활에 많은 불편함을 주지만, 마음이 가난하면 결혼생활의 모든 행복을 잃게 된다. 시골에 사는 노부부가 돈이 넉넉하지 못해도 그들의 마음이 풍요로우면 돈으로 따지는 갑부보다 훨씬 더 가치 있고 행복하다. 풍요 속의 빈곤이나 군중 속의 고독처럼 문명 속의 외로움을 겪지 않고 행복의 길로 걸어가야 한다. 행복은 돈과 관계없이 바로 내 마음속에 있는 것이다. 부부에겐 물질적인 부와 아무런 관계없이 배우자에게 사랑을 베풀어 주면 그것이 진정한 행복인 것이다. 이 세상에서 가장 행복한 것을 선택하라면 나는 감히 그것을 '건강과 사랑'이라고 자신 있게 말하고 싶다.

이미 한 차례 유방암 수술의 고통을 겪은 그 여성은 사정이 딱하기 그지없다. 남편과 이혼을 결심한 이후부터 꽉 막힌 그녀의 속이 후련해서 마음이 한결 홀가분할 것으로 생각했는데 그런 것이 아니었다. 오히려 그녀의 마음이 더 무거워지고 힘들었다는 것이었다. 그래서인지 그 부인은 밤마다 불면증과 공포에 시달리고 몰라볼 만큼 얼굴도 수척해졌다. 그녀와 남편 사이에 무슨 일이 있었는지 궁금해서 그녀에게 물었다. 그 부인은 남편에 대한 어떤 증오심이나 모멸감 같은 것을 느꼈을까. 남편이 밖에서 다른 여자를 만나도 그녀는 마음속으로 꾹 참으며 살았다.

그러던 어느 날 그녀에게 지울 수 없는 참담한 일이 일어났다. 남편은 아내에게 탁구동호회에서 한차례 게임하고 그들과 한잔하고 들어오겠다고 말했다. 그녀는 마음속으로 남편의 말에 의심이 갔지만, 이미 같은 동호회 회원들과 술 한잔하고 있는 것 같아서 딱히 왈가왈부할 수도 없는 노릇이었다. 남편이 그런 식으로 바람을 피운 것도 한두 번이 아니었다. 그러면서 부인은 그만 왈칵 눈물을 쏟았다. 부인에게 무슨 문제가 있었는지 잘 모르겠으나, 나는 그녀에게 가슴 아픈 사연이 있음을 직감했다. 그리고는 그녀의 기막힌 얘기를 더 듣게 되었다.

"남편은 트럭에 사과를 싣고 전국을 다니며 장사해요. 탁구동호회 회원들과 술만 마시면 새벽 3시에 들어오는 것이 이제 일상이 되었어요. 처음에는 단지 술만 마시는 줄로만 생각했는데, 나중에 그 회원 중 한 사람이 저에게 남편의 바람을 말하더군요. 그 얘기를 듣고서 많이 고통스러웠어요. 마음이 뒤숭숭하거나 힘들 때면 청소하거나 결혼사진을 꺼내 보며, 제 아픈 마음에 위안을 받곤 했어요. 그런데 전화 한 통도 없던 남편한테서 저녁 9시쯤에 전화가 걸려 왔어요. 순간 저는 당황했어요. 남편은 평소 술 마시는 저녁에는 절대 전화하지 않거든요. 전화기 속에선 잠시 아무 말 없이 음악 소리만 들렸어요. 그러자 제가 먼저 전화기를 끊었어요. 그 순간에 비참하고 외로워서 마음도 아프고 영혼도 괴로웠어요. 이젠 남편과의 결혼생활이 힘겨워요."

나는 부인의 얘기를 더 듣기가 힘들었다. 잠시 부인이 진정할 때까지 기다렸다가 괴로워하는 부인에게 이런 말을 전했다.

"부인은 육체뿐 아니라 마음에 난 상처 때문에 정상적인 결혼생활을 지속할 수가 없을 겁니다. 분노가 치밀어 오르고 스트레스마저 쌓이게 되면, 암이 재발한다든지 해서 부인의 건강이 더욱 악화할 수밖에 없어요. 먼저 부인이 어떠한 마음으로 결정하느냐가 중요합니다. 다시 말하면 현재의 결혼생활을 유지하는 것이 도저히 힘들다면 법적 절차를 따르면 됩니다. 하지만 남편을 용서할 거라면 남편의 모든 걸 용서하세요. 그러니까 마음의 상처를 치유하는 비결은 말로만 남편을 용서하는 것이 아니라 마음으로 진정한 용서를 하는 것입니다. 괴롭겠지만 다 용서하세요. 건강을 먼저 챙겨야 아이들도 오랫동안 볼 수 있을 테니까요. 무엇보다도 분노로 뒤덮인 부인의 마음을 내려놓아야 면역력이 강해져서 암세포를 감소시켜서 재발을 방지할 수 있습니다."

그녀는 남편을 용서하겠다면서도 자꾸만 눈물을 흘렸다. 아마도 그녀의 마음속에 있던 분노와 외로움을 쉽게 떨쳐 내지 못했을 것이다. 몇 해가 지나서 그 부인으로부터 연락이 왔다. 그녀는 나에게 한결 부드러운 목소리로 소식을 알렸다.

"일련의 암 치료 과정을 잘 마치고 지금은 거의 완치 단계에 있어요. 시간이 걸렸지만 마음에 맺힌 응어리를 풀려고 남편을 용서했더니 제 마음이 한결 편해지고 가벼워진 느낌이 들었어요. 제 마음속에 삶의 무게를 내려놓고 용서하지 않았다면 오래 살지 못했을 거로 생각합니다. 감사합니다."

사랑의 선교 수녀회를 설립하고 평생 병든 사람을 위해 봉사활동을 한 마더 테레사 수녀도 용서에 관해 이렇게 말했다.

"사람은 종종 불합리하고 자기중심적이에요. 그래도 용서하세요."

마음에 난 상처는 심리적 균형을 일거에 허물고 만다. 상처받은 상대는 '어디 두고 보자!'라는 반항 심리를 갖게 된다. 심지어 보복심이나 증오심까지 생길 수 있다. 그렇게 되면 행복한 가정은 붕괴하고 매일 지옥처럼 고통스러워 견딜 수가 없을 것이다. 이때 자신이 미지의 세계를 더듬거리며 성장하는 과정에서 무시, 모욕, 편애, 비난, 배신, 두려움 같은 과거 트라우마와 맞물리면 몇 곱절의 상처를 입게 된다. 페르시아 속담에 이런 말이 있다.

"부러진 손은 고칠 수 있지만 상처받은 마음은 고칠 수 없다."

순수한 마음에 심각한 균열이 생기면 어떤 보상이라도 받고 싶어 한다. 평소 상대에게 상처를 줄 만한 것을 만들지 않도록 주의해야 한다. 그럼에도 불구하고 상대의 마음에 심한 상처가 생기면 정서적 안정감을 줄 수 있게 환경을 조성하고, 그런 다음에 상처받은 상대에게 자신의 감정을 솔직하게 그대로 표현해야 한다. 또 배우자에게 심한 상처를 입혔을 때 대부분 대화를 나눌 것을 권장한다. 배우자와 대화를 나누는 것도 좋겠지만 더 중요한 것이 있다. 자기중심적 기준에서 배우자와 대화를 나누는 것이 아니라, 배우자의 입장에서 이해하고 배려하는 마음으로 대화를 주고받아야 한다. 자기중심적 대화 방식을 고집하는 것은 결혼생활의 최대 적임을 명심해야 한다. 프랑스의 자연철학자 셸링이 말한 것처럼, 부부는 가위와 같아서 함께 발을 맞추어 걷지 않으면 안 된다. 부부는 서로를 완벽하게 보완해 주는 존재이며, 서로가 없으면 그만큼 빈약한 존재일 수밖에 없다. 미국의 정치인 벤저민 프랭클린도 결혼에 관해 이렇게 말했다.

"결혼 전에는 눈을 크게 뜨고 결혼 후에는 눈을 반쯤 감아야 한다. 결점만 찾으면 결점만 보이지만 반대로 장점을 찾으면 장점이 두드러진다."

그것이 쉽지는 않겠지만 부부의 길을 가로막는 이유가 무엇이든지 서로 갈라서지 않을 거면 욕심을 내려놓고 용서해야 한다.

사람들이 우울증에 걸리는 원인이 무엇이라고 생각하는가? 또 불면증에 시달리는 원인이 무엇이라고 생각하는가?

그러면 사람들은 대부분이 걱정과 불안, 그리고 두려움 같은 부정적인 감정들이 원인이라고 말할 것이다. 이것들은 모두 그런 질병의 특징임이 틀림없다. 하지만 그 질병들의 뿌리는 다른 것에 있다. 그것은 욕심이 관여하고 있기 때문이다. 경험이 있는 사람이라면 '상처'라는 말만 들어도 가슴이 아려서 분노나 외로움 아니면 슬픔에 눈물부터 앞선다. 배우자의 외도 때문에, 성장하면서 차별 때문에, 그리고 돌아가신 엄마에 대한 그리움 때문에 우울증이나 불면증 같은 질병이 유발된다. 그런 이유가 바로 마음의 욕심을 버리지 못해서이다. 욕심을 계속 가슴에 품고 있으면 부메랑처럼 결국 자신에게로 돌아와, 마음에 심한 상처를 입히고 자신의 미래에 대한 꿈도 빼앗아 간다.

　욕심을 치유할 수 있는 유일한 방법은 '마음 비우기'를 실천하는 것이다. 마음의 독을 빼기 위해 채움보다는 비워야 한다. 분수에 넘칠 정도로 욕심을 부리면 그만큼 잃는다. 여름 휴가철에 바닷가로 며칠 떠나고자 할 때, 마음속의 무거운 짐이 많을수록 여행을 온전히 즐기기 어렵다. 이러한 걱정과 스트레스는 힐링과 새로운 경험, 그리고 재충전에 방해만 될 뿐이다. 의학 전문가들의 말에 의하면 스트레스나 불면증이 오랫동안 계속되면 치매 발생률도 높아진다고 한다. 마음을 비우면 스트레스나 불면증이 자연 해소된다. 마음 비우기에는 용서도 포함된다. 용서는 상대를 선한 마음으로 이해하고 잘못한 것을 배려하는 마음으로 덮어주는 행위이다. 그로 인해 변하는 것은 상대가 아니라 내 자신이다. 내가 변하지 않으면 아무것도 변화시키지 못한다. 생각이 바뀌면 행동이 변화하듯이, 내게 변화가 일어나면 주변의 것들이 변하기 시작한다.

바람을 피운 배우자를 단번에 용서하는 것은, 지난날의 마음 고통에 대한 보상을 어디에도 받을 길이 없어서 그리 쉽게 결정을 내리지 못할 것이다.

"그냥 용서하라!"

용서는 영혼의 자유이다. 영혼이 편안해야 사랑과 행복을 줄 수 있고 또 느낄 수 있다. 내 영혼의 자유를 위해 배우자를 용서하는 것이 아니라 나 자신을 용서하는 것이다. 나를 용서하지 않으면 과거의 역사에 계속 집착하게 된다. 용서의 힘은 과거에 빠진 자신을 꺼내어 현재 아름다운 역사를 쓰기 위함이다. 허황한 욕심은 잔혹한 역사만 남길 뿐이다. 내가 하지 못하거나 내가 놓아버리지 못해서 쌓인 분노와 슬픔, 그리고 다른 사람이 가졌다고 나도 가져야 한다는 것 모두 용서라는 명분으로 주저 없이 그냥 그대로 내려놓아야 한다.

"그냥 다 용서하라!"

『전쟁과 평화』로 유명한 세계적인 작가 톨스토이는 용서에 관해 이렇게 표현했다.

"그대에게 잘못을 저지른 상대가 있거든, 그가 누구이든 그것을 잊어버리고 용서하라. 그때 그대는 용서한다는 행복을 알 것이다."

마음을 비워야 비로소 작은 것들이 보이기 시작한다. 어느 장사꾼이 자신의 성공담에 대한 비밀을 내게 털어놓았다. 그는 전에 다른 두 사업 모두 실패한 경험이 있었다. 그래서 그는 소위 성공한 사람을 찾아다녔다고 말했다. 그의 다음 이야기를 계속 들어보자.

"돈에 욕심만 잔뜩 갖고 사업을 시작했는데 모두 실패하고 말았어요. 당시에 아내도 힘들었고 저 또한 고통스러웠어요. 실패한 원인을 요리조리 분석도 해보고 성공한 사람들의 진솔한 얘기를 듣기도 했지만 뚜렷한 방향을 잡지 못했어요. 그러던 어느 날 길거리에서 미소를 지으며 장사하는 사람을 보니 보기에도 즐겁더군요. 그 가게 앞으로 가서 즐겁게 일하는 이유에 관해 물어봤어요. 그분은 마음에 있는 욕심을 버리니 또 다른 세상이 보인다면서 매 순간 행복이 찾아왔다고 즐거운 표정을 지으며 말했어요."

그러면서 그 가게 주인이 덧붙여 말한 것이 있다고 했다.

"욕심이 마음에 가득 차면 사업은 성공하지 못해요. 욕심이 인생에 전혀 도움이 되지 않는다는 것을 깨달았어요."

그 후로 그는 국내에서 제법 큰 재래시장에 들어가서 제일 먼저 마음속에 다짐한 것이 있었다.

"내 마음속 욕심을 버리자!"

내가 만난 장사꾼이나 사업에 성공한 사람들이 꽤 있다. 그들이 공통된 목소리로 이렇게 말했다.

"나 자신을 낮추고 욕심을 버리니 그제서야 손님들이 보였습니다."

배우자나 세상 사람들에 의해서 상처를 받아 내 마음이 흔들리고 힘들 때가 있다. 그럴 때 이 말을 기억해라.

"모든 것은 내 안에 있소이다."

분노 조절

미국의 세 번째 대통령이자 독립선언서 작성자이며, 미국의 민주주의의 선구자인 토머스 제퍼슨은 이렇게 말했다.

"노여움이 생길 때는 열까지 세라. 그래도 노여움이 풀리지 않으면 백까지를 헤아려라. 노여움을 참지 못하고 화를 내는 일은 당하는 사람보다도 내는 사람에게 더 큰 피해를 가져다줄 수 있기 때문이다."

사람에게 공통으로 존재하는 부정적인 감정 중 하나가 분노이다. 몸이나 마음이 견디기 힘들거나 불편이나 고통스러울 때 분노가 일어난다. 분노는 질투나 두려움, 원한, 불안 같은 것이 원인이지만 이들을 벗어날 수도 없는 것이 인간의 삶이다. 분노를 조절하는 가장 좋은 방법이 있다. 자기 스스로 감정을 조절하고 인내하면 분노가 해결될 수 있다. 그렇지만 그건 자신도 통제가 안 되기 때문에 또 다른 장애의 원인이 된다. 마음속에 억압된 분노가 자신에게로 향하면 화병, 우울증, 자해 등으로 인해 몸과 마음에 상처를 입히게 된다. 반면에 분노가 배우자를 포함한 다른 사람에게로 향하면 극단적인 행동으로 끔찍한 사고로 이어질 수밖에 없다. 심지어 아내, 자녀, 노부모를 포함해서 사회적 약자들에게 분노를 표출하면, 가정의 문제를 넘어 심각한 사회적 문제를 일으킨다. 분노 경험이 사회적 문제로 끊임없이 이어지는 것은 산업의 발달에서 그 원인을 찾을 수 있다. 즉 문명발달은 인간에게 편리함을 제공하고 있는 것은 분명한 사실이다. 그렇지만 그 문명의 이면에는 무엇으로든 위선적으로 자신을 가려야만 하는 사회 구조 속에서 존재할 수 있다고 생각한다. 그러다 보니 가족관계나 사회적 인간관계에서 개인의 존엄성이 억압받을 때, 부정적 감정 중 하나인 '화병'이라는 한국 문화 특유의 분노 증후군이 나타난다. 화병은 한국의 억압적 문화 속에서 변형된 우울장애이다. 겉으로 표현하지 못하고 속으로 참는 분노의 침묵은 화병과 우울증, 심지어 폭력으로 이어지며 이는 상호 소통의 단절이 주범이다.

부부간에 소통의 단절로 큰 문제로 이어지는 사례 하나를 들어보자.

사십 대 초반의 그 여성은 결혼 당시 부자였다. 그녀의 아버지가 물려준 3층짜리 빌딩 덕에 남부럽지 않을 정도로 부유한 가정을 꾸리며 풍족하게 살고 있었다. 그녀가 결혼한 지 2년이 지난 어느 날 밤이었다. 상가 입주자 한 분이 연락이 와서 대뜸 이런 말을 하는 것이었다.

"사장님, 건물을 내놓으셨어요? 건물주가 바뀌었다면서 다음 달부터 세를 더 올리겠다는데, 어떻게 된 거예요?"

부인은 갑작스런 그 입주자 말에 하도 어이가 없어 아무런 대꾸도 하지 않았지만, 사실 여부를 확인하고 내일 다시 전화하기로 했다. 그날 저녁 늦게 현관으로 들어선 남편에게 놀란 눈으로 따져 물었다.

"상가 입주자 한 분으로부터 연락이 왔는데, 상가건물이 어떻게 된 거예요?"

"팔았어." 남편은 간단하게 대답했다.

부인은 황당한 남편의 말에 무슨 의미인지 정확하게 알기 위해서 또다시 다그쳐 물었다.

"아니, 무슨 말이에요? 팔다니!"

"다른 사람에게 매매 했다고." 남편은 무뚝뚝하게 말했다.

부인은 당황스럽기도 하고 화가 나기도 해서 남편이 들으라는 듯이 혼자서 중얼거렸다.

"이런 기막힌 일이 세상 어디에 있단 말인가?"

남편의 어처구니없는 얘기를 들어보면 이렇다.

"직장 동료 중 한 사람이 주식으로 돈을 벌자 질투가 나서 주식에 손을 댔어요. 처음엔 제법 돈이 벌리자 욕심이 생기더라고요. 그래서 그 돈으로 주식에 재투자해서 더 많은 돈을 벌려고 했어요. 그러나 한순간에 모두를 잃고 말았어요. 급기야 본전 생각이 나서 저는 몰래 아내의 도장을 갖고 나가서 아내 명의로 된 빌딩을 처분하고, 그 돈으로 동료가 말한 유망주에 투자했어요. 그러고는 그 동료와 술 한잔하고 들어오는 길이었어요."

부인은 화가 머리끝까지 치밀어 견딜 수가 없었다. 그래서 부인은 더 이상 참지 못하고 남편의 왼쪽 뺨에서 불꽃이 튈 만큼 후려치고, 그 자리에 주저앉아 울음을 터뜨렸다. 남편이 투자한 주식이 떨어진 이후로 부인은 화병 때문인지 사소한 일에도 말투가 거칠어지거나 짜증 내기도 하고, 남편에게는 버럭 화를 내는 일이 잦았다. 심지어 가슴이 답답한 증상이 하루에도 여러 번 일었다.

나는 철없는 남편에게 이런 말을 전해 주었다.

"아내 몰래 건물을 판 것은 큰 죄를 지은 것입니다. 무엇보다 자신의 양심을 훔친 도둑과도 같습니다. 하늘을 우러러보나 세상을 굽어보나 양심에 부끄러움이 없는 사람이 되라고 맹자도 말씀하셨어요. 반대로 생각해 보세요. 남편께서 소유한 건물을 아무 말도 없이 아내가 팔면 당신의 심정은 어떨까요? 화가 나겠지요. 아니 분노가 치밀어 오르겠지요. 가정도 사회와 마찬가지로 소통의 장이에요. 서로의 공감대가 형성되지 않으면 소통이 단절될 수 있습니다. 결혼은 둘이 하나의 몸이 되는 것이 아니에요. 그렇다고 똑같은 생각을 하라는 의미도 아니에요. 서로 소통하면서 한마음 한뜻이 되어 올바른 행복의 방향으로 나아가라는 뜻이에요. 아내의 마음이 어느 정도 평온을 되찾을 때까지 당분간 참고 기다리는 시간이 필요합니다. 그리고 프랑스의 작가 생텍쥐페리가 말한 것처럼, 아내가 이미 충분히 가치 있는 존재라는 것을 느낄 수 있게 그녀의 생각이나 말을 늘 인정해 주세요. 또 가슴에 아름다운 추억을 떠올리며 즐거운 시간을 함께 공유하세요."

부부간에 소통 없이 독단적인 행동이나 말은 상대의 분노를 유발하는 원인이 된다. 가정사에 문제가 생기면 상의해야 한다. 그건 서로에게 시간 낭비하는 것이 아니다. 그렇다고 자존심이 상하는 일은 더더욱 아니다. 건강하고 행복한 부부들이 습관처럼 하는 일이다. 몇 해가 지나서 그들 부부가 나란히 나를 찾아왔다. 나는 아내의 부드러운 표정을 보고 안심되었다. 그리고 그들이 어떻게 살고 있는지 궁금했다. 왜소해 보이는 남편이 먼저 말을 꺼냈다.

"선생님 말씀대로 했어요. 시간이 치료 약인가 봐요. 시간이 지날수록 아내가 점점 호전되었어요. 저는 가능하면 아내의 말을 들으려고 애썼어요. 그랬더니 아내가 점차 전보다 말을 더 많이 하더군요. 떠올리기 싫은 빌딩은 없어졌지만, 우리가 살고 있던 아파트를 처분하고 자연이 있는 주택으로 이사했어요. 자연 속에서 바람과 구름, 나무를 바라보고 자연의 공기를 마시며 우리 부부의 진정한 대화를 나누게 되었어요. 무엇보다 아내가 행복해 보였어요."

옆에 앉아 있던 부인은 만족스럽다는 듯이 연신 고개를 끄덕이며 말을 덧붙였다.

"남편이 빌딩을 팔고 주식에 투자했을 때만 해도 앞이 캄캄했었어요. 빌딩보다도 저에게 한마디도 말하지 않았다는 사실 때문에 분노를 억제할 수 없었어요. 그래도 남편이 제 곁에 있어 줬어요. 남편이 이것저것 말을 붙이는 바람에 지난날의 악몽이 사라지면서 서서히 나아지기 시작했어요. 무엇보다 마음을 비우려고 노력했어요. 앞으론 남편과 진실한 대화를 많이 나눌 생각이에요."

남편들이 밖에 나가 돈을 버는 것이 가족을 위해 책임을 다하는 것이라고 할 수 있지만, 다른 한편으로는 아내들이 결혼생활에 만족하지 못하는 경우도 있다. 아내가 남편에게 받고 싶은 것은 바로 사랑과 관심이다. 아내가 무슨 생각을 하며 무엇 때문에 기분이 우울했는지 물어야만 한다. 대화에 굶주린 아내가 애정을 받지 못한다면 어떻게 될까? 처음에는 친구들과 수다를 떨거나 쇼핑을 하며 보상을 받으려 할 것이다. 하지만 상황이 심해지면 외간 남자나 도박 같은 타락의 늪에 빠지게 되고, 결국 그것에 중독되어 가족관계를 끊어버리는 비극적인 지경에 이를 수 있다. 영국의 유명한 작가 제레미 테일러는 이렇게 말했다.

"남편이 아내에게 대하는 힘은 아버지와 같은 또는 친구와 같은 힘이어야 한다. 권위를 배경으로 한 폭군적인 힘이어서는 안 된다." 또 독일의 신비 사상가 토마스 아 캠피스는 노여움에 관해 이렇게 표현했다. "세상 사람들을 당신 뜻대로 할 수 없다고 해서 노여워해서는 안 된다. 당신 자신도 바라는 대로 만들 수 없다." 또

탈무드에 이런 말이 있다. "세상에서 가장 행복한 사람은 누구인가? 그건 좋은 아내를 얻은 남자다."

나는 어느 모임에서 어떤 여성 한 분과 대화를 나눈 적이 있었다. 이십 대 후반의 그 여성은 근심 가득한 표정이 그녀의 얼굴에 역력했다. 그녀가 결혼한 지 1년 6개월 만에 이혼을 결심하게 된 사연을 들어보자.

지금부터 6개월 전에 자식이 없는 그녀는 일하다가 허리를 다친 시어머니와 함께 셋이 살고 있었다. 남편의 강력한 의지를 꺾을 수 없었고 시어머니도 원하는 것이라서, 그녀는 하는 수 없이 시어머니를 모시기로 했다. 그때부터 시어머니와의 갈등이 시작되었다. 시어머니는 성격이 유난히 깔끔해서 집에 먼지가 쌓이는 꼴을 못 보는 탓에, 그녀는 옆에서 덩달아 불안한 시간을 보내야만 했다. 그녀 역시 스스로 깔끔한 편이라고 생각했다. 하지만 시어머니의 성격은 도를 넘어 지나칠 정도였다. 심지어 무엇 때문에 시어머니의 기분을 언짢게 했는지 모르겠지만, 시어머니가 걸핏하면 짜증을 내고 구박을 해도 참으며 살았다고 했다.

어느 일요일 오후, 볼일을 마친 그녀가 집으로 돌아오자마자 화들짝 놀란 듯이 시어머니를 쳐다보며 울었다고 했다. 시어머니는 현관문에 들어선 그녀를 보며 대뜸 이런 말을 했다.

"(보석상자를 보이며) 내 목걸이 어디다 팔았어? 혹시 그 돈으로 친정에 가져다줬니?"

그 순간 그녀는 온몸이 완전히 마비된 것만 같았다. 시어머니는 증거도 없이 며느리를 도둑으로 몰아세운 것이었다. 남편은 전적으로 자기 어머니 편이었다. 그의 어머니는 장사해서 돈을 많이 벌었고 아들은 거의 백수나 다름이 없었다. 남편은 자기 어머니 일을 도와 수금하는 것 외에는 달리 하는 일이 없었다. 얼마 지나지 않아 시어머니가 청소하다가 자신의 목걸이를 발견한 상황에서 오해가 생긴 것이었다. 그렇다고 며느리에게 미안하다는 단 한마디의 말도 하지 않았다. 어쨌든 그녀는 그 일을 계기로 시어머니와의 갈등이 더욱 깊어졌고, 그녀는 시어머니의 얼굴만 봐도 화가 난다고 했다. 그녀는 여러 번 이혼을 생각했지만 사랑으로 맺어진 행복한 순간들을 떠올리며, 결혼한 걸 후회하지 않기 위해 마음을 굳게 먹으려고 노력했다. 그러면서도 으레 화가 나면 얼굴이 빨개지면서 가슴팍이 울컥 치밀어 오르는 화를 억누르지 못해 자신도 모르게 거친 말투가 잦아졌다. 그녀의 친구들이 고민을 들어주고 상담해 주었지만 그때뿐이었다. 이젠 집에 들어가 시어머니의 목소리만 들어도 머리끝까지 화가 치밀어 오른다고 그녀는 말했다.

나는 그녀의 얘기를 듣는 순간 그것이 옛날 드라마에나 나옴 직한 것이라고 생각했다. 누구라도 어떤 말이나 행동을 반복하면 하나의 습관처럼 몸에 익숙해지듯, 생각이나 감정 같은 경험을 반복하면 하나의 습관이 된다. 그녀는 어느새 시어머니를 보면 자신도 모르게 화가 치밀어 오른 것이 그녀만의 하나의 '습관'이 되고 말았다. 그녀는 '욱'하고 밀려오는 화를 주체하지 못해 자신의 방문을 꽝 닫고 들어간 다음 자신도 모르게 문의 잠금단추를 누르게 되었다. 그러고는 그녀의 마음속에 물밀듯이 밀려오는 성난 파도처럼 분노가 일어 한없이 괴로웠다고 말했다. 그 뒤로 분노를 조절하려고 여러 가지를 시도했음에도 불구하고 마땅한 방법을 찾지 못했다. 단순하게 그녀의 감정조절만으로 해결될 문제가 아니었다. 그녀에게 얽힌 남편과 시어머니와도 연결되어 있었다. 그녀의 삶에서 보듯이, 이 세상에 살면서 감정에 흔들리지 않고 현실을 수용하면서 살아갈 사람이 몇이나 되겠는가. 그녀처럼 분노의 침묵으로부터 화병이 나면 말할 수 없이 힘들고, 괴롭고, 아프다. 마음도 아프고 영혼마저 아프다.

나는 힘들어하는 그녀에게 이런 말로 위로했다. 예고 없이 당신에게 찾아온 분노는 강도의 차이만 있을 뿐 누구나 경험하게 되는 습관인 만큼, 자신을 너무 자책하지 말라고 안심시켰다. 그러고 나서 남편에게는 이렇게 당부했다.

"남편은 어머니도 소중하겠지만 결혼한 아내가 더 귀중합니다. 결혼은 둘만의 가정을 꾸리며 행복하게 살아갈 책임이 남편에게도 있습니다. 아내가 화병에 걸렸다면 남편에게도 분명 책임이 있다는 것입니다. 아내의 건강이 회복되기 위해서는 어머니와 분리해서 생활해야 합니다. 그리고 아내에게 관심을 가져야만 행복한 가정을 유지할 수 있습니다."

또 나는 부인에게 부정적인 습관에서 벗어나기 위해 일정 기간 자기 훈련법을 제안했다. 그녀는 내 제안에 주저 없이 승낙했다.

자기 훈련법은 바로 '복식 호흡법'이다. 이 훈련은 요가에서도 많이 사용하는 것으로 배의 근육을 움직이는 호흡법이다. 또 이것은 흥분을 가라앉히고 마음의 안정을 찾는 데 효과적이다. 그러면서 마음속으로 다음의 말들을 천천히 반복하라고 설명했다.

'나는 완전히 행복하다!' '내 마음은 부드럽고 편안하다!' '나는 날 사랑하고, 또 내 몸과 마음은 나의 것이다!'

이런 식으로 자기 훈련법을 그녀에게 소개했다. 또 훈련 시간은 정해진 것이 아니라 자신이 편할 때를 선택하면 된다고 말했다. 화나는 일이 있어도 그 감정을 폭발시켜서는 안 된다. 그것은 인간이 다른 동물들과 구별되는 것 중의 하나이다. 그런 다음 부인에게 다음의 것을 또 부탁했다. 일주일에 두 번 정도 다음의 질문에 대해 스스로 답해 줄 것을 당부했다.

1. 어떤 상황이 나를 화나게 하는가?
2. 화를 조절하는 데 어려움을 겪는 이유는 무엇인가?

이 방법은 '화'에 대한 자신의 감정 상태를 수시로 점검하는 데 도움이 된다. 그녀는 2주가 지나자 2가지 질문에 대해 답을 쓰는 데 익숙해서인지 속도가 빨라졌다. 그러면서 그녀 자신의 마음도 점차 평온을 찾을 수 있게 되었다. 그러는 사이에 남편 또한 그의 어머니를 설득해서 분가하게 되었다. 그로부터 몇 달 뒤에 남편은 번듯한 새 직장을 얻게 되었다. 또 남편은 직장을 다니면서도 어머니의 수금 일을 시간 내서 도와주고 있었다. 그로부터 3개월이 훨씬 넘은 어느 날, 그녀와 남편이 함께 나를 찾아왔다. 그녀는 새로 피어나는 꽃들의 향기가 파도처럼 퍼져 나가는 걸 느끼고 있다며 즐거운 표정을 짓고 있었다. 그녀는 나를 보며 당당하게 말했다.

"저 자신이 힘들 때 복식 호흡법으로 심신을 안정시키는 데 도움이 되었고, 선생님이 주신 질문에 답하면서 제 몸과 마음이 조금씩 긍정적으로 바뀌는 걸 느꼈어요. 심지어 남편이 어머니로부터 정신적으로 독립한 것이 무엇보다 기뻤어요. 이제 시어머니와의 갈등은 시간을 갖고 처음부터 차근차근 접근해서 차츰 익숙해지면 대화를 나누어볼 생각이에요."

분노도 반복적이면 하나의 습관이 된다. 상기 사례의 부인처럼 분노가 습관이 되어 버리면 자신에게도 미안함, 자책감, 부끄러움, 후회 같은 감정들로 더 큰 괴로움과 두려움을 만들어 낸다. 이 악의 습관으로부터 탈출하는 유일한 방법은 상기 사례처럼 분노를 조절하는 훈련법을 습득해서 평온한 마음을 되찾는 것이다. 톨스토이는 분노에 관해서 이렇게 말했다.

"분노를 떨쳐버리려면 정말이지 아무것도 하지 말아야 한다. 움직이지도 말고 입도 뻥긋하지 말아야 한다. 몸을 움직이거나 혀를 움직이는 순간 분노가 커질 것이기 때문이다. 화를 내면 주위 사람들이 상처를 입는다. 그러나 그것보다 더 큰 상처를 입는 사람은 바로 화를 내는 당사자이다."

이 말은 분노를 표출해서 다른 사람에게 상처를 주지만 실제로 그 분노의 화살이 부메랑처럼 자신에게로 돌아와 더 큰 상처를 입힌다는 뜻이다. 평소에 화를 일으키는 분노를 만들지 말아야 한다. 그러려면 늘 긍정적인 말을 사용하면 된다. 긍정적인 말에는 분노라는 말이 없다.

33세에 결혼한 그녀는 남편과 결혼한 지 3년이 되었다. 그녀는 소개팅에서 만난 남편이 성실하고 인간적인 면에 있어서 호감을 느꼈다. 결혼 후 그야말로 이런 사람 또 없을 정도로 모든 걸 아내에게 맞추며 살았었다. 그로부터 1년쯤 흘렀을까. 그토록 자상했던 남편이 잔뜩 술에 취한 이후부터 완전히 딴 사람으로 돌변했다. 평화롭고 행복해 보이던 그녀의 가정이 서서히 불행의 길로 들어선 것이다. 처음엔 남편이 알아들을 수 없는 말로 부인을 힘들게 하더니 차츰 욕설과 폭언을 입에 달고 사는 수준에 이르렀다. 그 이후로 신체적으로 폭행을 일삼았다고 부인이 고백했다. 그의 손이 올라가고 그녀의 다리에 멍까지 심하게 들었다. 심지어 술주정꾼이 된 남편은 분노의 대상을 발견하면 자신의 화를 전혀 주체하지 못해 물건을 던지고 뭔가 부수고서야 진정되는 모습이었다. 그럼에도 남편은 전혀 미안한 기색이 없었다고 그녀는 울먹이며 말했다. 어느 날 남편의 폭행으로 큰 문제가 된 일이 있었다. 부인과 남편이 거실에서 다툼을 벌이고 있었다. 시끄러운 소리를 듣고서 아들이 거실로 나와 보니, 아버지가 어머니를 사정없이 주먹으로 마구 때리는 모습을 목격했다. 그로부터 세 살 된 아들이 새벽에 깨서 놀라 우는 상황이 잦았다. 그녀는 아이에게 심리적으로 안정되고 행복한 부부의 모습을 보여줘야 한다는 상황에서, 아이가 제대로 자라지 못할까 봐 늘 미안한 마음에 괴롭다고 말했다. 만일 아이가 두려움 속에 자라면 그 아이는 불안부터 배운다. 마음속에 억압된 심리가 겉으로 표출되어 울화가 터져 분노할 대상을 찾게 된다면 이는 사회적 문제로 확대될 수 있다. 폭언과 폭행으로 일삼는 남편은 무엇으로든 자기 자신을 가려야만 세상을 살아갈 수 있다고 생각했었을까.

나는 시간이 허락되면 남편을 만날 수 있게 자리를 마련해 줄 것을 그녀에게 요청했다. 며칠이 지났다. 마침내 그녀가 억지로 남편을 데리고 나를 다시 찾아왔다. 난 먼저 남편의 모습을 바라보았다. 얼굴이 까무잡잡한 남편은 약간 심술궂어 보였고 새하얀 치아와 귀를 살짝 덮은 엉클어진 머리카락에다 땅딸막한 건장한 체구였다. 바로 앞에서 폭력적인 술주정꾼의 얼굴을 보려니 내 시선을 둘 곳조차 마땅찮았다. 그는 뭔가 못마땅해서인지 시무룩해져서 화난 표정을 짓고 있었다. 난 진지한 얼굴로 그에게 질문을 던졌다.

"술만 마시면 당신이 자신의 성격을 이기지 못하는 이유라도 있는 건가요?"

그가 자신 없는 목소리로 대답했다.

"제가 지금 하는 행동이 잘못이라는 걸 잘 알고 있어요. 그렇지만 저 자신도 그게 제어가 안 돼요."

그는 차츰 그의 얼굴이 창백해지고 미소가 사라지기 시작하면서 말을 이었다.

"돌이켜보면 아주 사소한 일 같은데 저 자신이 예민하게 반응할 때가 많아요. 무슨 일을 하다가도 그것이 잘 안되면 저 스스로 '역시 난 안돼!'라고 자책하고 말아요. 그래서 그런지 몰라도 다른 사람들과 어울리는 것 자체가 늘 부담스러웠어요."

나는 순간 그의 어린 시절이 궁금해졌다.

"남편께서 어렸을 때 좋든 그렇지 않든 생각나는 것이 있으면 이 자리에서 말씀해 주실 수 있을까요?"

그는 조금 흥분된 상태에서 얼굴을 붉히며 말했다. 나는 잠자코 그의 얘기를 듣는 동안에 부인의 얼굴에 만족스런 미소가 번졌음을 느낄 수 있었다.

"제 나이 두 살 때 암으로 어머니가 돌아가셔서 얼굴이 기억나지 않아요. 몇 년의 세월이 흘렀어요. 아버지는 술만 마시면 자주 폭력을 행사하셨어요. 그 후로 아버지가 술을 마시는 날에는 재빨리 도망갔다가 늦은 시간에 몰래 들어와 자고 아침에 학교에 갔어요. 학교에서 엄마 없는 후레자식 소리를 들을 때면, 화가 치밀어 그 애와 한바탕 싸운 후에 그냥 가방 들고 집으로 왔어요. 막상 집에 오면 아무것도 없이 썰렁했어요. 전 그게 싫었어요. 전 남들처럼 따뜻한 부모 밑에서 살고 싶었어요. 아침에 눈을 떴을 때 이유 없이 허무감과 슬픔, 괴로움에 사로잡힐 때가 있었어요. 잘 성장해서 제가 외교관의 꿈을 이루길 바랐는데 이제 그것이 불가능한 것이 되어 버렸어요. 지금까지 가진 것 없이 살아왔지만, 아직도 한 가지 희망을 간직하고 있어요. 결혼해서 행복하게 잘 살아 보겠다는 희망을요."

그가 자신의 이야기보따리를 풀면서 나도 부인도 눈물을 글썽이고 있었다. 나는 그의 두 손을 움켜잡고 이렇게 말했다.

"지난 세월이 야속하겠지만 이겨내셔야지요. 고통의 시간은 반드시 지나갑니다. 또 삶이 힘들어도 반드시 기회는 찾아옵니다."

남편도 내 말에 동의했는지 잡은 손을 놓지 않고 여러 번 고개를 끄덕였다. 두 눈이 빨개져 있는 그들 부부에게 이런 말을 당부했다.

"남편은 자존감이 무척 낮아진 상태입니다. 먼저 현재나 미래에 대해 부정적인 생각은 떨쳐버리고, 긍정적인 생각으로 하루를 시작해야 합니다. 부정적인 생각이나 말도 반복하면 하나의 나쁜 습관이 되어 정말로 자신이 그런 사람이라고 잘못 인식하게 됩니다. 다른 사람들이 나를 어떻게 생각하고 있을까, 혹은 그들 앞에서 내가 어떻게 비칠까 두려워하지 않는 사람이 있습니다. 그건 자기 자신을 존중하고 있기 때문입니다. 그래서 남편에게 여기 두 가지만 실천할 것을 당부드립니다. 첫째는 늘 감사한 마음을 가지세요. 이를테면 아침마다 일어나 창문을 열어젖히고 이렇게 말하세요. '신선하고 맑은 생명의 공기를 마시게 해 주셔서 감사합니다.' 둘째는 자기 자신에게 칭찬해 주세요. 어떤 일을 마치면 '참 잘했어요.'라고 자신에게 말하세요."

이스라엘 지혜의 왕으로 유명한 솔로몬은 미련하고 어리석은 자는 분노를 당장에 표출하지만, 슬기로운 자는 분노를 잘 참는다고 말했다. 또 역사상 가장 위대한 물리학자 아인슈타인도 "분노는 바보들의 가슴속에서만 살아간다."라고 강조했다. 시간이 분노를 치료하는 약이라고 독일 격언에도 있지만, 일반적인 문제나 갈등은 시간이 지나면 자연히 해결될 것들이 많지만, 분노만큼은 자기의 의지가 절대적으로 필요하다.

그로부터 한 달쯤 지났을 때였다. 남편이 홀로 나를 다시 찾았다. 나는 그를 보자 미소를 지었지만 순간 당황하지 않을 수 없었다. 또 폭언과 폭행으로 울울한 나날을 보내지나 않았을까? 혹시 이혼해서 화풀이하러 왔을까? 아니면 뭘까? 나는 그에게 물어볼 것이 많았지만 대놓고 물어볼 수도 없었다. 자신의 자존감이 많이 회복되었다는 그의 말을 듣고서야 나는 속으로 기뻐서 안도의 한숨을 내쉴 수 있었다.

"그렇군요. 잘 되었습니다. 그래, 여기 오신 특별한 이유라도……."

그가 나에게 말했다.

"물론이에요. 지난번 말씀해 주신 것이 큰 도움이 되었어요. 아침저녁으로 종교에서 주문을 걸듯이 '감사'와 '칭찬'을 저 자신에게 읊어 대면서 '나의 행복은 오로지 나의 것이다.'라고 외쳤어요. 그 이후로 제 성격에 변화가 생겼어요. 아내에게 관심을 두게 되었고, 주말이면 아이와 함께 가까운 공원에 놀러도 가곤 했어요. 제 희망이 실현되는 것 같아 하루가 즐거워요. 감사드립니다."

모든 분노에는 그만한 이유가 있겠지만 좋은 이유인 경우는 드물다. 분노는 무엇보다 자신에게 큰 상처를 주기 때문이다. 고대 그리스 철학자 에픽테토스는 이렇게 말했다.

"네가 화낸 날들을 헤아려보라. 나는 매일같이 화를 냈었다. 그러던 것이 이틀 만에, 그다음에는 사흘 만에 화를 내게 되었다. 그리하여 만일 너희가 성냄을 한 달 동안 잊게 되거든 그때는 신께 감사의 제물을 올려라."

부처도 분노에 관해 이런 말을 했다.

"분노를 지니거나 표출하는 것은 가까운 사람들을 포함해 다른 사람에게 공격하려고 뜨거운 불을 손에 쥐고 있는 것과 마찬가지이다. 마침내 화상을 입는 사람은 자기 자신이다."

분노는 모든 불행의 근원이며 화를 안고 사는 것은 독을 안고 사는 것과 같다고 세계적 불교 지도자인 틱낫한 스님이 말했다. 그러면서 그는 이렇게까지 말하기도 했다.

"우리의 마음은 밭이다. 그 안에는 기쁨과 사랑, 즐거움과 희망과 긍정의 씨앗이 있는가 하면 미움, 절망, 좌절, 시기, 두려움과 같은 부정의 씨앗도 있다. 어떤 씨앗에 물을 주어 꽃을 피울지는 자신의 의지에 달렸다."

무엇 때문에 우리는 화를 내는 것일까? 무엇이 우리를 화나게 하는 것일까?

미움, 절망, 좌절, 시기, 두려움 같은 단어는 모두의 마음을 고통스럽게 하는 독이다. 이들 독을 하나로 묶어서 '화'라고 한다. 화는 평상시 우리 마음속에 숨겨져 있다. 그렇지만 우리의 마음속에서 화를 해독하지 못하면 우리는 절대로 행복해질 수 없다. 화는 예기치 못한 큰일에서 올 수가 있지만, 대개 일상에서 부딪히는 자잘한 문제에서도 온다. 화를 다스리기 위해 유용한 도구가 있다. 그건 '의식적 호흡법'이다. 다시 말하면 의식적으로 사색하기, 화를 끌어안기, 나의 내면과 대화하기……. 이런 것들은 우리의 마음속에 화가 일어날 때마다 현명하게 극복할 수 있는 훌륭한 도구이다.

우리는 자신이 가진 부정적인 씨앗이 아닌 긍정적인 씨앗에 물을 주려고 노력해야 한다. 그것이 바로 자신의 마음을 다스리는 평화의 길이며, 행복을 만드는 길이다.

당신의 능력을 보여줘

긴장과 걱정이 가득한 얼굴로 나를 찾아온 삼십 대 초반의 여성이 있었다. 그녀는 다섯 살 많은 남편과 결혼한 지 2년 6개월이 되었다고 하면서, 성급하게 결혼한 걸 후회스럽다고 생각하니 한숨이 절로 나온다고 했다. 그러더니 눈물이 그녀의 뺨을 타고 흘러내린 후 조용히 말문을 열기 시작했다.

"이 사람이면 내 인생 전부를 걸어도 되겠다 싶었어요. 어느 날 남편과 잦은 말다툼을 벌이다가 끝내 큰 부부 싸움으로 번지고 말

앉어요. 남편은 저에게 대뜸 자기를 따라 시골로 내려가지 않을 거면 이혼하자는 것이었어요. 그이가 그런 말을 한 이유가 따로 있었어요. 몇 개월 전부터 남편이 다니는 회사에서 매출이 급격하게 떨어져 일부 직원을 내보내야 하는 실정이었어요. 그걸 저에게 한마디 말도 없이 자기 혼자서 끙끙 앓고 있었더라고요. 마침내 저는 남편 회사의 구조조정으로 시댁이 사는 촌으로 남편의 뒤를 따라갈 수밖에 없었어요. 대도시에서 태어나 자란 저는 낯선 시골 환경에 적응하기가 여간 힘든 게 아니었어요. 남편을 의지할 수 있어서 그나마 안심이었어요. 그렇지만 가끔 제 처지에 관해 한마디 불평하면 남편은 이렇게 말해요. '당신이 좋아서 여기에 온 거잖아!' 더군다나 시어머니의 타박이 너무 심해요. 그럴 때마다 저는 숨이 가빠지고 맥박이 빨라졌어요. 심지어는 입맛이 전혀 없고 성욕도 감퇴하는 것 같았어요. 아직 아이는 없어요. 병원에서는 난임이래요. 아예 이혼할까 생각한 적도 있었지만, 남편을 사랑해서 결혼까지 한 세월이 아까웠어요. 그냥 이대로 포기할 순 없었어요.”

한번은 저녁을 먹는 자리에서 시어머니는 며느리를 쳐다보며 대뜸 이런 말을 서슴지 않았다고 했다.

"애 못 낳으면 밖에서 만들어 와야지."

옆에서 그냥 밥만 먹고 있는 남편이 얄쏙하게만 느껴졌다. 심지어 시어머니는 이렇게까지 말하는 것이었다,

"내 주변에는 여러 명의 손주도 보고하는데, 3년이나 돼 가는데 애가 안 생기면 그만 물러가야지. 얘야, 그렇지 않니?"

그녀는 화난 듯이 소리높여 다음 말을 계속했다.

"시어머니는 제 얼굴에 대고 꼴도 보기 싫다고 말했고 저 역시 시어머니가 싫었어요. 거기에다가 남편의 태도가 부정적으로 변해 버린 것이 더욱더 힘들었어요. 직장에 다녔을 때 남편이 출장 가면 하루에 두 번 정도는 꼭 전화했었는데, 직장을 잃어서인지 이제는 어디를 가도 저에게 전화 한 통도 하지 않아요. 그런가 하면 친정 아버지 생신에 남편은 이렇게 말하는 거였어요.

'집에 가거든 천천히 있다가 와!'

결혼생활이 너무도 길게만 느껴졌어요. 이런 저의 삶을 계속 살아야 할지 고민이에요. 그래서 지금은 남편의 무관심과 시어머니와의 갈등이 심해서 두려움과 불안 증상을 겪고 있어요. 도대체 어떻게 해야 제 가정을 지킬지 막막하기만 해요."

나는 부인의 얘기를 듣고서 시어머니의 경멸하는 듯한 시선과 학대하는 태도, 그리고 남편의 투박한 말투가 도저히 이해되지 않았다. 그러나 한편으론 남편과 시어머니를 만나고서 그들 각자에게도 그럴만한 이유가 있었다는 것을 알게 되었다. 시어머니는 또래의 동네 친구들이 자기 손자를 자랑하듯 말하는 걸 듣는 순간 시샘이 난 것이었다. 또 남편은 전에 다니던 회사에서 하루아침에 쫓겨난 자신의 신세를 자탄하며 매사에 공격적이고 부정적인 성격으로 변해 있었다. 내가 일러준 방법대로 젊은 부인은 실천해 보겠다고 눈에 힘을 주며 대답했다. 그로부터 6개월이 지나 그 부인이 나를 다시 찾아왔다. 그녀는 한껏 부드러운 표정이었다. 또 그녀의 말씨는 친근하고 가식이 없었다. 선생님이 일러준 방법을 시도했을 때 처음엔 좀 어색했지만, 얼마 지나지 않아 그것이 오히려 익숙해졌다고 하면서 그녀가 다음의 말을 이어갔다.

"결론적으로 말해서 시골에서 저의 새 일자리는 이 고통의 삶에서 구원의 세계로 저를 이끌었어요. 근처 마트에서 오전 10시부터 오후 4시까지 계산직 아르바이트 일을 시작했어요. 그곳 일은 의기소침했던 제 삶에 희망의 등불을 발견한 듯했어요. 일 마치고 집에 들어가서 저녁을 먹고 난 뒤, 저는 남편의 차 안에 들어가서 창문을 닫고 노래를 소리 높여 부르기 시작했어요. 그러는 동안 목도 쉬었고 참 많이도 울었어요. 핸드폰 음악 소리에 맞춰 노래를 부르고, 춤추고, 랩을 즐기는 사이에 그 순간만큼은 그토록 우울한 것들이 말끔히 가신 듯 속이 후련했어요. 그뿐만 아니라 아직 직장을 구하지 못한 남편에게 저는 이런 걸 제안했어요.

'당신이 좋아하는 운동 하나를 선택해서 시작하면 어떨까?'

남편은 전 직장에서 사내 축구동아리 활동을 한 경험이 있어서인지 제 제안에 아무런 거부감 없이 받아들인 것 같았어요. 얼마의 시간이 흘렀을까, 몸이 허약할 대로 허약해진 남편이 누구보다도 축구동아리에 가입하고 적극적으로 활동하더군요. 무엇보다도 남편의 부정적인 말투가 많이 개선되었어요. 전에는 사사건건 시비 걸고 윽박지르고 상대를 무시하는 말투가 대부분이었거든요. 언제부턴가 남편과 함께하는 시간이 차츰 늘어났어요. 남편과 동네 야산에 산책하면서 진정한 대화를 나누기도 했어요. 그 무렵이었어요. 남편이 가까운 거리에 있는 조그만 회사에 취직되었어요. 축구 회원 중 한 사람이 다니는 회사에 제 남편을 소개해서 이루어진 것이었어요. 남편은 늘 전 직장으로 돌아가 다시 일할 수 없다고 하면서, 새 일자리를 구해 생활비를 벌어야 한다고 말했어요. 그로부터 몇 달 뒤에 제 임신 소식에 남편이 제일 기뻐하더군요. 또 전과 다르게 흐뭇한 표정을 짓는 시어머니의 얼굴에 만족스런 미소가 번졌음을 느낄 수 있었어요. 그 결과 전 점차 가정에서나 마트 일에서 사랑과 행복을 실천하는 사람이 되었어요. 고맙습니다."

부부 중 한 사람이 가끔 가슴이 먹먹하거나 마음이 편치 않거나 식욕마저 잃어버리는 경우가 있다. 심지어 잦은 부부 싸움 중에 평소와 다르게 뭘 해도 공격적이거나 부정적으로 표현하기도 하고, 상대의 감정을 무시한 채 윽박지르는 경우도 있다. 이런 증상이 반복되면 우울증을 의심해야 한다. 이를 풀어보면 신체적 고통을 포함해서 반복적 스트레스가 차곡차곡 쌓이면 우울증이 발생한다. 이 모두가 지나친 걱정이나 근심으로부터 생긴 불안장애가 원인이다. 그로 인해 마음이 답답하고 기분이 편하지 않기 때문에 진정한 삶의 의욕을 제대로 느낄 수 없다. 극도의 불안장애가 심하면 공황장애 증세까지 나타난다. 그것이 또 더욱더 심하면 정서 변화로 균형을 잃고 극단적인 자기 파괴로 이끄는 현상까지 보인다. 스페인의 철학자 발타자르 그라시안은 "극단적으로 행동하면 얻는 것보다 잃는 것이 많다."라고 말했다.

불안증세에서 비롯된 우울증을 극복하는 방법이 있을까?

모든 것은 발생 원인만 알 수 있으면 어렵지 않게 해결 방법도 쉽게 찾을 수 있다. 마찬가지로 그대가 품은 마음의 병도 원인만 알면 치료할 수 있다는 것이다. 상대가 평소와 다른 말과 행동을 보이면, 무슨 불만이나 불평 같은 부정적인 것이 쌓이고 있다는 걸 직감해야 한다. 상대가 어디서부터 그것이 일어났는지, 무엇 때문에 그것이 발생했는지 진정한 대화를 편안하게 나누면 발견할 수 있다. 일반적으로 상대를 무시한 채 자기 자신만 생각하고 행동한다면 상대와 갈등의 골만 깊어지게 된다. 서로가 진솔한 소통이 없으면 부부의 존재가치는 무슨 의미가 있을까. 상대를 설득하는 가장 좋은 도구는 먼저 상대의 말에 관심을 두고 들어야 한다. 고대 로마제국의 황제이자 철학자 마르쿠스 아우렐리우스는 "다른 사람의 말을 신중하게 듣는 습관을 길러야 하고, 그리고 가능한 말하는 사람의 마음속으로 빠져들도록 하라!"고 강조했다. 또 명심보감에 이런 말도 있다. "술은 나를 알아주는 친구를 만나면 천 잔이라도 적고, 말은 뜻이 맞지 않으면 한 마디도 많다."

상대의 병든 마음의 소리를 들으려면 상대를 존중하고 이해하는 마음이 있어야 가능하다. 상기 사례처럼 남편이 직장 문제로 불안해서 우울증에 있다면 그의 마음 소리를 참고 들어 주다 보면 어느덧 그의 말투가 부드러워질 것이다. 평소 상대의 마음을 읽지 못했다면 대화를 나눌 기회가 없었기 때문이다. 그런가 하면 아내도 우울증에 걸렸다. 남편도 아내에게 미리 자신의 처지를 말해야 했다.

남편 역시 아내의 아픈 마음에 귀를 기울여야 했다.

  어떤 부인이 자기 마음의 병인 우울증을 극복한 얘기를 나에게 들려주었다. 그녀는 우울한 기분과 식욕 부진을 느꼈을 때, 그것이 우울증이 찾아왔음을 알았다고 했다. 아니나 다를까 그녀의 남편은 일을 마치고 집 앞에서 아내를 태우고 자주 가는 드라이브 코스를 한 바퀴 돌며 아내의 말을 들어주었다고 했다. 그 이후로 그 부인의 우울증이 언제 사라졌는지 모를 정도였다는 것이다.

  아내가 우울증에 걸린 또 하나의 사례를 들어보자. 아내가 우울증에 걸렸다고 하면서 슬픔에 빠진 어느 중년 남성이 있었다. 직장에서 스트레스를 받아서였을까. 삶 자체가 힘들었을까. 그의 아내는 40대 초반이었고 직장을 다니고 있었다. 아내가 절망과 슬픔에 사로잡혀 있다고 남편이 울먹이며 말했다. 결혼 이후 아내가 유산한 적도 여러 번이었지만, 그때마다 희망과 용기를 잃지 않고 살아온 아내에게 늘 고맙게 생각하고 있었다며 남편이 지난날을 회상하며 말했다. 이들 부부의 기막힌 사연을 계속 들어보자.

  어느 날 그 중년 남성은 아내로부터 아이가 생겼다고 연락받았다. 사실 전에 병원 의사 선생님은 부인의 나이가 있어서 임신이 쉽지 않겠다고 말한 적이 있었다. 그렇지만 남편에게 희망의 끈을 놓지 말 것을 당부했다. 그로부터 석 달쯤 지나자 아내가 임신한 것이었다. 그 중년 남성은 그의 아내와 함께 병원을 찾았다. 그들은 아내 뱃속에서 아이의 심장 고동 소리를 듣기 위해서였다. 그런데 그것을 알려 주는 초음파 신호가 전혀 반응이 없었다. 의사 선생님은 단호하게 '유산했다'라고 말하고서 바로 검사실 문밖으로 사라졌다. 그 이후로 아내가 우울증이 와서 무기력하게 아무것도 할 수 없었다고 했다. 그 중년 남성은 남편으로서 어떻게 해야 할지 걱정이라면서 눈물을 글썽이고 있었다.

나는 그 중년 남성에게 그동안 유사한 사례를 중심으로 하나씩 설명했다. 그로부터 몇 개월이 지나 그가 나를 다시 찾아왔다. 그러고는 그는 애써 태연한 표정을 지으며 엄숙하게 말했다.

"아내의 부드러운 손을 살며시 잡으며 '당신은 반드시 아이를 가질 수 있어! 그런 능력이 당신에게 있어!'라고 존중을 표하며 말했어요. 아내는 저의 용기 있는 말에 힘이 생겨서인지 스스로 뭔가 해보려는 희망에 차 있었어요. 아내는 이른 아침에 밝은 햇살을 받으며 동네 한 바퀴를 돌며 마음의 호흡을 조절하기 시작했어요. 아침 햇살은 지친 영혼을 달래며 행복을 만드는 힘이 있는 것 같아요. 그 사이에 아내의 마음이 한결 편안해진 걸 느낄 수 있게 되었고, 그 이후로 아내는 아침에 산책 시간을 점차 늘려갔어요. 지금은 저도 아내의 아침 산책에 적극적으로 동참하고 있어요. 어느새 아내는 아침 운동에 관해 거의 전문가 수준에 이르게 되었어요. 저는 아내와의 대화 시간을 차츰 늘리면서 아내의 얼굴에 혈색이 돌아오는 모습을 보면서 제 마음도 기뻤어요."

그 중년 남성은 힘들었던 지난 시간을 조목조목 설명하면서 그의 뺨에 눈물이 흘러내렸다. 어느새 아내가 정상인에 가까울 정도로 호전되었고 가정에 훈기가 다시 돌기 시작했다. 그전까지는 전혀 불가능했던 일들이 긍정적인 생각과 애정 넘치는 대화로 바뀌었다고 하면서 그가 경쾌하고 쾌활한 목소리로 말했다. 이번 일을 계기로 그들 가정에 몇 가지 변화가 있었다. 상대를 이해하고 배려하는 마음이 생겼다. 또 그들 부부에게 거의 모든 주제에 대해 진솔한 대화를 나누는 시간이 늘었다. 무엇보다도 그의 아내가 임신했다는 사실이었다. 행복한 부부관계를 지속적으로 유지하기 위해서는 대화 내용이 아니라 대화 방식에 있다는 것을 명심해야 한다. 배우자를 비난하거나 경멸하는 독특한 말투 대신에 존중하는 마음과 칭찬하는 말을 자주 표현해야 한다.

"언어는 존재의 집이다. 그 집 속에서 인간이 산다."라고 20세기 독일의 대표적 철학자 하이데거가 말했다. 말이 있기에 사람은 짐승보다 낫지만 바르지 못한 말은 짐승이 그대보다 나을 것이라고 시인 사아디도 말했듯이, 말은 인간에게 가장 강렬한 무기이다. 중국의 백과사서인『태평어람』에서도 질병은 입을 쫓아 들어가고 화근은 입을 쫓아 나온다고 했다. 심상을 치료할 수 있는 길은 칭찬과 용서, 그리고 사랑뿐임을 명심해야 한다.

어느 날 한 카페에 들어갔다가 우연히 그곳에 온 호프 가게를 운영하는 사장과 합석하게 되었다. 그는 오십 대 초반으로 가끔 그가 운영하는 가게에 들러 술 한잔하면서 알게 되었다. 그 사장은 침울한 표정을 지으며 고개를 떨구고 있었다. 커피 한잔하면서 그를 대화의 장으로 끌어들였다. 그는 아내의 우울증으로 이젠 숨조차 쉬기 힘들다고 고백했다. 나는 한 편의 드라마 같은 그의 사연을 듣게 되었다. 어느 날 그의 아내가 자기 어린 시절에 악조건의 환경을 극복하느라 힘들었다고 시어머니에게 고백했다. 호프집 사장은 자기 어머니로부터 아내의 어린 시절에 관한 얘기를 들을 수 있었다고 말했다.

"당시 장모님은 어떤 놈팡이와 눈이 맞아 집을 나가 버렸고, 술주정이 심한 아버지가 집에 들어올 때면 어린 그녀는 동생과 함께 집 밖으로 피했다가 늦은 저녁 조용할 때쯤 집으로 들어오는 나날을 보냈다고 했어요. 어린 시절을 불안하고 힘들게 보내며 불행하게 성장했다는 아내의 말에, 어머니는 제 아내의 어깨를 꼭 껴안고서 한없이 울었다고 했어요. 그러면서 어머니는 어려운 말을 해 줘서 고맙다고 하면서 며느리의 머리를 보듬어 주었어요."

그 이후로 그의 어머니는 계속 사랑으로 며느리를 대했고, 아내 또한 친정어머니처럼 잘 따랐다고 호프집 사장이 말했다. 몇 해가 지나서 애정이 넘쳤던 그 가정에 갑자기 불행이 닥쳤다. 그녀가 믿고 의지했던 어머니가 기억력 감퇴로 치매에 걸렸다. 그 후로 그의 아내는 어머니를 3년 가까이 착실히 보살폈다. 그러던 어느 날 시어머니가 아무런 눈치를 주지 않고 그대로 돌아가셨다. 그러자 그의 아내는 청천벽력 같은 슬픈 소식에 고개를 떨구고 한없이 울었다. 그 호프집 사장은 눈물을 적시고 긴 숨을 내쉬며 계속 말을 이어갔다. 그의 아내가 어머니의 시신을 붙들고 이렇게 말했다.

"불행한 제 트라우마로 정신과 육체 모두 극도로 지쳐버린 제 영혼에 어머니가 제 앞에 나타나셨어요. 그러면서 메마른 제 삶에 사랑을 불어넣어 주셨어요."

그러고는 시신이 된 어머니의 가슴에 그녀의 머리를 묻고 오랫동안 울었다고 했다. 그녀는 어머니로부터 위로받기 위해서일까. 아니면 어머니를 다른 세상으로 보내고 싶지 않아서일까. 어쨌든 그의 아내는 이렇게 말했다.

"어머니는 제 삶을 특별한 것으로 변화시켰어요. 그래서 제 영혼을 온전한 상태로 유지해 주고 건강한 모습으로 만들어 주셨어요. 어머니! 고맙습니다."

그로부터 보름이 지났다. 그의 아내가 우울증에 걸렸다. 그 순간 나는 목이 메어 나도 모르게 그만 눈물이 흘러내려 그에게 무슨 말을 해야 할지 몰랐다. 잠시 후 축 처진 그의 어깨를 두들기면서 이렇게 전했다.

"아내의 정신장애에 남편의 역할이 중요합니다. 부인이 자기 마음에 평화가 있도록 지루하지 않게 편안하고 진실한 대화를 나누어야 합니다. 평소에 아내의 마음에 귀를 바짝 대고 그곳에서 들려오는 소리를 귀담아들어야 합니다. 대개 병은 사랑받지 못하고 심한 마음의 상처를 받을 때 찾아옵니다. 그때는 상대에게 상처 주는 말을 해서는 안 됩니다. 또 생각 없이 말하는 것은 과녁 없이 활을 쏘는 것과 같아요. 입에서 떠난 말은 되돌릴 수 없어요."

그로부터 또 몇 달이 지나 그 호프집 사장이 나를 찾아와서 이런 말을 했다.

"주말이면 가까운 공원이나 저수지로 차를 몰고 피크닉을 다녔어요. 처음엔 아내와의 대화 시간을 많이 나누지 못했어요. 그것이 습관화되어 있지 않아서인가 봐요. 그렇지만 교외로 나갈 때마다 아내는 점차 혈색이 돌고 부드러운 표정으로 바뀌고 있었어요. 아내의 동의하에 가끔 장거리 여행을 떠나기도 했어요. 자연 속에 앉아 산과 바다를 바라보는 동안 생각지 않게 행복한 대화를 나누기 시작했어요. 말하자면 앞으로 결혼생활에 대한 설계, 황혼의 멋진 삶, 노후 연금과 보험 계획……. 그러다 보니 전에 없었던 사소한 대화까지 나누게 되었어요. 대화 시간도 차츰 늘었어요. 무엇보다 아내가 제 얘기에 재미있어하더군요. 앞으로 자연 속에서 자주 대화할 기회를 많이 가져볼 생각이에요."

배우자가 바로 옆에 있으면서도 서로에 대한 마음의 소리를 듣지 못하는 부부가 있다. 그대의 마음이 아프고, 슬프고, 괴로워도 늘 내색하지 못하고 걱정과 불안과 두려움과 공허감 속에 살고 있다면 우울증이 쉽게 찾아온다. 우울증을 극복하는 유일한 희망은 배우자와의 진솔한 대화이다. 산후 우울증도 아이를 잘 키울 수 있겠느냐는 '불안'과 아이가 잘못될 수 있다는 막연한 '걱정과 두려움'에서 비롯된다. 또 아이를 키울 때나 배우자를 대할 때나 너무 완벽하지 말아야 한다. 이 말은 잘하지 못하더라도 자신을 자책하며 괴로워하지 말라는 뜻이다. 이 모든 것이 배우자와 진솔한 대화가 필요한 이유이다. 존 위버는 결혼이 당신의 가장 가까운 사람과 인생을 함께하고 인생의 여정을 즐기고, 또 모든 목적지에 함께 도착하는 것이라고 말했다.

천천히 걸어도 언젠가는 목적지에 도달할 날이 있을 것이라는 생각은 큰 잘못이다. 독일의 작가 괴테가 언급한 것처럼, 그날그날 배우자에 대해 최선을 다하지 않으면 결코 행복한 목표에 도달하지 못한다. 건강 없이 행복은 어디에도 존재하지 않듯이, 분명한 삶의 목표를 갖고 건강하게 결혼생활을 하는 것이야말로 진정한 행복이다.

마법같은 말 한마디

삼십 대 중반의 한 여성이 나를 보자마자 얼굴을 붉히며 화난 표정을 짓고서 대뜸 남편과 이혼하겠다고 말했다. 남편은 부인 바로 옆에 앉아서 멀뚱한 눈빛으로 나를 쳐다보고 있었다. 그녀의 말은 서로 간에 성격이 맞지 않고 심부에 애정마저 없다 보니 잦은 말다툼을 벌인다는 것이었다. 심지어 그 다툼은 두 아이의 교육 때문에 늘 자신의 양보로 끝난다고 그녀가 덧붙여 말했다.

결혼한 지 5년이나 지났는데도 남편은 가정생활에 손 하나 까딱하지 않았다. 더욱이 주말이면 소파에 앉아 자기가 좋아하는 스포츠를 보다가 졸고 그러다가 배달 음식 시켜 먹고……. 그러다 보니 그의 몸은 점점 뚱뚱해져서 결혼 때보다 25킬로그램이나 더 늘었고, 임산부만 한 불룩한 배로 어기적거리는 꼴이 보기도 싫다고 그녀의 불만이 가득했다. 게다가 남편은 청혼 당시 공주처럼 손에 물 하나 안 묻히게 해 주겠다고 다짐하더니, 결혼 후에는 오히려 남편이 그런 행동을 하게 되었다는 것이었다. 그녀가 이혼을 결심하게 된 결정적 사건이 있었다. 그녀의 얘기를 계속 들어보자.

"주말에 우리 가족이 모처럼 놀이동산에 놀러 가기로 했어요. 저희는 2살 된 딸과 4살 된 아들 이렇게 둘이 있어요. 이른 새벽부터 저는 아이들 옷 갈아입히고 여분의 아이들 옷과 간식, 그리고 김밥 등을 준비하고, 이것저것 챙기느라 이리저리 분주하게 뛰어다니다 보니 정신이 없었어요. 남편이 제 마음을 이해한다면 뭐라도 도와주었을 거예요. 저 역시 남편이 도와주길 바랐어요. 전에도 남편에게 여러 번 도움을 요청했지만, 피둥피둥해진 남편이 들은 척도 하지 않고 딴전만 피워댔어요. 그럴 때마다 서둘러서 결혼은 왜 했는지, 이 남자와 같이 살아도 되는지 나 스스로 묻곤 했어요."

어쨌든 그녀는 서둘러 짐을 꾸려 아이들을 데리고 숨을 헐떡이며 밖에서 기다리는 남편의 차에 올라탔다. 놀이동산에 거의 도착할 때였다. 순간 그녀는 자기 딸아이의 우유와 병을 테이블 위에 놓고 나왔다는 것을 알게 되었다. 그 사실을 남편에게 말했더니 돌아오는 남편의 대답은 이러했다.

"여자가 칠칠치 못한 사람처럼 왜 그래?"
"그렇게 허둥대니 애 우유병을 집에 두고 왔지."
그러자 그녀는 남편에게 말했다.
"내가 이것저것 준비하고 챙기는 동안에 당신은 뭘 도와줬는데?"
남편은 성난 목소리로 이렇게 말했다.
"당신은 원래 덜렁대는 성격이잖아, 안 그래?"

그녀는 화가 나서 놀이동산에 도착하자 곧바로 아이들을 데리고 버스 타고 집으로 되돌아왔다. 그런 다음 거실 소파에 앉아 한없이 울어 댔고, 큰 애는 영문도 모르고 엄마의 다리를 붙잡고 울고……. 그녀는 속상한 표정을 지으며 말을 계속 이어갔다.

"결혼생활 내내 생고생한 것이 억울했어요. 제 마음을 추스르기 위해 동네 공원에 갔어요. 마음이 괴로울 때나 힘들 때면 가끔 그곳에 가곤 했어요. 지금 우울증과 공황장애가 온 듯해요."

그녀가 억울했던 삶을 말하면서도 눈물을 계속 훔치고 있었다. 그녀는 바로 옆에 앉아 있는 남편을 흘깃 보며 말했다.

"이젠 더 이상 이렇게 살 자신이 없어요. 남편과 헤어지고 싶어요."

나는 그들 부부에게서 뭐가 문제인지 발견할 수 없었다. 사소한 것이라도 문제없이 행복하게 보내는 가정은 없다. 다들 힘들고 불만이 있어도 서로 이해하며 무덤덤하게 생활한다. 다른 평범한 부부들처럼 이들도 빚 안 지고 아이들을 낳아 잘 키우고 가끔 말다툼도 벌인 것 같다. 아내는 가정 살림에 남편의 참여가 절대적으로 필요했지만, 남편이 참여하지 않는 것에 대해 늘 불만과 불평을 마음에 지니고 있었다. 말하자면 그녀의 육체와 정신이 극도로 다 타 버릴 지경에 이른 것이다. 또 전형적인 유교적 뿌리의 잔재가 여전히 남아있었던 것처럼, 남편은 밖에 나가 돈을 벌고 아내는 집안 살림하면서 아이를 키우고…….

부인은 내가 일러준 방법을 쓰기로 했다. 다음 날부터 부인이 남편에게 일을 하나씩 시키기 시작했다. 석 달이 지나면서 남편의 태도가 확실히 달라졌다고 부인이 말했다.

"제가 요리할 때 소파에 앉아 있는 남편을 부엌으로 불렀어요. 파 좀 썰어 달라, 양파와 마늘 좀 까 달라, 감자 씻어 달라. 저는 남편에게 요리에 필요한 재료 손질을 도와달라고 부탁했어요. 처음엔 남편이 한두 가지 하고 슬그머니 자기 방으로 가더니, 이젠 제 말을 잘 들어주더라고요. 부엌에서 음식을 함께 만들어 가는 것이 제 결혼의 로망이었어요. 어느 날 남편이 콩나물국을 끓이더군요. 제가 아주 맛있었다고 칭찬 한마디를 하자, 남편은 콧노래를 흥얼거리더군요. 칭찬의 효과인지 남편은 아예 요리를 연구하더군요. 며칠이 지나자 이번엔 남편이 육개장을 끓였어요. 이때도 저는 전과 똑같이 아주 맛있었다고 말했어요. 남편은 노래하고 춤추며 설거지까지 하는 것이었어요. 그다음부터는 시키지도 않았는데 남편이 직접 거실 청소를 하더군요. 그렇다고 저는 손 놓고 아무것도 하지 않는 것은 아니었어요. 남편이 피곤해 보이거나 다른 일을 할 때면, 저는 눈치껏 일찍 일어나 밥도 짓고 음식도 만들곤 했어요. 그래서 그런지 몰라도 그토록 우울했던 제 감정이 말끔히 사라진 것 같아요."

남편이 가사 일을 도와주지 않는다고 투덜대지 말아야 한다. 또 남편이 자발적으로 도와줄 때까지 마냥 기다려서도 안 된다. 그러면 병이 생긴다. 자신감 있게 도움이 필요하면 상대에게 떳떳하게 말해야 한다. 스미드 홀던스 작가는 칭찬에 관해 이렇게 말했다.

"칭찬은 우리에게 가장 좋은 식사이며 서로에게 긍정적 힘을 만들어 내는 것만은 분명하다."

철학자 피가로이도 행복한 결혼에 대해 이렇게 정의를 내렸다. "행복한 결혼이란 단순히 만들어 놓은 요리를 먹는 것이 아니라 요리를 둘이 함께 만들어 먹는 것이다."

'칭찬'이라는 의미가 뭔지 다들 잘 알고 있지만, 언제 어떻게 사용해야 할지 모르는 이들이 많다. 어떤 문제에 대해 자기 입장만 생각하면 틀림없이 정답이나, 상대의 입장에 서면 자기 생각이 결코 해답이 될 수 없다. 가끔 남편도 다정스럽게 아내를 향해 '칭찬과 인정'의 말 한마디를 건네야 한다. 남편이 밖에서 일하는 것만큼, 집안 살림하는 아내도 절대 쉬지 않는다. 게다가 이따금 남편 허락 없이 쓸 수 있는 돈이 아내에게 필요할 때가 있다. 아내도 말 없이 자기만을 위해 쓰고 싶은 것이 있기 때문이다. 행복한 부부는 상대에게 칭찬, 인정, 존중, 배려 같은 긍정적인 말을 더 많이 하고 그러다 보면 자연스럽게 이기심이 줄어든다. 아내가 집안 대소사의 고충을 견디고 힘든 가사에 전념하면서도 꿋꿋하게 삶을 지탱해 준 것을 칭찬하고 인정해야 한다.

"상대의 좋은 점을 발견할 줄 알아야 한다. 그리고 상대를 칭찬할 줄도 알아야 한다. 이는 상대를 자기와 동등한 인격으로 생각한다는 의미를 갖는다." 독일 문학을 세계적인 수준으로 끌어올린 위대한 작가 괴테의 말이다. 마음이 힘들고 지쳐 있는 상대에게 무엇보다도 필요한 것이 있다면 칭찬이고 인정이다. 그것이 곧 결혼생활의 영양제이다. 칭찬할 때는 상대방의 능력이 아니라 행동에 대한 노력을 칭찬해야 한다. 부드럽고 따뜻한 '칭찬과 인정'의 말 한마디가 화목한 가정뿐 아니라 행복으로 가는 길이다.

사내 커플로 만나 결혼한 지 1년도 안 된 신혼부부가 있었다. 그들은 결혼을 전제로 교제하면서 '반반 결혼'에 서로가 동의했다. 반반 결혼은 데이트부터 결혼 비용 및 생활비 일체를 서로 반씩 부담하는 것을 뜻한다. 그렇게 하면 우리 부부가 좀 더 평등하게 살 수 있을 거라 크게 착각했음을 그녀가 후회했다. 두 사람은 같은 회사에서 함께 근무하고 있었다. 아내는 가정일이며 집안 대소사에 더 많이 하는 것이 늘 불만이라고 투덜댔다. 더군다나 화장실에 변기가 더러워지고 세면기가 머리카락으로 지저분해 있는데도, 식탁보에 김칫국물이 바싹 말라붙었는데도, 가스레인지에 기름때가 덕지덕지 끼었는데도 남편은 아무런 관심을 두지 않은 채 게임 같은 자기가 좋아하는 것에만 열중이었다. 그녀는 명절 때가 가장 곤혹스럽다고 말했다. 그녀의 불평과 불만의 목소리를 계속 들어보자.

"제 친정집에 가서 부모님과 대화만 잘 나눠도 사위를 극진히 대접해요. 반면에 육아를 도와주지 않을 것 같은 시어머니는 대뜸 아이를 언제 갖느냐고 자주 물어보세요. 게다가 시댁 식구들을 만날 때마다 '남편에게 잘해줘라! 아침밥 꼭 챙겨줘라!' 같은 말을 반복적으로 숱하게 해요.

한동안 남편의 잘못된 생각과 행동을 고쳐보려고 온갖 노력을 기울였어요. 말하자면 남편이 집안일을 하지 않는 대로 저도 역시 똑같이 하지 않거나, 친정집에 하는 만큼만 시댁을 챙겼어요. 그러는 사이에 집안 꼴이 말이 아니었어요. 결혼 초에 무덤덤하게 넘어갔던 것들이 시간이 지나면서 그것이 하나의 스트레스로 다가왔어요. 본질적인 것은 서로 배려하면서 행복하게 살자는 것이었어요. 이러다가 제 몸에 병이 나서 쓰러질 것 같고 남편과의 갈등은 더욱 깊어질 것만 같았어요. 급기야 저는 남편에게 솔직히 말했어요. 가정이며 집안 대소사며 희생과 배려와 이해를 나만 당연히 해야 할 일이냐고 따졌어요. 아니나 다를까 남편은 손가락으로 허공을 찌르며 짧게 말했어요.

'이럴 거면 나랑 반반 결혼은 왜 했어?'

그러면서 남편은 더욱 큰 소리로 말했어요.

'우리 이혼하자!'

저는 모든 걸 참고 감당해 가며 살아야 하는 건지 이혼하는 게 현명한 건지 모르겠어요."

나는 그들 부부에게 이렇게 조언해 주었다.

"조건을 고려해서 이성적으로 선택한 결혼에는 본능에 이끌린 사랑과 같은 정열이 없다고 독일의 철학자 쇼펜하우어도 말한 것처럼, 진정한 사랑 말고 다른 매력에 이끌려서 결혼하면 그 다른 매력 때문에 부부 사이가 갈등으로 후회와 탄식을 줄 수도 있습니다. 마침내 비극의 결말을 맞이하게 될 것이 분명합니다. 결혼 조건으로 가정을 포함한 생활의 모든 비용을 반반으로 나눌 수 있습니다. 또 가정에서의 생활 습관은 서로 대화로 해결될 수 있습니다. 무엇보다 명절 때 '반반의 조건'을 적용해서 시댁과 친정 사이를 번갈아 오가며 할 수도 있습니다. 아무리 그렇다 해도 결혼의 목적을 어디에 두느냐에 따라 행복의 척도는 달라집니다. 다시 말해서 서로 이해하고 배려하면서 행복하게 살 것을 강조하면서도, 다른 한편으로는 누가 배려를 덜 하는지에 관심을 둔다면 이것을 이해하기 위해서는 상당한 시간과 노력이 필요합니다. 사랑은 양으로 계산되지 않습니다. 또 이해와 배려, 존중과 행복 역시 반으로 나눌 수도 없습니다. 사랑은 조건 없이 그저 몸과 마음을 아낌없이 주는 겁니다. 무게로 따져서도 돈으로 환산해서도 상대의 눈치를 봐서도 안 됩니다. 아무 조건 없이 주는 것입니다. 사랑은 그런 것입니다. 또 이 세상 어느 나라든지 역사적 흔적이 녹아든 그들만의 사회가 존재합니다. 그 사회는 누구나 쉽게 바꿀 수 없습니다. 시대적 흐름에 맞게 서서히 변화하면서 바뀝니다. 그 자체를 인정하는 넉넉한 마음을 지녀야 합니다."

내 말에 부인은 연신 고개를 끄덕였다.

"행복한 결혼생활에서 중요한 것은 서로 얼마나 잘 맞는가보다 다른 점을 어떻게 극복해 나가는가이다."라고 러시아 대문호 톨스토이가 말한 것처럼, 두 사람이 서로의 차이를 이해하고 존중해야 한다. 결혼해서 내가 존재하는 이유는 오직 단 한 사람에게 필요한 사람이 되기 위한 것임을 명심해야 한다.

삼십 대 후반쯤 되어 보이는 부부가 있었다. 지금 살고 있는 부인과 사회에서 알게 된 세 살 연상의 여인 사이에서 갈등하는 남편은 어떻게 해야 할지 고민 중이라고 말했다. 그리고 아직 자식은 없다고 말한 부인은 남편의 이혼 얘기에 황당하다고 말했다. 먼저 그녀의 얘기부터 들어보자.

"남편은 대학에서 법대를 졸업하고 사법고시를 준비할 때 만났어요. 저는 남편의 순진함과 성실함에 반해 지금의 남편과 5년 전에 결혼했어요. 처음엔 사법고시를 준비하는 남편에게 방해되지 않게 조심했어요. 그러다가 시험에 여러 번 떨어지면서 차츰 저 자신이 힘들어졌어요. 직장생활과 집안의 대소사까지 꼼짝없이 제 몫인 데다가 남편의 시중도 들어야만 했어요. 이젠 제 몸과 마음이 지쳐서인지 말도 헛나와요. 잔소리만 늘었나 봐요. 남편이 주말이면 외출하는 일이 잦았어요. 이유를 묻지 않았지만 설마 그런 사람이 아니라고 생각했어요. 그렇다고 그이는 어디를 간다거나 누구를 만나든 일체 말이 없어요. 어느 날 남편이 이혼 얘기를 꺼낼 때 저는 무척 당황스러웠어요. 저는 순간 황급히 화장실로 가서 울었어요. '남편이 왜 이혼 얘길 꺼내는 걸까!', '내가 왜 이혼해야 하지!' 화장실에서 순간 혼자서 이런저런 복잡한 고민에 쌓였어요. 도대체 뭐가 잘못된 것인지 모른 채 남편 말대로 이혼하는 건 저 자신이 용납이 안 됐어요."

나는 부인의 말을 이해하면서도 남편의 말도 들어보기로 했다.

"부인의 말씀처럼 남편께서는 왜 이혼하려는지 무슨 문제라도 있는지요?"

남편은 나에게 그윽한 목소리와 진지한 표정으로 말했다.

"저 또한 여러 번 고시에 떨어지다 보니 차츰 자신감을 잃었어요. 그래서인지 아내는 저를 보기만 하면 남들은 두세 번에 합격도 잘하던데 하면서 언제나 한결같은 말을 했어요. 그럴 때마다 집에 있는 것이 늘 부담으로 다가왔어요. 그러던 어느 날이었어요. 마음이 답답해서 동네 조그만 카페를 찾아갔어요. 제가 그 사람을 만난 것은 그때였어요. 바로 제 옆 테이블에 앉아 누군가와 대화를 나누는 그녀의 목소리가 들렸어요. 순간 저도 모르게 그들의 말에 끼어들었어요. 무슨 감정이 있는 것도 아니었어요. 그렇다고 의도를 가진 것도 아니었어요. 어쨌든 그들의 대화에 끼어들었어요.

'카피라면 저도 잘할 수 있는데……'

그녀는 처음부터 저에게 호감이 갔는지 한 번 일해보겠냐고 저에게 제의했어요. 저는 고개를 끄덕이며 그러겠다고 짧게 대답했어요. 그래서 저는 제품기획사 카피 일을 시작하게 되었어요. 주말이면 글감을 가지고 카페에 가서 그녀와 함께 커피 마시며 일에 관한 얘기를 나누었어요. 기획부 부장인 그녀는 늘 제 글을 보고는 칭찬하고 인정하기까지 했어요. 그녀는 제 글을 볼 때마다 이렇게 말하곤 했어요.

'글이 정말 참신해요.'

그녀는 제 글이 착한 듯 매력적인 글이라고 말했어요. 아내의 만류에도 그 일을 계속해 나갔어요. 무엇보다 그녀를 만나면 마음이 편했어요. 그렇다 보니 자주 만나게 되었어요. 어느 날 그녀는 저와 함께 언제나 있고 싶다고 고백하더군요. 그 이후로 제 마음속에 혼란이 일었어요. 지금 제 인생의 두 갈래 길 중 어떤 길을 선택할지 망설이고 있어요."

나는 어두운 바다를 항해하는 두 사람에게 이런 말을 전했다.

"결혼한 이후로 두 사람 모두 상대에 대한 이해와 배려가 전혀 보이지 않습니다. 무엇이 힘들고 고통스러운지 터놓고 대화를 나눈 적이 별로 없는 것 같습니다. 배우자를 이해하지 못하면 배려가 있을 수 없고 존중 또한 존재하지 않습니다. 싸움이 잦은 부부들은 대개 상대를 이해하는 것 대신에 자기 처지에서 모든 걸 판단하고 결정합니다. 자기 자신이 편한 만큼 상대는 그만큼 힘들고 고통받습니다. 부부는 평생 함께할 운명공동체입니다. 힘들면 덜어주고 고통받으면 반으로 줄여주는 것이 행복한 부부의 길입니다. 또 남편은 바람을 피운 것입니다. 그런데 그 원인은 부인이 제공한 겁니다. 잔소리가 반복되면 남편은 불편한 생활의 연속일 겁니다. 더군다나 계속되는 고시 실패로 극도의 스트레스가 쌓인 채 부인의 잔소리에 남편은 돌파구를 찾게 됩니다. 배우자에게 느끼지 못한 어떤 편안함을 찾기 위해서…….

두 사람에게 지금 가장 필요한 것이 뭘까요?

그건 상대에 대한 이해입니다. 내 처지가 아니라 상대의 마음을 느껴야 합니다. 내가 상대를 이해하면 상대도 편안한 마음과 부드러운 어조로 바뀝니다. 그런 다음 상대에 대한 '칭찬과 인정'을 찾아 표현해야 합니다. 이를테면 아내가 불평불만의 목소리로 잔소리하면 '미안해요'라는 말 한마디면 눈 녹듯이 아내가 품은 분노가 풀어집니다."

'미안해요'라는 대목에서 부인은 참았던 눈물을 하염없이 흘렸다. 남편도 아내의 얼굴을 보며 그녀의 손을 살며시 잡았다. 그들 부부는 서로 이해하지도 진실한 대화를 나누지도 못했다고 말했다. 그들은 서로에게 애정 어린 눈빛을 교환한 듯 보였다.

미국의 가장 큰 금융서비스회사인 '찰스슈왑 코퍼레이션'의 창립자 찰스 슈왑은 "상대에게서 최고의 것을 끌어내는 가장 좋은 방법은 상대를 인정하고 격려해 주는 것이다."라고 말했다. 부부를 포함해서 모든 대화의 기본은 상대에 대한 '칭찬과 인정'에서 시작된다. 아이들도 '칭찬과 인정'의 말에 자신감을 배우듯이 부부 사이에도 마찬가지이다. 행복한 부부들은 다들 그렇게 표현하며 생활한다.

성인이 되어 부부의 연을 맺었다면 그때부터 운명공동체가 된 것이다. 누구나 사랑해서 결혼한다. 그러니까 서로 좋아하고 아끼며 소중히 여기는 마음으로 하나의 부부가 탄생한 것이다. 진정한 사랑은 서로를 완벽하게 이해하는 것이 아니라 불완전함을 완벽하게 받아들이는 것이다. 그래서 결혼은 두 사람의 삶을 완성해 가는 가장 아름다운 여정이다. 어떤 일로 갈등이 일어나기 전에 서로의 마음을 얘기하고 풀어나가는 게 성숙한 부부의 모습이다. 서로 싸우고, 논쟁하고, 무시하며, 무엇보다 서로를 정확히 알지 못하는 탓에 서로의 관계를 엉망으로 만든다. 변명과 자기방어적인 태도는 절대 금물이다. 관계 개선의 첫 단계는 스스로 했던 것을 인정하는 것이다. 상대가 강하게 바라는 것은 '미안해'라는 정겨운 말 한마디를 듣고 싶을 뿐이다. 더욱이 아내는 남편으로부터 인정받고 중요한 사람으로 존중받기를 원하고 있다. 18세기 가장 독창적인 계몽주의 사상가로 평가받는 프랑스의 작가 장 자크 루소는 칭찬과 인정에 관해 이렇게 표현했다.

"한 포기의 풀이 싱싱하게 자라려면 따스한 햇볕이 필요하듯이 부부가 행복해지려면 칭찬과 인정이라는 햇살이 필요하다."

상대가 잘하는 것은 당연하게 여기면서도 그렇지 못한 것은 콕 집어 기어코 지적하고야 만다. 이는 상대의 의욕을 꺾고 사기를 저하할 수 있는 행동이다. 그렇게 되면 부부간에 진정한 사랑과 애정은 기대하기 어렵다. 칭찬과 인정은 인간관계에서 상대에게 자신감을 느끼게 만들고 상대를 긍정적으로 변화시킨다. 사회 친구나 직장 동료와 같은 사람들에게 친밀한 관계를 위해 칭찬과 인정을 곧잘 사용한다. 부부관계도 마찬가지이다. 행복한 가정으로 성장하기 위해서 칭찬과 인정의 힘을 이용해야 한다.

칭찬과 인정, 그리고 미안하다는 말 한마디가 그리 어려운가? 습관이 되지 않아서이다. 남편과 아내 모두 그까짓 자존심 때문에 용기를 내어 말하지 못하면 더 큰 불행이 닥친다.

부드러운 대화로 이끄는 마법 같은 말 한마디가 있다면 '칭찬과 인정, 그리고 미안하다'이다.

황혼 열차

 육십을 훌쩍 넘긴 어느 여성이 한 달 전에 성격 차이로 남편과 황혼이혼을 했다며 눈물을 흘렸다. 2남 1녀를 둔 그 부인이 슬피 우는 이유가 궁금해서 나는 그녀에게 조심스레 물었다.
 "남편과 이혼한 이후로 눈물을 흘릴 일이 또 있으셨던가요?"
 부인은 긴 한숨을 내쉬며 지난날을 어제 일처럼 생생하게 이야기보따리를 하나씩 풀기 시작했다.
 30년 넘게 살면서 남편의 못마땅한 행동과 처신에 무척 속상해서 이혼도 여러 번 생각했었지만, 자식이 눈에 밟혀 쉽게 결정하지 못했다고 부인이 눈물을 흘리며 말했다. 하지만 지금은 그 애들이 짝을 만나 모두 독립했다는 것이었다. 그런데 막상 남편이 먼저 황혼이혼을 요구했을 때 부인은 당황스러웠다고 말했다. 전에도 그런 적이 있어서 남편의 이혼 요구에 부인은 크게 마음을 쓰지 않았다. 이제 지겹도록 서로 살을 맞대며 살았으니, 당신도 좋은 사람 만나 행복하게 살아보라고 남편이 아내에게 말했다. 부인은 남편에게 불만이 있었지만 자식들과 손자들을 바라보며 그냥 살려고 했었다. 그런데 남편이 몇 달째 생활비를 주지 않았다. 심지어 남편 명의로 된 재산 대부분이 탕진된 상태라는 큰아들의 말을 듣고서, 부인은 하도 어이가 없어서 아무 말도 하지 않았다. 딴 여자와 살림을 차린 것인지 재산을 다른 곳으로 빼돌렸는지는 알 수 없었지만, 배신을 당한 것에 부인은 울화통이 터졌다.

"남편은 늘 그런 식이었어요. 저와 상의 없이 뒤처리도 못 할 일을 벌이다가 재산도 꽤 날렸어요. 그때마다 저는 남편을 단 한 번도 원망하지 않았어요."

마침내 부인은 자녀들과 상의해서 남편과 이혼을 결심하게 되었다. 법정에서 이혼을 마친 날, 법원 근처 어느 한식당에서 그들 부부는 마지막으로 저녁을 먹기로 했다. 주문한 음식이 나오자 남편은 자기가 제일 좋아하는 큼직한 갈비찜 한 조각을 집어 들고 부인에게 권했다. 부인은 마음속의 화가 아직도 풀리지 않아서인지 그걸 손으로 잡아 바닥에 집어 던지면서 말했다.

"당신은 시아버지가 물려준 재산 덕에 춤도 추러 다니고 바람도 피우면서 나에게 상속재산에 대해 상의한 적이 없었지. 그렇다고 당신은 나에게 고기 한 점이라도 제대로 사준 적도 없었어. 당신은 언제나 자기중심적이고 상대에 대한 배려가 있긴 한 것인지."

부인은 화가 잔뜩 나서 그동안의 울분을 더 이상 참지 못하고 남편에게 터뜨리고 나서야 각자 집으로 돌아갔다. 집에 도착한 지 얼마 지나지 않아서 남편에게 전화가 걸려 왔다. 부인이 전화를 받자 남편은 불쑥 이런 말을 했다.

"여보, 집에 오는 내내 당신 생각했어. 나는 정말로 당신 말대로 한 번도 그런 것에 관심을 가져본 적이 없었던 것 같아. 내가 당신에게 잘못한 것이 많아. 사실 내 마음은 그게 아니었는데……."

부인은 마침내 화가 머리끝까지 치밀어 남편이 말하는 도중에 그만 전화를 끊어버리고 말았다. 다시금 핸드폰에 남편의 번호가 찍히자 이번엔 핸드폰 전원을 아예 꺼버렸다. 다음날 새벽녘에 부인은 자신이 너무 심한 말을 한 건 아닌가 하는 생각이 들었다.

"나 역시 남편이 뭘 좋아하는지 묻지 않았어. 남편에 대해선 그 무엇도 관심을 두지 않았던 점도 있었고. 남편도 나에 대해 틀림없이 서운한 뭔가 있었을 거야. 오래 살면 미운 정 고운 정이 든다고 하지만, 남편도 역시 조금은 나를 사랑하는 감정이 있었을 거야. 그이에게 전화를 걸어 섭섭한 마음을 풀어줘야겠어."

마침내 부인은 핸드폰 전원을 켜고 남편에게 전화할 것인지 말 것인지 잠시 망설이다가 용기를 내어 전화를 걸었다. 그런데 남편이 전화를 받지 않았다. 밤새 남편으로부터 여러 통의 전화가 걸려왔었다. 이윽고 부인은 황급히 남편이 사는 집으로 달려갔다. 부인은 핸드폰을 손에 꽉 움켜쥔 채로 죽어있는 남편을 보았다.

"여보, 미안해. 사랑~~"

남편이 핸드폰에 문자 내용을 끝까지 다 못 쓴 흔적이 역력했다. 남편 바로 옆에 편지와 통장 하나가 놓여 있었다. 어제저녁 남편이 아내에게 주려고 미리 준비해 둔 것이었다고 부인이 말하면서 눈물을 흘렸다. 급성심근경색으로 쓰려진 남편이 작성한 편지 내용은 이렇다.

> "당신의 마음을 이해하지 못했구려. 난 바람은 피웠지만 딴 여자랑 정을 통하지 않았어. 이건 진심이야! 그리고 이건 아버지로부터 물려받은 유산 중 절반을 떼서 미리 만든 통장이야. 이것 역시 당신 거야. 당신을 향한 마음은 변함없는데 어떻게 표현해야 할지 많이 망설였어. 미안하구려! 날 용서해 주구려!"

러시아 문학의 대표적인 작가 도스토옙스키는 절대로 가장 절박한 상황까지 나아가서는 안 되며, 그것이 부부생활의 첫 번째 비결이라고 말했다. 나는 슬퍼하는 부인에게 이런 말로 위로를 전했다.

"부부는 서로 상대성을 지닙니다. 남편이든 아내든 서로의 말투가 사납거나 투박스럽다면 아마도 상대가 그 원인을 제공하였음이 분명합니다. 보편적으로 남편이 무시, 경멸 같은 부정적인 단어를 사용하느냐, 사랑, 배려 같은 긍정적인 단어를 사용하느냐에 따라 아내의 태도가 달라집니다. 아내는 그걸 보고 남편을 존중할 것이냐 무시할 것이냐를 결정합니다. 부인의 마음속에 있는 부정적인 짐을 내려놓고 남편을 용서하세요. 그러면 마음이 편해질 겁니다. 그리고 너무 괴로워하거나 또 너무 슬퍼하지 마세요. 세월이 그것을 치료해 줄 것입니다. 이제부터 행복하게 살아갈 방법을 찾으시면 좋겠습니다."

지난 삶에서 서로에 대해 억울하고 힘든 추억이 가슴속에 쌓여 있을 수 있다. 육체의 독이 입을 통해 들어간다면 영혼의 독은 귀를 통해 들어간다. 또 사람의 마음이 텃밭이라면 말은 씨앗이고 그 열매가 반드시 있듯이, 현명한 사람은 상대의 아픈 마음을 이해하고 어루만져 주어야 한다.

대부분 남편은 아내가 순종하길 바란다. 또 대부분 아내는 남편이 자상하길 바란다. 그러니까 가치관의 차이는 있지만 서로가 사랑받고 싶은 욕구가 있는 것은 분명하다. 또 대부분은 자신이 바라는 것을 말하지 않아도 상대가 알아주길 기대한다. 그렇지만 아내가 순종하지 않거나 남편이 자상하지 않다면 어떻게 될까?

자신의 욕구가 더 중요하다고 생각하기 때문에 잦은 다툼이나 싸움이 일어난다. 이러한 갈등이 쌓이면, 세월이 흐른 후 황혼이혼으로 이어질 수 있다. 황혼이혼은 두 사람 모두에게 고통스러운 경험이자 자녀에게도 크게 영향을 미친다. 탈무드에 이런 말이 있다. "남의 결점을 찾는 데 늘 열중하고 있는 사람은 자기의 결점이 눈에 보이지 않는다." 배우자의 말과 행동이 쉽게 바뀌지 않는다면 나 자신부터 서서히 변화가 필요하다. 더군다나 부부가 나이 들어 눈에 띄게 황혼빛으로 물들 때 상대에게 어떤 것도 바라지 말고 아낌없이 줘야 한다. "아무 조건 없이……."

"귀로 상대의 그릇됨을 듣지 말고, 눈으로 상대의 단점을 보지 말고, 입으로 상대의 허물을 말하지 말아라." 명심보감에 있는 말이다.

일흔을 훌쩍 넘은 나이로 사십 년 넘게 결혼생활을 해 온 노부부가 있었다. 꼿꼿함을 잃지 않았던 할머니가 갑작스런 부정맥으로 인한 발작 증세로 의식을 잃었다. 할머니는 지금 평범한 일상에 예고 없이 불쑥 찾아온 저승과의 경계선에서 죽음의 공포를 경험하고 있을 것이다. 그 이후로 중환자실에 있는 할머니는 식물처럼 움직일 수도 없었고, 의식마저 없는 상태로 호흡만 붙어 있었다고 할아버지가 말했다. 그로부터 한 달쯤 지났을 때 감당하기 어려운 치료비용 때문에 요양병원으로 할머니를 옮겼다. 여든을 바라보는 적지 않은 나이에도 할머니의 온갖 수발을 다 들어준 할아버지가 애틋하다. 영원히 함께할 줄 알았던 할머니와 이제 기본적인 의사소통도 안 되니, 그동안 못했던 것들이 새록새록 기억이 되살아났다고 할아버지가 떨리는 목소리로 말했다. 나이가 들어 누구에게나 행복한 세상을 넘어 필연적으로 죽음에 대해서 두렵고 외로운 것은 마찬가지이다. 어쩌면 떠나는 사람보다 남아있는 사람이 아품과 고통, 고독감을 감내하는 것이 더 클지도 모른다. 할아버지는 숨만 쉬는 할머니 그 자체를 사랑하는 것 같다. 할아버지는 시집간 딸이 알려준 방법이 갑자기 생각이 났다. 딸의 말에 의하면, 의식을 잃고 중환자실에 입원한 아내를 위해 그녀의 손바닥 위에 남편의 손가락으로 '톡톡톡'을 눌렀더니, 아내도 같은 행동을 해서 기적처럼 의식이 돌아왔다는 기사를 읽었다는 것이었다. 할아버지는 할머니의 손바닥에 대고 집게손가락으로 '톡톡톡'을 누르면서 서투른 말투로 '사랑해'라고 말했다. 할아버지는 한때 아름답고 숭고한 인생을 살았던 할머니와 좀 더 오랜 시간을 보내기 위해 영원한 이별을 한없이 미루고자 했을 것이다. 그러던 어느 날 할머니 손을 살며시 잡은 채로 평온하게 잠이 든 할아버지는 누군가가 자기 손등에 대고 '톡톡' 두 번을 살며시 누르는 것을 느꼈다고 했다. 순간 환각이었던 것일까. 아니면 화려한 삶의 순간은 잠깐이지만 변하지 않는 사랑은 영원하다는 것을 느꼈던 것일까. 할아버지가 잠에서 깨었을 때는 이 모든 것이 꿈만 같았다고 말했다. 할머니의 가슴에 머리를 얹고서 한동안 할아버지는 지난날 함께 보냈던 아름다운 추억들과 순수했던 할머니를 얼마나 소중히 여기고 보호해 주었던가를 기억하며 눈시울을 적셨다. 얼마 지나지 않아서 할머니의 심장 박동 수치가 더 이상 움직이지 않았다.

'투자의 귀재'인 워런 버핏에게 인생에서 진정한 성공의 척도가 무엇이라고 생각하는지 물었다. "성공의 척도는 돈이 아니라 배우자를 잘 선택해서 행복하게 사는 것이다."라고 그가 말했다. 우리는 모두가 결혼을 포함해서 마냥 행복한 세상을 꿈꾼다. 인생이 눈에 띄게 노란색으로 물들어 황혼이 될 무렵, 행복한 날들보다 애틋하고 땀과 고뇌가 베인 날들을 더 많이 기억하게 된다. 그럼에도 배우자와 함께 살아온 고귀한 사랑보다 더 소중한 것이 또 있을까? '인생은 하나의 학교'라고 주장한 세계적인 독일의 문학가 괴테는 죽을 때까지 삶을 지탱해 주는 건 사랑과 일뿐이라고 말했다.

어느 날 이른 아침, 버스를 타려고 정거장으로 가는 중에 한 노부부가 서로의 손을 꼭 잡고 천천히 걸어가는 다정한 모습이 눈에 들어왔다. 팔십 중반은 족히 넘어 보이는 노부부는 등이 약간 굽어서인지 작아진 키와 왜소한 몸매에서 지난날의 역사를 말해주고 있었다. 나는 노부부 곁으로 다가갔다. 나는 할아버지가 할머니의 손을 사랑스럽게 꼭 잡은 것이 궁금해서였다.

"할아버지, 할머니 손을 꼭 잡으시는 모습이 보기가 좋습니다."

할아버지는 양쪽 입술의 끝을 위로 올리고 눈가에 굵은 주름을 보이며 말했다.

"하하하! 할머니 예뻐요."

그러고는 할아버지는 할머니를 바라보며 말했다.

"할머니 아프지 말고 나랑 오래오래 함께 살아요."

이윽고 할머니가 대답했다.

"죽었다 다시 태어나도 난 할아버지랑 살 거예요."

노부부의 삶은 그리 평탄하지 않았을 것이다. 세상의 거친 파도와 부딪히면서도 서로 의지하고 사랑하며 애틋함이 깃들었을 것이다. 존칭어로 대화하는 노부부의 모습이 내 눈에서 서서히 멀어질 때까지 나는 그저 바라보며 눈시울을 적셨다.

　결혼해서 무려 76년 동안 한결같은 마음과 연인처럼 사랑을 속삭이듯 달콤하게 산 부부가 있었다. 산골짜기 마을에 고운 빛깔의 한복을 입고 두 손을 잡은 채 노부부가 다정하게 걸어가신다. 89세 된 할머니는 귀여운 소녀처럼 사랑스럽고, 98세 된 할아버지는 개구쟁이 소년 같은 모습이다. 12남매 중 난리와 홍역으로 6남매를 잃고 나머지 모두는 결혼해서 도시로 떠났다. 그곳에서 가족 같은 강아지, 공순이와 꼬마가 같이 산다. 가을이 깊은 어느 날이었다. 마당에 떨어져 흐트러진 낙엽을 쓰는 할아버지가 갑자기 낙엽을 한 움큼 쥐었다. 그러고는 사랑하는 여인에게 장난삼아 힘껏 던졌다. 그러자 할머니도 질세라 똑같이 낙엽을 할아버지에게 뿌렸다. 이것은 두 분만이 살아가는 삶의 방식일까. 한번은 숨을 헐떡이면서도 할아버지는 가장 예쁜 들국화를 따다가 할머니 귀에다 꽂아줬다. 할머니가 할아버지를 쳐다보며 물으셨다.
　"이게 뭐요?"
　"꽃이에요." 할아버지가 부드러운 목소리로 대답했다.
　할머니도 귀여운 할아버지 귀에 꽃을 꽂으며 이렇게 말씀하셨다.
　"인물이 훤하네요."
　할아버지도 맞장구를 치듯 말씀하셨다.

"이쁘네요."

할머니는 눈 맞춤을 하고 흐뭇한 미소를 지으며 말씀하셨다.

"나는 폭 늙었지만 당신은 안 늙었어."

그 모습 그대로 그들은 영화에나 나옴 직한 인물처럼 시대를 초월해 있었다. 그들에게는 주어진 시간을 모두 소비할 때까지 소중한 연인에게 애정을 표현하는 듯했다.

어느 날 한밤중에 바깥 허름한 화장실로 가는 것이 무서워서 잠든 할아버지를 서둘러 깨워 함께 가셨다. 화장실 안에서 무섭다던 할머니를 위해 할아버지는 노래를 불러줬다. 그러자 노래 불러줘서 고맙다는 할머니가 사랑스러운지 더욱더 큰 소리로 불러댔다. 이 세상 끝나는 날까지 삶을 지탱해 주는 건 사랑이라는 걸 그분들은 실천해 오신 것 같다. 간밤에 함박눈이 내려서 마당에 소복이 쌓였다. 두 마리의 강아지들은 두 분이 뭐 하는지 가만히 지켜보고 있었다. 첫눈을 먹으면 귀도 밝아진다는 할머니 말에 노부부는 차가운 눈을 시원하게 먹었다. 할아버지는 이제 산바람 같은 작은 소리도 잘 들린다고 할머니를 향해 너털웃음을 쳤다. 할아버지의 웃음 뒤엔 서로를 향한 관심과 사랑하는 마음에 솔직함이 묻어 있었다. 이윽고 어린 추억이 떠오른 듯 눈을 한 움큼 뭉쳐 서로를 향해 던지는 장난을 치고 또 눈사람도 만들었다. 두 분에게는 날마다 소풍이어서 늘 즐거워하셨다. 그러고는 따뜻한 아궁이 앞으로 다가가 불을 쬐며 당시 혼인의 얘기를 할머니가 꺼내셨다. 그 옛날 14살에 혼인했는데 처음엔 일꾼인 줄 알고 대뜸 아저씨라고 불렀다.

또 할아버지는 6년 동안 데릴사위로 들어가 온종일 손발이 부르트도록 엄청나게 일했다. 그러는 사이에 아이를 여럿 낳고 살림하다 보니 외로움마저 잊은 채 살았다고 할머니는 지난 삶을 회상하셨다. 그들은 고초와 노고 같은 악조건을 극복하며 삶의 방식을 터득해서인지, 이 세상을 그들의 편으로 만들어 멋진 드라마를 연출한 것 같다.

설날 아침부터 까치가 크게 울어댔다. 두 분은 일찌감치 화사한 노란 한복 저고리를 입고서 설날을 맞이하셨다. 자녀들이 한자리에 모여 이야기꽃을 피웠다. 엄마가 그렇게 좋으냐는 질문에 두 손을 들고 큰 원을 그리며 이만큼 좋다고 할아버지는 빙그레 웃으셨다.

어느 화창한 봄날, 달래 씻는 모습을 보고 할아버지가 할머니 옆으로 다가갔다. 이윽고 달래 무침에 간이 맞느냐는 할머니의 질문에 맛있다고 화답하고서 할아버지는 밥을 드셨다. 할아버지는 평생 반찬 투정하지 않으셨다고 하면서, 맛있으면 많이 드시고 그렇지 않으면 적게 드셨다. 이것은 부부간에 삶의 철학이자 이정표를 제시해 주고 있다. 즉 아내에게 늘 배려와 관심을 두고 남편으로서 자신의 역할을 다하신 것이었다. 더욱이 가정에서 예쁜 화분을 관리하듯이 아내를 사랑해 주면서 보호해 주셨다. 할머니는 그런 할아버지를 늘 고맙게 생각하고 있었다.

어느 날 저녁 열 시면 전깃불을 끄는데 할아버지가 불을 켜 놓게 했다. 그러면서 할머니 얼굴을 조심스럽게 천천히 쓰다듬으셨다. 할머니 얼굴을 더 보고 싶어서인지, 아니면 잠이 오지 않아서인지,

아니면 이제 남편으로서 소임을 다하고 부부의 이별이 아쉬워서인지 모를 일이다. 그로부터 얼마 지나지 않아 할아버지가 귀엽게 키우던 강아지 꼬마가 갑자기 세상을 떴다. 그 이후로 할아버지의 기력이 날로 쇠약해져서 건강이 차츰 나빠지기 시작했다. 비가 촉촉이 적시는 마당에 점점 잦아지는 할아버지의 기침 소리를 듣던 할머니는 홀로된 강아지 공순이를 바라보며 머지않아 다가올 슬픈 이별을 직감했다. 수의를 준비하는 할머니는 서로가 의지했던 지난 삶을 생각하며 숨을 죽이고 천천히 흘러가는 강물을 무심코 바라보았다. 마침내 눈 내리는 겨울에 그분은 돌아올 수 없는 강을 건너 할머니와 이별하고, 세상과도 작별하고, 영혼의 문마저 닫았다. 흰 눈이 덮인 그의 무덤가에서 할머니께서 슬피 우셨다.

할아버지…….
내가 보고 싶더라도 참아야 돼!
나도 할아버지 보고 싶어도 참는 거야!
할아버지요! 나는 집으로 가요.
난 집으로 가니, 할아버지는 잘 계셔요.
춥더라도 참고…….

두 분의 이야기는 76년 일생을 연인으로 함께 했던 '님아, 그 강을 건너지 마오'라는 다큐멘터리 영화로 상영되었다. 역대 독립영화 사상 흥행 1위를 기록했다. 함께 살다가 먼저 떠나보내고 홀로 남은 할머니의 마음이 애틋하다. 노부부의 삶에서 결혼생활에 대한 행복 비결이 숨어 있었다. 할아버지가 할머니 말을 귀담아듣거나 할머니 또한 좋은 대화 상대가 되어 주셨다. 상대의 가슴에 늘 귀를 대고 들어야 한다. 오랫동안 함께한 것만으로도 대단하지만, 그분들의 대화가 끊이지 않았고 존댓말에서 애정과 존중이 가득했다. 그들 두 분은 날마다 소중한 꽃을 피웠다. 또 노부부는 살아서 숨 쉬는 것에, 밥을 먹을 수 있음에, 그리고 함께 걸어 다닐 수 있음에 감사하며 사셨다. 20세기 프랑스를 대표하는 평론가이자 역사가 앙드레 모로아는 부부에 관해 이렇게 말했다.

"진실하게 맺어진 부부는 젊음의 상실이 불행으로 느껴지지 않는다. 왜냐면 같이 늙어 가는 즐거움이 나이 먹는 괴로움을 잊게 해 주기 때문이다."

나이 들어 질병을 제외하고 가장 큰 적은 뭘까?

그것은 외로움과 소외감, 그리고 권태감이다. 그것을 극복하는 비결은 영화의 노부부처럼 스트레스를 덜 받고 매일 기쁜 마음으로 생활하는 것이다. 그건 역시 장수의 비결이다. 그렇지만 말처럼 쉬운 일만은 아니다. 나이가 들면서 외로움이 오랫동안 지속되면 불안과 우울증으로 이어질 수 있다. 하지만 외로움, 소외감, 권태감 같은 단어들은 그들 노부부에게 찾아올 틈이 없었다. 『사랑에 빠지는 것과 사랑하는 것』으로 유명한 이탈리아 사회학자 프란체스코 알베로니는 이렇게 말했다.

"남편은 격렬한 형태의 에로티시즘을 바라고 있지만, 아내는 단순히 손을 잡는다거나 입맞춤을 기다린다. 권태기의 여자들이 불안해하는 것은 바로 이런 사랑이 결여되어 있기 때문이다."

할아버지는 자신이 나이 들어도 즐거운 생활을 위해 약간의 장난기를 잃지 말아야 한다는 생각과 또 여자가 나이 들어도 예쁘다는 칭찬이 필요하다는 사실을 잘 알고 있었다. 바로 그런 할아버지의 철학 때문인지 몰라도 할머니는 아흔이 다 되어서도 여전히 소녀 같다. 이들 노부부 삶의 이야기는 우리에게 사랑과 믿음, 그리고 진정한 행복을 가르쳐 주었다. 『햄릿』, 『베니스의 상인』으로 유명한 세계 최고의 극작가 셰익스피어는 나이 들어가는 세대에게 이렇게 표현했다.

"과거를 자랑하지 말고, 삶을 철학으로 대체하지 말고, 늙어 가는 것을 불평하지 말고, 죽음에 대해 자주 말하지 말고, 아름다움을 발견하고 즐겨라."

황혼이 되면 달랑 둘만 남는다. 헤밍웨이의 『노인과 바다』에서 늙은 어부 샌디에고가 온갖 역경을 딛고 지친 몸을 이끌고 본래의 환경으로 돌아온 것처럼, 부부도 처음에는 꿈과 목표를 갖고 힘겨운 여정을 떠나지만, 결국엔 처음 결혼 모습 그대로가 된다. 그러니까 처음 결혼해서 아이를 낳고 살다가 자녀들을 출가시키고 나면, 시끄러웠던 가정이 다시 신혼 시절처럼 달랑 둘만 남게 된다. 이때가 중요하다. 둘만 남은 가정은 서로 어색해질 수밖에 없다. 힘겨운 결혼의 여정을 겪으면서 둘만을 위한 진정한 대화를 나눈 적이 거의 없었기 때문이다. 즐거운 대화도 어느 때는 지겨울 때가 있고, 사랑스러웠던 상대가 그렇지 않을 때도 있다. 그러는 사이에 화가 분노로 바뀌고, 마침내 스트레스, 우울증, 권태감, 불안장애 같은 병이 나서 말할 수 없이 아프다. 그런데 여러 질병보다 더 무서운 것이 있다. 그것은 바로 황혼이혼이다.

그러면 황혼이혼이 발생하는 가장 큰 이유는 뭘까?

누구는 여성이 사회 진출의 기회가 확대되어서라고 하고, 또 누구는 부부의 소통 단절이라고 한다. 모두 맞는 말이다. 그렇지만 더 중요한 것은 살면서 매 순간 쌓인 '정서적 한'을 자신의 가슴에 품고 있기 때문이다. 그것이 계속 쌓이면 어떻게 될까? 병이 난다. 그렇지 않으면 소통 단절뿐이다. 결국에 가서 아무것도 얻는 것이 없을 때면 자기의 꿈과 희망을 포기하려고 마음먹는다. 그걸 해결할 수 있는 유일한 비결은 '칭찬과 인정'의 표현이다. 그것은 배우자와 연결해 주는 언어 도구로서 영원한 관계를 유지해 주는 것임을 기억해야 한다.

또 나이 든 부부가 오래도록 사랑을 유지하는 비결이 뭘까?

서로를 향해 애정 어린 시선으로 바라보며 끝없는 대화를 나누는 일이다. 만일 어떤 문제라도 생길라치면 이들은 곧바로 소통으로 더는 갈등의 늪을 만들지 않는다. 무엇보다도 저녁 밥상을 함께 하며 그들의 얼굴에 한결같이 그윽한 미소가 가득하다. 또 그들의 공통된 삶은 주어진 환경에 만족하며 행복을 스스로 만들어 간다. 그래서 그들은 신혼부부처럼 행복한 시간을 보내며 황혼을 아름답게 즐긴다. 의학 전문가들은 노년 부부들이 장수한 비결로서 그들이 서로 사랑하는 것이라고 설명했다. 근대 심리학의 창시자 윌리엄 제임스는 "행복하기 때문에 웃는 것이 아니라 웃기 때문에 행복한 것이다."라고 말했다. 나이 들면 누구나 죽음을 생각하지 않은 사람은 없다. 언제 그 어두운 그림자가 갑자기 찾아올지 신만이 안다. 그래서 아침에 눈을 떠서 배우자와 함께 맑은 햇살 아래 깨끗한 공기를 마시는 것에 언제나 감사의 마음을 가져야 한다. 실제로 노인의 가장 무서운 적은 죽음이 아니라 고독과 소외감이다. 그걸 극복하기 위해서는 한평생을 함께한 배우자와 행복한 미소를 짓고 애정 어린 대화를 나누어야 한다. 지난 세월을 원망하고 후회하는 것은 가장 어리석은 짓이다. 매 순간 최선을 다해 둘만의 아름다운 역사를 써 내려가야 한다.

가장 행복한 순간의 한 컷을 사진에 담는다면 어떤 장면일까?

심리학자들의 연구에 의하면, 노년 부부가 마주 앉아 맛있는 음식을 먹으며 서로 미소를 짓는 장면이 가장 행복한 순간의 한 장면이라고 했다. 이 세상 모든 여정의 끝에서 배우자에게 이렇게 말하기를 바란다.

"고마웠고 행복했어요."

스트레스 극복 방법

우리는 모두가 최소한 한 가지 이상의 질병을 앓고 산다. 그중에서 가장 많이 걸리는 질병이 있다. 그건 만병의 근원이라고 하는 스트레스이다. 스트레스는 감기처럼 사람들에게 흔히 걸리는 심각한 현대병 중의 하나이다. 또 누구나 그 병이 여러 질병에 영향을 준다는 걸 알고 있다. 몸과 마음의 긴장 상태가 반복되다가 심해지면 좌절감, 불안, 두려움 같은 현상이 일어난다. 그러면 그 원인이 뭘까?

그것은 인간관계에서 비롯된 것이 대부분이다. 또 그것이 여러 문제와 복합적으로 얽혀있다. 스트레스가 인간관계에서 비롯되었다면 그것에서 벗어나려면 마찬가지로 사람들과의 소통이다. 그렇다고 우리가 스트레스를 받지 않고 험난한 세상을 살아갈 수만은 없다. 그렇지만 그걸 덜 받을 방법이 있다. 그건 신이 우리에게 준 미소나 웃음이다. 스트레스가 만병의 근원이라고 생각하지만, 미소나 웃음이 여러 질병, 이를테면 스트레스를 치유하는 것에 그다지 많은 관심을 두지 않는 듯하다. 전문가의 설명에 따르면 크게 한번 웃으면 몸속 근육 650개 중 231개 근육이 움직이고 1,000억 개에 달하는 뇌세포를 자극한다고 한다. 이를테면 한 번 웃음으로 에어로빅이나 건강달리기의 5분 운동 효과와 같다고 한다. 그러니까 미소나 웃음은 많은 스트레스 독기를 제거해 주는 해독약이다. 자신이 하루에 진정한 미소나 웃는 시간이 얼마나 될까. 진정한 미소나 웃음은 얼굴 전체에 행복감으로 나타난다. 조엘 굿맨은 "성인이 하루 15번만 웃고 살면 병원의 많은 환자가 반으로 줄어들 것이다."라고 강조했다. 미소나 웃음이야말로 배우자에게 지상 최고의 행복을 선물하는 셈이다.

폭력으로 시달리면서도 꿈과 희망, 행복을 잃지 않은 여인이 있었다. 어떤 방법으로 참혹한 환경을 어떻게 지혜롭게 극복하였는지 그녀의 기막힌 사연을 들어보자.

그녀의 팔뚝과 눈 주변에 큼직한 멍 자국이 거뭇하게 남아있었다. 그녀는 포르투갈에서 방송국 기자인 호르케 아란테스와의 결혼생활이 고통스러워 견딜 수가 없었다고 말했다. 그는 일도 제대로 안 하면서 폭력에다 통제까지 일삼았다. 그녀가 집에 들어오면 먼저 그는 그녀의 가방을 뒤졌을 뿐만 아니라 현관문 열쇠도 주지 않았다. 어느 날 저녁 그가 몹시 화난 표정으로 들어왔다. 또다시 그의 폭력을 견디지 못해 떠나기로 결심하고 일부러 그에게 싸움을 걸어 충분한 대가를 치렀다. 남편의 폭력은 그녀가 도로에 누워서야 비로소 멈췄다. 1993년에 남편의 학대에도 그녀는 딸을 출산했다. 그녀의 딸이 생후 4개월쯤 되었을 때 고향인 영국으로 옮겼으나 가진 것이 없어서 생활고에 시달렸다. 가난한 환경에서 그녀의 삶은 붕괴되고 불안감만 커졌다. 그녀는 많은 스트레스 때문인지 웃을 일도 없는 반복되는 생활에 깊은 슬픔에만 젖었다. 마침내 그녀는 우울증 진단을 받았다. 1993년 11월 어느 날 남편이 영국에 있는 그녀의 집으로 찾아왔다. 그녀는 자기 집 밖으로 끌려나가 남편에게 또다시 폭행당한 후에야 완전히 결별을 선언했다. 일자리가 없어 몇 년 동안 정부 생활보조금으로 연명한 그녀는 자신이 잘할 수 있는 일에 모든 걸 걸기로 했다. 그건 글이었다. 그녀는 자기 마음에 담아 둔 한을 글로 표현하면서 얼굴에 즐거운 미소가 번졌음을 느꼈다고 회고했다. 세계 역사상 가장 많이 팔린 베스트 셀러 『해리포터』시리즈 저자이자 일조원이 넘는 재산을 보유한 J.K. 롤링의 이야기이다. 이젠 세상에서 가장 행복한 사람 중의 하나인 J.K. 롤링은 이렇게 말했다.

"세상에는 당신이 아직 보지 못한 멋진 것들이 아주 많아요. 그렇기에 그런 것들을 볼 수 있는 기회를 믿고, 당신 자신을 믿고 절대 포기하지 마세요."

그녀의 삶은 결혼생활에 어려움을 겪는 부부들에게 여러 가지 생각할 기회를 제공한다. 남편의 폭언과 폭행에도 자신의 자존감만큼은 잃지 않았다. 또 힘겨운 나날을 보내면서도 어린 딸을 위해 살아야겠다는 굳건한 의지가 있었다. 또 어려운 환경에서도 자신이 잘하는 일에 열정으로 도전했다. 무엇보다도 글 쓰는 내내 미소를 잃지 않았다. 스트레스와 우울증이 다가온 이유가 미소나 웃음을 잃었기 때문이다. 미소나 웃음이 없으면 행복도 없다. 누구나 어두운 그늘에서도 미소나 웃음을 잃지 않으면 여러 질병에 걸리지 않고 행복한 삶을 누릴 수 있다.

미소로 스트레스와 공황장애를 동시에 치료한 내 이웃에 사는 남성 한 분을 알고 있다. 그의 사연을 소개하면 이렇다.

매일 아침이면 그는 언제나 똑같은 정장 차림을 하고 어김없이 익숙한 그 길을 지나갔다. 나는 집 앞에서 그가 늘 입가에 잔잔한 미소를 띠며 지나가는 것을 목격했다. 그의 입가에 미소를 풍기며 즐겁게 걸어가는 이유에 대해 나는 궁금한 마음이 들었다. 몹시 추운 날 저녁, 단골로 가는 식당에서 따끈한 해장국 한 그릇을 시켰는데, 아침마다 늘 보던 그 사람이 창가 끝에 홀로 앉아 식사를 기다리는 중이었다. 나는 그의 앞에 다가가서 인사를 나누었는데, 그도 나에 대해 짐짓 알고 있다고 말했다. 우리는 식사를 함께하면서 맥주도 나눠 마셨다. 나는 그에게 평소 궁금했던 것을 물었다. "아침마다 미소를 지으신 특별한 이유라도 있으신지요?" 그가 미소를 띠며 아침을 맞이한 데는 그만한 사연이 있다고 말했다. 나는 재밌는 그의 이야기를 듣게 되었다.

"저희가 결혼한 지 7년 정도 되었어요. 4년이 흐른 뒤 주변 사람들이 아내의 첫인상이 좋지 않다고들 떠들어 댔어요. 그 이후로 아내는 극도로 신경이 곤두섰어요. 마른 체구에다가 볼살 없이 긴 얼굴이 더 길어 보이긴 했지만, 이쁜 쌍꺼풀과 오뚝한 코와 두툼한 입술에 키도 그만하면 큰 편인 아내는 제법 이쁜 얼굴이었어요. 그 이후로 사람들이 뭐라고 하지 않았는데도, 스스로 자책하며 스트레스를 받고 미간을 찌푸리다 보니 불안감이 커졌어요. 저녁에 일 마치고 집에 들어가면 아내의 짜증 섞인 표정 때문에 저 또한 생활에 의욕을 잃었어요. 마침내 아내는 정신적인 스트레스와 함께 공황장애에 시달리게 되었어요. 그러다 보니 아내를 바라보고 미소를 짓거나 몇 마디 말도 던질 수 없었어요. 저 역시 말 없는 내성적인 남편이 되고 말았어요. 직장 동료들은 제 가정사를 어느 정도 알아차린 눈치였어요. 그러던 어느 날 직장 동료 중 한 사람이 '미소'와 관련된 인터넷 사이트를 알려 주더군요. 시간 될 때마다 알려준 그 사이트에 들어가 봤어요. 미소를 지으면 그렇지 못한 사람에 비해 훨씬 더 건강하고 행복감도 더 많이 느낀다는 수많은 연구를 통해 확인되었다는 문구가 솔깃했어요. 순간 우리 가정의 얘기라는 생각이 들더군요. 더욱 마음에 든 문장이 제 눈에 띄었어요."

표정을 좋게 하려면 먼저 마음부터 개선해야 합니다. 긍정적인 생각을 가지면 그것이 얼굴에 드러나게 됩니다. 화장으로 자기 얼굴을 포장해도 마음의 부정적인 생각까지 가릴 수 없습니다. 그런고로 긍정적인 마음은 얼굴도 자연스럽게 펴지게 합니다. 매사에 긍정적인 생각과 의욕적인 삶을 가지려면 진짜 미소를 지어야 합니다. 진짜 미소(뒤센 미소)는 나와 다른 사람의 기분을 좋게 만들고, 몸의 면역력을 높이고, 스트레스 지수를 낮추고, 우울증도 극복해 줍니다. 또 입술 끝이 살짝 위로 올라가고 눈가에 보기 좋은 주름이 나타나고 두 뺨의 상반부가 들려지는 자연스러운 모습입니다. 진짜 웃음이 행복을 부릅니다.

붉게 물든 당신의 얼굴에 차츰 행복의 파랑새가 날아올 것입니다. 부정적인 마음과 주름 낀 얼굴을 펴 주는 것은 행복한 진짜 미소를 잃지 않는 것입니다. 표정을 밝게 하려면 이렇게 외치세요!
"행복은 늘 내 안에 있다."

그러면서 그가 신이 났는지 즐거운 표정을 지으며 말을 계속 이어갔다. 나 역시 그의 말이 재미있어 귀를 쫑긋 세우고 들었다.
"어느 날 아침에 일어나 세수하지 않고 거울에 비친 저를 봤어요. 제 모습이 결혼 초기의 모습이 아니었어요. 어두운 표정에 무뚝뚝하고 붉어진 얼굴이었어요. 저는 거울을 보면서 혼잣말로 이렇게 외쳤어요.

'행복은 늘 내 안에 있어!'

어제까지 부정적인 생각과 어두운 표정일랑 지워버리고, 긍정적인 마음을 갖고 진짜 미소를 짓겠다고 다짐했어요. 먼저 아침마다 밥을 지어준 아내에게 미소를 짓고 제 양쪽 집게손가락으로 아내를 향하면서 이렇게 외쳤어요.

'여보, 좋은 아침!'

'행복은 늘 그대 안에 있어!'

그리고 아침에 미소를 짓는 상태에서 당당히 출근하게 되었어요. 회사 동료들이 무슨 좋은 일이 있느냐는 표정들이었어요. 한 달쯤 지났을까. 아내의 표정에 변화가 생겼어요. 아내도 저의 표정처럼 미소를 지으며 저에게 이렇게 말하는 것이었어요.

'여보, 좋은 아침!'

'행복은 늘 그대 안에 있어요!'

그때부터 아내가 달라지기 시작했어요. 주말에 창문을 활짝 열고 봄맞이 대청소를 했어요. 저는 아내의 얼굴이 한결 밝아졌다는 걸 느꼈어요. 밝아진 아내의 표정을 보고 깜짝 놀라지 않을 수 없었어요. 아내에게 그 이유를 물었더니 아내의 대답은 의외였어요. 아내는 어두운 그늘에 부정적인 생각만 했었는데, 저의 태도가 바뀌니 자신도 모르게 긍정적으로 변하게 되었다는 것이었어요. 아내의 말을 듣고 이런 생각을 했어요. 부부 중 한 사람이 행복의 방향으로 잘 이끌면 상대도 함께 따라온다는 사실을. 미소의 힘이 그렇게 대단한 것인 줄 몰랐어요. 저희 부부는 다시 행복한 가정을 되찾았어요."

"그대의 마음을 웃음과 기쁨으로 감싸라. 그러면 일천 가지 해로움을 막아주고 생명을 연장해 줄 것이다."라고 영국의 극작가 셰익스피어가 말했다. 프랑스의 사상가인 알랭도 웃음에 관해 이렇게 표현했다. "아름다운 옷보다 웃는 얼굴이 훨씬 인상적이다. 기분 나쁜 일이 있어도 웃음으로 넘겨 보아라. 찡그린 얼굴을 펴기만 해도 마음도 함께 펴지는 법이다. 웃는 얼굴보다 더 훌륭한 화장은 없다. 무엇보다도 웃음은 인생의 보약이다."

인간은 몸과 마음이 하나로 연결되어 있어서 어떤 마음으로 웃느냐에 따라 몸에 반응하는 것이 다르다. 얼굴의 표정은 자기 마음에서 비롯된다. 그러니까 마음이 긍정적이면 행복한 진짜 미소를 지을 것이고 그렇지 않으면 일그러진 표정일 것이 분명하다. 길을 걷다가 사람들의 표정을 가끔 흘낏 보면, 대다수가 편안하고 행복한 표정을 짓는 사람이 드물다. 결혼한 부부도 마냥 행복할 순 없다. 슬프고 남을 비난하고 어딘지 어색하고 불편한 미소를 지을 때가 있다. 가짜 웃음이 그것이다. 미국의 정서 심리학자 폴 에크만은 '가짜 미소'를 개발했다. 그의 연구에 의하면 사람의 얼굴 근육 총 42개를 조합해서 19개 웃음의 종류가 있는데, 행복해서 웃는 미소나 웃음 말고 나머지 18개가 '가짜 미소'임을 밝혔다. 이를테면 서비스 종사자가 '가짜 미소'를 짓는다. 또 세계적 걸작 중의 하나인 모나리자도 '가짜 미소'를 짓고 있다.

그러고 보니 역사상 가장 유명한 화가라면 대표적으로 레오나르도 다빈치가 생각난다. 또 1503년 그가 만년에 그린 모나리자 작품도 연상된다. 이 작품은 1911년 대낮에 이탈리아 출신인 직원에 의해 도난당한 이후로, 세계적으로 주목받는 가장 유명한 걸작이 되었다. 이 작품이 세간에 사랑받는 이유는 그림 속에 몇 개의 비밀이 숨겨져 있기 때문이다. 그건 모나리자의 '눈과 표정'이다. '모나리자 효과'는 그녀의 눈이 어느 위치에서든지 관람자를 따라오는 듯한 느낌을 주는 현상을 말한다. 그녀의 눈은 마치 당신을 계속해서 보고 있는 것처럼 느껴진다. 또 모나리자의 표정은 온화하면서도 슬픈 듯 복잡하고 미묘한 미소를 띠고 있다.

"눈은 영혼이 세상의 아름다움을 보는 몸의 창문이다."라고 르네상스 시대의 이탈리아를 대표하는 천재적 미술가 레오나르도 다빈치가 말했다.

또한 모나리자의 미소를 보니 유명한 글로벌 감자칩 '프링글스의 미소'에 얽힌 유례도 생각났다. 큰 콧수염과 또렷한 앞가르마에 나비넥타이를 맨 동그란 아저씨 얼굴이 떠올랐다. 감자칩은 1968년 P&G사의 창업자인 루카시 도비슨이 개발하고 처음 유통 및 판매가 시작되었는데, 그와 프링글스에 얽힌 기막힌 사연이 있다. 이것이 실제 사실을 바탕으로 한 것인지, 아니면 소비자들을 위한 전략의 일환인지는 명확하지 않다. 그렇지만 나는 그것이 진실이라고 믿고 싶다. 그 사연의 전말은 이러하다.

2차 세계대전이 한창이던 때 연합군과 독일군이 치열했던 서부 전선에 스텔라라는 작은 시골 마을이 있었다. 나는 어린 시절 독일군의 공습에 부모를 잃었다. 다른 전쟁고아들과 함께 유일하게 할 수 있는 일은 가까운 군부대를 돌아다니다가 군인들이 먹다 버린 찌꺼기를 줍거나 그냥 거리의 사람들에게 동냥하는 것이었다. 몹시 춥고 배고픈 어느 날이었다. 며칠 동안 먹을 것을 구하지 못한 전쟁고아들이 한 가지 방법을 생각했다. 제비뽑기해서 걸린 사람이 인근 군부대 취사실로 가서 먹을 걸 훔쳐 오기로 약속했다. 그때 내가 걸려들었다. 나는 어쩔 수 없이 위험을 무릅쓰고 그 취사실로 몰래 들어갔다. 그러고는 감자와 옥수수 몇 개를 집어 들고 빠져나와 성공한 듯했다. 그런데 누군가가 나의 어깨를 투박한 손으로 꽉 잡은 것이었다. 그것이 나와 프링글스 아저씨와의 첫 만남이었다. 어둠 속에서 그의 얼굴이 가까이 다가오자 그의 시선과 나의 시선이 마주쳤다. 바로 그때 나는 대뜸 미소를 지었다. 왜 그랬는지는 모른다. 아마도 이 순간의 위기를 모면하기 위해 그랬을 수도 있고, 아마도 아저씨의 얼굴이 가까우니까 당황해서 그랬는지도 모른다. 어쨌든 나는 그 상황에서 미소를 지었다. 그 순간 우리 두 사람의 영혼 속에 불씨가 일어나는 듯이 피어올랐다. 그도 역시 나에게 미소를 보냈다. 나는 호되게 야단맞을 줄 알았다. 희미한 달빛 아래 비친 그의 얼굴에서 또다시 미소를 지으며, 감자 몇 알과 구하기 힘든 고기 몇 점을 내 손에 쥐여 주었다. 문득 그가 또다시 부드러운 미소를 지었다.

"내일 이 시간에 또 오렴." 이렇게 말하는 듯했다.

"네! 또 올게요."

나는 그렇게 대답하면서 허둥지둥 취사실을 빠져나왔다. 그는 군인이라기보다는 음식을 만들고 잡일을 담당하는 사람처럼 보였다. 무엇보다도 그는 벙어리였다. 우리의 인연은 계속되었다. 그에게서 주로 받은 것은 감자였다. 어느 날 나는 그의 손목과 팔, 얼굴에 난 상처를 보고서 어찌 된 일인지 물었다. 그는 별일 아니란 듯이 그저 미소만 지었다. 사실은 조금씩 없어진 음식을 의심하게 된 상사가 그에게 거친 폭언과 채찍으로 모질게 때렸던 것이었다. 그걸 알게 된 나는 그를 껴안고 아무 말 없이 울기만 했다. 그는 나의 등을 토닥이며 미소만 지을 뿐이었다. 그러던 어느 날 그의 부대가 포위되고 물자 공급이 차단되어 병사들이 굶는 지경에 이르게 되었다. 그럼에도 그는 자신의 급식을 나에게 꼬박꼬박 주었다. 독일군과 대치 상태가 계속되자 장교들도 점차 굶는 극단의 상황까지 이르렀다. 얼마 지나지 않아 나는 그가 탈영했다는 소식을 들었다. 놀란 나는 그를 찾아 헤매다가 그가 독일군에 사로잡혔다는 소식을 듣게 되었다. 내 눈에 눈물이 그렁거렸다. 다시는 그를 만나지 못하게 될까 봐 난 슬펐다. 다른 아이들이 말렸음에도 난 독일군의 진지로 한걸음에 달려갔다. 그곳 독일군 진영에서 어떤 연합군의 벙어리 병사가 감자를 훔치다가 곧 총살당할 것이라는 말을 듣고서 나는 재빨리 형장으로 달려갔다. 그곳에 도착하자 비명과 동시에 울리는 총성…….

총에 맞은 그가 고개를 숙인 채 그의 허름한 군모가 땅에 떨어졌고, 그와 함께 굴러떨어진 조그만 감자 네 알. 나는 그 감자 네 알을 가슴에 품고 언제까지고 울었다. 그렇다. 프링글스 아저씨는 부대를 탈영한 것이 아니었다. 그는 자신의 목숨을 거는 위험한 것이 될 수도 있다는 사실을 너무도 잘 알고 있었다. 그는 배고픔에 지친 나를 위해 감자 몇 알이라도 더 가져오려고 했던 것이었다. 세월이 많이 지났음에도 그 기억은 더 뚜렷하게 다가왔다. 당시 일은 미소가 내 삶에 내 영혼에 지친 굶주림을 해결해 주었다. 마침내 나는 내가 만든 감자칩에 그의 얼굴에 대한 기억을 더듬어 새겼고 그것을 세상에 내놓게 되었다.

우리는 여러 형태로 자신만의 보호막을 치며 살아가고 있지만 누구나 그 내면 깊은 곳에는 진실한 것들이 있다. 나는 그중 하나가 '미소'라고 말하고 싶다. 미국의 작가 앤서니 제이 디안젤로가 말했듯이, 미소는 모든 사람의 마음을 열 수 있는 열쇠라고 했다. 미소를 잃지 않고 자기 삶에 최선을 다한다면 언젠가는 꿈꾸었던 그 희망이 찾아온다. 그러기에 미소는 더욱더 소중하고 값진 것이다. 서로에게 미소를 보내라는 마더 테레사 수녀는 이렇게 말했다.
"당신의 아내에게, 당신의 남편에게, 그리고 당신의 아이들에게, 서로에게 미소를 지으세요.
그가 누구든지 그건 중요하지 않아요.
미소는 서로에 대한 더 깊은 사랑을 갖게 해 줍니다."

미소는 스트레스를 관리하고 감소시키며 긍정적인 마음을 유지하는 데 큰 도움을 준다. 즉 미소를 지을 때 우리의 얼굴에 긴장을 풀고 뇌에 행복 호르몬인 엔도르핀을 분비한다. 이것이 미소의 힘이다. 결국 미소는 부부관계뿐만 아니라 모든 인간관계를 더욱 돈독하게 이어준다. 그런데 스트레스를 받다가 차츰 심해지면 어떻게 될까?

스트레스가 차츰 심해져서 정신질환으로 발전한다. 그에 대한 몇 가지 사례가 있다. 주변의 경험담을 여기에 기억나는 대로 옮겨 싣는다.

[사연 1] 공황장애

오십 대 후반의 그 남성은 화를 참을 수 없어 숨을 쉬지 못할 지경이었다고 말했다. 어느 날 아내로부터 생각지도 않게 위압적인 말투와 회사에서 그의 마음이 뭉개지는 말을 들었다. 당시에 회사의 일로 심한 스트레스를 받은 상태였다. 그는 자신의 자존심을 잃지 않으려고 애를 썼다. 그 이후로 가슴이 답답하고 숨쉬기가 버거워서 근처 병원 응급실로 실려 갔었다. 그렇지만 그 원인을 찾지 못했다. 그다음 병원에서 공황장애 진단을 받았다. 지금은 약을 먹고 치료 중이다. 그는 "분노를 조절하고 스트레스를 적게 받고 고통을 덜어낼 수 있도록 평소에 관리했더라면 병이 찾아오지 않았을 텐데……."라고 후회했다.

[사연 2] 우울장애

　대기업에 다니는 38세 여성은 학창 시절에 꽤 공부를 잘했다. 오히려 그것이 그녀에게 스트레스로 다가왔다. 부모가 원하는 대학에 진학하면서 불면증과 우울증이 더 심해졌다. 그런 트라우마가 있는 상태에서 주변의 극성 때문에 떠밀리다시피 결혼까지 했다. 그녀는 행복한 결혼생활을 제대로 이어갈 수 없었다. 결국엔 2년 만에 이혼하고 나서야 스스로 잘못되었다는 걸 깨달았다. 이제 우울증 치료를 받은 지 1년이 되었다. 그녀는 "내 안의 아픈 것에 관심을 두고 적극적으로 대처하지 못했다."라고 말했다.

[사연 3] 불안장애

　아내와 상의 없이 불쑥 잘 다니던 회사를 퇴사한 46세 남성은 생각했던 사업이 실패하면서 바닥으로 떨어졌다. 그는 그다음 수를 생각하지 못했다. 어느 날 아침 출근길에 갑자기 쓰러졌다. 단순히 과중한 업무 때문이라고만 생각했다. 병원에서는 별다른 문제가 없다고 말했다. 지인의 권유로 찾아간 정신과에서 불안장애 진단을 받았다. 그는 늘 미래 사업 걱정에 잠도 제대로 이루지 못했고, 수입이 창출되지 않는 것에 늘 불안감을 느끼며 살았다. 오한과 온몸에 참을 수 없을 정도로 통증이 밀려왔다. 정신질환은 남의 얘기라 생각했다. 장애 치료를 받으며 상태가 호전되긴 했지만 '불안'은 여전하다고 말했다.

[사연 4] 조울증(양극성 장애)

　66세 그 여성은 식당을 운영해서 큰돈을 벌었다. 하지만 몸이 쑤시고 어딘지 모르게 온몸이 아팠다. 손님이 많을 때면 신이 나다가도, 손님이 뜸할 때면 축 처진 어깨에 기분마저 우울했다. 마침내 식당을 접고 설상가상 부동산 사기까지 당하면서 앞으로 살아갈 일이 막막했다. 부동산 사기가 계속 머리에 떠올랐다. 심지어 일하려고 해도 나이가 들어 받아줄 곳도 마땅치 않았다. 그녀는 심한 스트레스로 쓰러졌고 가족들에 의해 병원에 실려 갔다. 조울증(양극성 장애)에 걸린 것이었다. 꾸준히 치료는 받고 있으나 좀처럼 회복될 기미가 보이지 않았다. 그래도 살아야 한다는 의지로 꾸준히 병원에 다녔다. 누구나 경험할 수 있다는 의사의 말에 그녀의 삶에 안정이 찾아왔다.

　우리의 몸은 스트레스를 받으면 탄수화물이 많은 음식을 더 찾게 된다. 만일 분노가 치밀어 배가 고프고 당이 떨어지는 느낌이 든다면 이건 분명 스트레스로 인한 가짜 식욕일 것이 분명하다. 삶에 스트레스가 반복되다가 심해지면 질병으로 이어진다. 흔히 사람들은 운동하고 병원에서 처방 약을 먹고 편안하게 쉬면 된다고들 말한다. 그러나 그것은 말처럼 쉬운 일이 아니다. 여기에 간단하게 치료할 수 있는 한두 가지 방법을 소개하겠다.

　먼저 산에 올라가든 동네 한 바퀴를 돌든 달리기하든 걷든 자기 몸을 많이 움직여야 한다. 그러면서 배우자와 대화를 나누면서 심신을 안정시키고, 그러는 사이에 미소는 잃지 말아야 한다. 미소를 지으면 대부분 행복한 결혼생활로 이어진다는 것은 여러 통계에서 잘 나와 있다. 게다가 미소를 짓는 사람이 평균 소득도 생존율도 높다. 다시 말하면 미소는 심장 박동수를 급격히 느리게 하여 수명을 연장할 수도 한다. 대개 동물은 심박수가 대체로 인간에 비해 빠르다. 긍정적인 생활로 삶에 만족하면 오래 산다는 것은 불변의 진리이다. 탐 윌슨이 말했듯이 미소는 당신의 코 바로 밑에서 찾을 수 있는 행복이다. 셰익스피어도 미소에 관해 이렇게 말했다.

"당신이 원하는 것을 검으로 이루려 해서는 안 된다. 미소로 이루는 것이 좋다."

결혼식 날 신랑 신부의 아름다운 미소는 그 어떤 것과도 견줄 수 있겠는가! 그것은 신비스럽고 백만 불짜리 미소이다. 앳되고 맑은 미소는 은은한 향기를 내뿜고, 그윽하고 행복한 눈빛은 모든 어두운 세상을 촛불처럼 환하게 비춰 주는 듯 영롱하다. 봄이 우리에게 생동감을 넘치게 해 준다면, 그들의 미소는 에메랄드빛처럼 세상을 그리 물들게 한다. 행복한 모습을 오래도록 유지하기 위해서는 그대의 삶을 사랑하고 미소를 지어라!

신이 준 위대한 선물은 바로 '미소'이다.

9장
나만의 방

　남편과 대화를 나눌 기회조차 없이 인생의 절망과 슬픔에 젖은 한 여성이 있었다. 올해로 결혼한 지 3년이 된 38살 그녀는 결혼 자체가 그저 하나의 허황된 꿈이라는 생각이 들었다고 말했다. 자신 없는 목소리로 그녀가 다음 말을 이어갔다.
　남편이 가부장의 권위를 중히 여기는 유교 가정에서 성장해서인지 매사를 자기중심적으로 판단하고 행동하는 바람에 그녀는 내내 슬펐다. 슬픔은 그녀를 자주 힘들고 외롭게 만들었다. 그녀는 특별한 결혼생활을 바라는 것이 아니었다. 다른 부부들처럼 저녁을 함께하면서 일상적인 작은 일을 나누고 가끔은 산책도 하는 것이었다. 그런 그녀의 희망이 사라지자 분노를 넘어 허무감만 남았다. 말 한마디 없이 저녁 식사를 할 때가 많았고, 저녁 식사 후 남편은 자기 방으로 가서 좋아하는 컴퓨터 게임을 하는 것이 그의 저녁 생활 루틴이었다. 저녁이면 그녀의 마음은 늘 허전하고 쓸쓸했다. 그때마다 그녀는 18개월 딸아이에게 자기의 처량한 모습을 보일 수 없어서 베란다로 나가 소리죽이며 운 적이 여러 번 있었다. 시간을 돌려놓을 수 없다는 절망에 그녀의 가슴이 저렸다. 온갖 고초를 푸념 한번 없이 감내하며 살아온 그의 어머니처럼, 남편은 자기 아내도 그런 삶을 살기를 바라고 있었다. 그런 그의 말을 결혼 전에 들었다면 지금처럼 절망감은 피할 수 있었을 것이라고 부인이 말했다. 그러면서 그녀는 자기 얼굴에 흐르는 눈물을 소맷자락으로 훔쳤다. 그리고 나서 그녀는 나에게 자신의 어린 시절의 이야기 하나를 들려주었다.

"저는 딸 둘에 아들 하나 이렇게 삼 남매 중 큰딸로서 남녀 차별이 상존하는 가정에서 자랐어요. 어릴 적부터 커서 시집가면 행복하게 잘 사는 것이 저의 희망이자 꿈이었어요. 평범한 지방대학을 나온 저와 비교도 안 될 만큼, 남편은 일류대학 출신에 굴지의 무역회사에 다니고 있어요. 사실 그를 보자 첫눈에 반해서 3개월 만에 결혼했어요. 남편이 제 인생의 희망과 꿈을 이루어 주길 믿었어요. 그러나 결혼 첫날부터 서로의 방향이 달랐어요. 남편은 결혼 전의 생활 방식 그대로 유지한 채 가족과 보내는 시간보다 자기의 욕구대로 행동했어요. 주말이면 골프 백을 들고 나갔다가 늦게서야 집에 들어와요. 한번은 남편과 대화를 시도했지만, 그는 일이 많다거나 피곤하다는 핑계로 다음에 얘기하자고 했어요. 남편이 야속하긴 했지만 전 행복한 결혼생활을 위해 노력했어요. 결혼에 대한 저의 로망을 지키기 위해서요. 이젠 몸도 지쳤고 마음도 아파요. 딸아이가 있긴 하지만 이혼도 생각하고 있어요."

나는 지금의 결혼 상태가 지속하기 어렵다면 그 후에 그녀의 마음속에 혹시 두려운 감정이 무엇인지 궁금했다.

"결혼 전에는 저 자신을 온갖 보호막으로 둘러싸고 살았는데, 이젠 남편의 사회적 그늘막이 없어지는 것이 두려워요. 또 이혼녀에 대한 사회적 불평등 때문에 힘겨운 시간을 보내는 것도 자신이 없어요. 게다가 엄마라면 누구나 느끼는 감정이지만 아빠 없이 불안정한 아이로 키울 자신도 없고요."

그 순간 그녀의 눈에서 참았던 눈물이 또 쏟아졌다. 힘들어하는 그녀에게 나는 이런 말을 전했다.

"먼저 남편의 삶 자체를 인정하셔야 합니다. 그리고 결혼생활에 대해 긍정적인 생각을 가지세요. 그러면 당신의 마음이 편해질 겁니다. 남편도 가부장의 권위를 지겹게 들으며 자랐을 것이고, 거기에 공부까지 잘했을 겁니다. 당신의 희망과 꿈을 남편의 출세에 건 만큼, 언젠가 그가 성공할 수 있게 함께 노력하시면 좋겠습니다. 그리고 행복한 가정을 꾸리면서 당신의 지혜로 남편을 서서히 가정사에 참여시켜 보세요. 남편이 뭔가 달라질 겁니다."

얼마 지나지 않아서 그녀로부터 전화 연락이 왔다. 그녀는 밝은 목소리로 이렇게 말했다.

"말씀하신 대로 긍정적인 마음을 가지려고 애썼어요. 먼저 저 자신에게 격려와 칭찬을 자주 말했어요. 그다음은 남편의 행동 자체를 인정했더니 제 마음이 편해지더군요. 어느 날 저녁 식사 중에 남편이 제가 많이 변한 것 같다고 말했어요. 그 후로 남편은 저에게 관심을 보이기 시작했어요. 이를테면 '이번 주말에 등산하러 가자!', '오늘 저녁 외식하면 어떨까!', '해외여행이나 갈까!' 같은 것들이었어요. 그래서인지는 몰라도 전보다 대화 시간이 늘었어요. 무엇보다도 남편이 가사에 점점 더 많이 참여하게 되었어요. 지금 상태로 시간이 그대로 멈추었으면 좋겠어요. 정말 감사합니다."

성장하면서 저마다 결혼의 목적을 자기 마음에 품고 있다. 나는 확고한 가부장적 중심에 뿌리내린 남편과 결혼생활이 힘들다는 그녀의 말을 충분히 이해할 수 있다. 그렇지만 자라온 환경이 서로 다르고 배우자에 대한 이상형 기준이 서로 다른 사고방식 때문에 두 사람 모두 힘든 건 마찬가지이다. 20세기 전반 현대신학의 3대 거장인 독일의 신학자 폴 틸리히가 말했듯이, 사랑의 첫 번째 의무는 상대방의 이야기에 귀 기울이는 것이라고 했다. 또 프랑스를 대표하는 최고의 작가 빅토르 위고도 이렇게 말했다.

"여자가 무언가를 말할 때, 그녀가 눈으로 무얼 말하고 있는지 잘 들어라."

결혼생활에서 제일 중요하게 생각할 것은 자기중심의 세계를 넘어 상대의 처지에서 바라보아야 한다. 그런 다음 상대의 말을 유심히 들어야 한다. 그것이 남녀 차별의 벽을 낮추고, 가정 민주화를 이루는 올바른 길이다. 양성평등을 강조한 스페인의 비판적 사상가 그레고리오 마라농은 성별에 관해 이렇게 정의했다.

"두 성별은 한쪽이 열등하거나 우월하지 않으며, 단순히 다를 뿐이다."

친정아버지의 남아 선호 사상 때문에 상처받았던 유년기를 보내고, 결혼 후에도 친정아버지의 사고방식 때문에 부녀간의 정을 끊어야 할지 고민이라는 중년 여성이 있었다. 그녀가 친정아버지와 무슨 문제인지 그녀의 얘기를 들어보자.

그녀는 아이를 낳고 육아 휴직 기간에 친정에 머물렀다. 그때부터 아버지와 잦은 다툼이 끊이지 않았다. 그녀의 아버지는 대놓고 시댁에 가야지 왜 친정에 오냐는 말투에 그녀는 분해서 여러 번 눈물이 나곤 했었다. 아버지는 늘 그런 식이라는 것이었다. 또 명절 때에도 시댁으로 갈 며느리가 여기로 오면 어떡하냐며 아버지는 늘상 딸을 무시하는 경향이 짙었다. 그녀의 아버지는 딸의 감정을 생각하지 않고 대놓고 이렇게 말했다.

"딸은 시집가면 그걸로 우리 집과는 끝이야!"

실제로 시댁은 제사를 지내지 않아서, 그녀에게 부담을 주지 않으려고 명절 연휴 기간 중 편안한 시간에 오라고 시댁 부모님이 배려해 주셨다. 어렸을 때 할아버지와 할머니, 그리고 부모님과 함께 시골에 살면서 유독 막내아들만 잘 챙겨주는 것에, 그녀의 어린 마음이 늘 불편했다. 큰딸인 그녀와 여동생은 사랑과 관심을 막내 남동생이 차지하는 모습을 그저 옆에서 바라만 보았다. 아버지는 큰딸을 이방인 대하듯 했고, 그녀는 그 외로움을 공부로 달래었다. 그러다 보니 그녀는 학창 시절 공부를 꽤 잘해서 좋은 대학에 들어갔고, 그 덕에 좋은 직장도 어렵지 않게 들어갈 수 있었다. 추석과 설날 때면 식구들이 모인 자리에서 늘상 막내아들이 우리 집 대를 이을 거라고 말씀하셨다. 그런 고지식한 아버지의 성격이 늘 마음에 걸렸다. 아무리 그렇다 해도 같은 자식인데 아들만 선호하는 아버지에 대해 지금도 이해가 가지 않는다고 그녀가 눈물을 글썽거리며 말했다. 마음에 상처투성인 그녀에게 부녀간에 천륜을 저버린 일이 일어났다. 어느 날 아버지가 술에 잔뜩 취해 휘청거리는 발걸음으로 간신히 집에 들어왔다. 그러고 나서 아버지는 곧바로 아들에게 전화를 걸어 이렇게 말했다.

"너는 우리 집에 대를 이을 사람이야. 그걸 명심해라. 여자가 생겨 결혼할 때 이 아버지가 모든 걸 다 해 주마. 그리고 도시 생활이 힘들면 이곳으로 내려와도 돼. 가게 하나 해 줄게."

시골 주변 재개발 덕분에 아버지가 가진 땅도 덩달아 올랐다. 그 이후로 아버지는 남아선호가 더욱더 심해진 것 같다고 그녀가 말했다. 그녀는 다음 날 마음을 굳게 먹고 아버지에게 말했다.

"아버지 눈엔 아들만 자식이고 딸은 자식이 아닌가요?"

그러자 아버지는 어제 일을 까맣게 잊은 듯이 그런 거 없다고만 말할 뿐이었다. 그녀는 바로 그런 아버지의 얼굴을 다시는 보고 싶지 않다고 했다.

아마도 그녀는 남아 선호적인 아버지에 대해 원망도 서러움도 있었을 것이다. 그럼에도 결혼해서 잘 사는 모습을 그녀가 부모에게 보여주고 싶었을 것이다. 부녀간에 갈등하는 그녀에게 이런 충고를 했다.

"부모의 그늘 밑에서 마음속 깊이 새겨진 감정은 평생 한 사람의 인생을 따라다니며, 때로는 지배하고 고통스런 삶을 이끌기도 합니다. 먼저 어릴 때 느꼈던 부정적인 마음의 상처를 치유해야 합니다. 나를 외롭게 하고 비참하게 만들었지만, 남아 선호가 전부인 아버지를 원망해서는 절대 안 됩니다. 그 이유는 부인이 새로운 하나의 가정에 주인이기 때문입니다. 남편과 자식은 당신의 숨소리만 들어도 슬픈지 외로운지 힘든지 느낍니다. 그러니까 긍정적인 마음을 갖도록 노력해야 합니다. 시골에서 태어나 자라면서 행복했던 일도 있었을 겁니다. 할아버지와 할머니의 정이나 동화 같은 자연의 혜택을 틀림없이 느꼈을 텐데, 그걸 당신의 마음에 담아 둬야 합니다. 당신의 아버지가 갖고 계신 편견과 차별이 뚜렷한 가정 문화에서 부인이 아버지의 사상에 대해 변화를 요구하는 건 하나의 욕심입니다. 그 자체로 받아들여야 합니다. 당신의 아버지는 전통으로 내려오는 통속적인 제사, 전통 예절, 남아선호사상 같은 걸 지키고 실행하는 것이 그분에게 삶의 도리라고 생각하고 있을 겁니다. 그런 아버지를 이해하고 인정해야 합니다. 또 재산은 오로지 그분의 것입니다. 아버지의 재산에 관심을 둔다면 그만큼 당신의 삶이 힘들어집니다. 그걸 당신 마음에서 내려놓으세요. 지금은 상처받은 당신의 자존감을 되찾는 일이 더 중요합니다. 다른 사람을 위해서가 아니라 오로지 사랑스럽고 소중한 부인의 가족과 자신을 위해서입니다. 자기 스스로 존중하고 칭찬을 습관화하다 보면 곧 자신감이 생길 겁니다."

나는 그녀의 얼굴이 성난 표정에서 밝은 표정으로 바뀐 걸 느낄 수 있었다. 그리고 그녀는 부드럽고 자신감 있는 표정으로 말했다.

"선생님 말씀을 듣던 중에 저는 '한 가정에 주인'이라는 말씀에 책임감을 느꼈습니다. 친정아버지와 다르게, 저는 제 아이에게 적대감이나 질투심 대신 사랑과 배려하는 법을 가르치겠습니다. 또 초라한 모습을 돌아보면서 제 자존감이 회복될 수 있도록 노력하겠습니다."

부모가 자식들을 각기 다르게 대한다면 형제자매는 자라면서 각기 다른 것을 경험한다. 어떤 아이는 자신의 사랑을 동생에게 박탈당하는 것을 경험하고, 또 어떤 아이는 자기가 부족한 존재라 생각하며 열등감을 느끼게 된다. 남성 위주의 사회구조는 남아 선호라는 불공평한 사회 질서를 영속화하는 것이다. 반면에 오랫동안 억압받은 여성들은 성차별주의에 자유롭지 못하고, 심각한 정신적 갈등에 시달릴 수밖에 없다. 차별은 사회적 편견이나 선입견에 의해 행동으로 나타난다.

"세월은 누구에게나 공평하게 주어진 자본금이다. 이 자본을 잘 이용한 사람에게 승리가 있다."라고 애뷰넌드가 말했다. 또 천재 물리학자 아인슈타인도 "신 앞에서 우리는 모두 평등하게 현명하고 똑같이 어리석다."라고 했다. 우리는 모두가 같다는 뜻이다. 불평등, 차별 같은 가정의 고질병을 치유할 수 있는 유일한 길은 남편과 아내가 서로 조화롭고 균형 잡힌 상태가 되는 것이다. 그것이 가정의 소중한 행복을 유지하는 길이다.

의도적으로 아내의 재산을 빼돌리려는 남편에 대해 어떻게 하면 좋을지 심한 고민에 빠진 사십 대 중반의 부인이 있었다. 결혼 2년 차인 그 부인은 부부간에 심각한 문제 하나가 있었다. 문제의 발단은 이러했다.

2년 전 어느 독서클럽에서 만난 그 사람은 순수하고 성실하게 보였다. 돈벌이가 일정하지 않다는 것이 단점이었지만 그녀의 마음이 벌써 그 사람에게 가 있었다. 액세서리 가게를 운영하는 그녀는 돌아가신 아버지가 남긴 8층짜리 빌딩 하나가 있었다. 경제적인 면에서 그와 결혼이 문제 될 것이 없다고 그녀는 생각했다. 그렇게 결혼생활 1년쯤 지나자 남편의 본색이 서서히 드러나기 시작했다.

남편은 모임에 그녀를 데리고 나간 일이 한 번도 없었고, 그녀는 남편의 친구들이 궁금해서 집에 그들을 초대하고 싶었지만 번번이 거절당했다. 또 그녀가 친구를 만나고 들어오는 날에는 무엇이 그리 못마땅한지 남편이 부루퉁한 얼굴로 그녀에게 말도 안 붙였다. 그러던 어느 날 그녀는 남편에게 물었다.

"여보, 내가 친구 만나는 것에 어떤 불만이라도 있는 거예요?"

남편은 잠시 아무 말이 없다가 짧게 대답했다.

"무슨 말을 하는 거야?"

그녀가 다시 질문했다.

"불만 있으면 말해야 알지."

남편은 당황스러운 표정으로 말했다.

"당신, 요즘 너무 예민해진 것 같아."

남편은 아내의 말을 이해하지 못하는 척하면서 그녀를 자꾸 의심하는 것처럼 보였지만, 부인은 가정에 불화가 번지지 않기 위해 더는 남편과 얘기하지 않았다.

어느 날 부인은 건물을 청소하는 아주머니한테서 전화 한 통을 받았다. 사장님의 남편이 젊은 여자와 팔짱 끼고 방금 나갔다는 것이었다. 그녀는 혼자서 괴로워하며 고민하고 있었다. 내가 좋아서 결혼했는데 절대 후회 없이 이 남자와 행복하게 잘 살자고 그녀 스스로 다짐했다. 그녀는 남편이 바람을 피운다는 사실보다는 그녀의 삶이 너무 초라해 보인 것에 스스로 화가 났을 것이다. 삶이 정해진 질서에 따라 순리대로 진행되지 않고, 그녀가 계획한 결혼 여정에 대해 혼란을 겪고 있을지도 모른다. 이럴 때 친구들을 만나 수다를 떨면 도움이 되겠지만 친구들을 만난 지 이미 오래되었다. 그러면서 그녀는 집안 어디에도 자신만을 위한 공간이 없다는 것에 이유 없이 허무감에 흔들릴 때가 있다고 말했다. 얼마 지나지 않아 이번엔 건물 관리소장으로부터 연락이 왔다. 이사님이 상가 월세 입금 통장에서 현금을 자주 인출하는 것 같으니 확인해 보라고 했다. 사실을 확인해 보니, 남편은 회사 카드를 관리소장에게 주면서 여러 번 인출을 요청했었다. 남편은 그 상가건물의 총괄 관리 이사직을 맡고 있었다. 남편이 그럴 만한 이유가 있을 거라고 생각했지만, 그러면서도 그녀는 자신의 마음을 의심하게 됐다.

"이 남자가 정말 그 여자와 살림을 차린 건가?"

그러고 보니 지난 몇 달 동안 부부관계를 갖지 않은 것이 이상했다. 저녁에 남편이 들어오면 궁금한 것을 물어보고 싶었지만, 자칫 남편과 멀어지게 될까 봐 그녀는 두려웠다. 그러던 어느 날 남편이 누구와 술을 마셨는지 잔뜩 취해 들어와서는 곧바로 침대로 가서 잠이 들었다. 이윽고 남편의 잠꼬대에 그녀는 놀라지 않을 수 없었다. 남편은 뭐라고 중얼거리며 잠꼬대를 해댔다.

"내가 반드시 마누라 재산 모두를 갖고 너랑 멀리 외국으로 뜰 거야!"

그때 그녀는 믿을 수 없을 만큼 무척 당황스럽고 황당해서 그녀의 영혼이 이탈하는 것만 같았다면서 슬피 울었다. 다음 날 부인은 빌딩 사무실로 나가서 입출금이 적힌 출납부와 통장 잔액까지 모두 확인했다. 예상보다 많은 돈이 빠져나간 것에 그녀의 마음은 분노가 일었다. 심지어 이사님이 부동산에 빌딩 매매에 따른 시세도 알아보고 있다는 빌딩 직원의 말에 그녀는 남편을 증오하게 되었다. 그녀는 순간 이 세상에 나 혼자뿐인 것이 슬펐다고 말했다. 모든 진상을 알게 된 그녀는 일부러 태연한 표정을 지으며 혼자서 중얼거렸다.

"그 사람에게 모든 걸 맡기는 것이 아니었어! 경찰에 고소할까! 바로 이혼해 버릴까! 아니면 진심으로 잘못을 시인하면 못 이긴 척하고 용서할까!"

그녀는 나에게 자신의 인생에서 어떤 결정을 내리는 것이 현명한지 모르겠다면서 공허함에 견딜 수가 없다고 했다.

그녀에게 해 줄 말이 특별하게 생각나지 않았다. 그녀의 갈등이 집안의 소소한 것이 아니기 때문이다. 이건 가정사의 범위를 넘어 범죄에 가깝다. 그렇지만 안타까운 그녀에게 올바른 판단을 할 수 있게 이렇게 말을 전했다.

"그 사람은 당신과 사랑해서 아름다운 결혼생활을 그리려는 애초의 계획이 없었을 겁니다. 그는 당신의 전 재산을 털어 외국으로 떠날 계획을 하고 있을지 모릅니다. 외국이 아니더라도 당신의 재산을 어떻게든 빼돌리려고 할 겁니다. 즉 그 사람은 당신을 사랑한 것이 아니라 당신의 재산을 사랑한 것입니다. 그런 사람과 한평생 사랑하면서 결혼을 지속할 수 없습니다. 당신 재산의 손실을 파악해서 경찰에 고소할지 모든 걸 용서하고 그냥 이혼만 할지를 생각하셔야 합니다."

며칠이 지나서 그녀에게 전화가 걸려 왔다. 손해 본 것이 그다지 크지 않아 그냥 그 사람과 이혼만 하기로 했다는 것이었다.

중국 『경행록(景行錄)』에서는 "만족할 줄 알면 즐거움이 따르나, 분수를 모르고 재산을 탐하면 근심이 뒤따른다."라고 했다. 돈은 인간의 욕망과 욕심을 드러내는 거울이며 평생 탐한 재물은 하루아침에 티끌이 된다.

열심히 살았다고 생각했는데 허무감과 외로움에 빠져 방황하는 시기가 중년이다. 중년의 나이에 다람쥐 쳇바퀴 돌 듯 정해진 틀에 박힌 채로 열심히 살다 보면 누구나 한 번쯤은 일상에서 벗어나 자신의 정체성에 대해 깊이 생각하게 되는 순간이 있다. 더군다나 결혼이 여성에게 낭만적인 환상을 심어 주고, 동시에 자유를 구속하는 이율배반적인 것으로 중년 여성의 자아를 회복하는 것이 얼마나 어려운 것인지를 보여주는 작품 하나가 있다. 2007년 노벨문학상을 수상한 도리스 레싱의 대표작인 『19호실로 가다』이다. 결혼이라는 굴레는 왜 한 인간의 내면에 자유의 시간을 허락하지 못하는 걸까? 중년의 나이에 평생 자신이 누구인지 모른 채 결혼제도, 가족제도의 철탑에서 아내 역할, 엄마 역할 같은 어떤 역할만으로 바쁘게 살아야만 하는 걸까? 중년 여성의 자아가 세상 어디에도 없고, 오로지 '19호실'에만 존재하는 이유가 무엇인지 그 내용을 여기에 옮겨 보겠다.

『19호실로 가다』의 첫 문장은 도전적이다. "나는 이것이 지성의 실패에 관한 이야기라고 생각한다."로 시작한다. 수잔과 매튜는 지성에 기반을 둔 그야말로 완벽한 커플이다. 수잔은 광고회사 디자이너이고, 매튜는 신문사 편집 차장이라는 번듯한 직업을 갖고 있었다. 12년 동안 그들은 시골 저택에 네 자녀와 함께 행복하게 살고 있었다. 다른 가정처럼 집안 곳곳에 그녀의 손길이 닿아야 하는 상황에서도, 그녀는 자신의 처지를 한마디도 불평하지 않았다. 그렇지만 그녀는 답답함과 고독, 외로움을 억눌렀다. 그녀는 남편의 외도를 알았을 때도 화를 내야 했지만, 부부의 연과 아이들 생각에 내색 없이 결혼생활의 어긋난 균열을 지혜롭게 봉합했다. 하지만 그 과정에서 그녀는 차츰 집안일에 손을 놓게 됐다. 아이를 돌봐줄 소피와 집안일에 파크스 부인이 그녀 대신에 모든 걸 맡았다. 소피의 양육에 완전히 적응하는 아이들의 모습에서 수잔은 모든 희생과 열중했던 것들이 타인으로 대체할 수 있음을 알게 됐다. 수잔은 자유롭지 못하다는 말을 남편에게 자주 말했다. 하지만 매튜는 그녀의 말을 듣고서 한참 후 대답했다.

"수잔, 도대체 어떤 자유를 원하는 거야? 그런 건 죽기 전에는 불가능해! 나라고 자유로운 줄 알아?"

전업주부인 수잔은 아이들을 학교에 보낸 뒤 평온한 정원 한가운데 있을 때 화살에 찔린 듯한 쓰라린 고통을 느끼곤 했다. 마흔을 훌쩍 넘긴 수잔은 내면의 자아를 애써 부정하면서 현실 속으로 되돌아가려고 하지만, 진실한 자신의 내면이 서서히 침식됨을 느꼈다. 그녀는 혼자만의 시간과 공간이 필요했다. 오로지 홀로 자기 내면과 대화하고 싶은 바람. 그건 남편과 아이들에 대한 그녀의 진정한 사랑과는 별개의 문제였다. 2층의 빈방도 나중에 가족들의 공간이 되어 버렸다. 그래서 시내 프레드 호텔 19호실에 잠시 머물면서 짧고도 행복했던 혼자만의 시간을 느끼며 즐겼다. 그곳은 그녀의 고독감과 허무감을 떨쳐버리기에 완벽한 공간이었다. 매튜는 호텔에서 혼자 있다가 돌아오는 수잔의 복잡 미묘한 심리를 도저히 이해하지 못했을 것이다. 그 이유는 수잔에게 관심을 기울이지 않았고, 그녀의 아픈 마음에 귀를 기울이지 않았기 때문이다. 어느 날 매튜는 대뜸 의심의 눈초리로 말했다.

"수잔, 4인조를 이루면 어떨까?"

"왜 안 되겠어요?"라고 그녀는 대답했다.

그러자 매튜는 당당한 목소리로 수잔에게 말했다.

"우리 함께 점심 식사하러 만납시다. 내 말뜻은, 당신은 지저분한 호텔로 몰래 나가고, 나는 사무실에 늦게까지 머물며, 서로들 모두 거짓말을 해야 하는 것은 우스꽝스럽다는 거요."

19호실의 공간이 남편의 흥신소 뒷조사로 결국엔 그녀에게 꼭 필요했던 최후의 공간마저 깨지며……. 수잔은 수만 갈래의 생각 끝에 유일한 그녀만의 소통의 길을 택했다. 낡고 초라한 19호실을 다시 찾은 그녀는 문과 창문을 꼭꼭 틀어막은 뒤 새어 나오는 가스 소리를 들으며 어둠의 강 속으로 천천히 잠겨 들어갔다.

이 작품에서 많은 문학 비평가가 끊임없이 질문을 던지는 것이 있다. "수잔이 자살을 선택해야만 했을까?"

20세기 중반, 당시의 사회적 상황에서 이 질문을 명확하게 정립하기란 쉽지 않다. 어떤 비평가는 남편과 진실한 대화를 나누었다면 수잔이 극단적인 선택은 하지 않았을 거라고 결론을 내렸다. 또 어떤 비평가는 수잔은 가정의 소중한 책임을 다하지 못한 이기적인 여성이라고 주장했다. 또 어떤 비평가는 가족과의 연을 끊고 그녀 자신과 전혀 연고가 없는 곳으로 떠났으면 달라졌을 거로 생각했다.

이 작품에서 작가가 말하고 싶은 확실한 것이 한 가지가 있다. 20세기 중반 전후의 유럽은 문명화된 관행적 사회 제도를 암묵적으로 만들었다. 쉽게 설명하면 가정이라는 철탑에서 여성의 호흡 불능 상태가 유지되고 있었다. 가부장적 사회 풍토를 기반한 결혼에서 여성이 자기의 자아를 회복하는 것이 얼마나 어렵고 고통스러운지를 절실하게 보여주고 있다. 남녀 간에 평등이나 차별 없는 사회가 아직 정립되지 않은 불평등한 당시의 영국 사회의 현실에서 아내로서, 엄마로서, 그리고 여자로서 당당하게 말할 수 없는 사회를 고발하는 것일 것이다.

이 세상에 수잔처럼 살아가는 사람이 있다. 즉 아내나 엄마는 존재해도 여자는 어디에도 없어 보이는, 또 남편이나 아버지는 존재해도 남자는 어디에도 없어 보이는, 그런 가정의 굴레에서 가족을 사랑하고 동시에 온전히 나만의 독립적인 공간이자 유일한 안식처인 '나만의 방'이 필요하지 않을까?

결혼의 무대에 내가 더 이상 설 자리가 없다면 지쳐 있을 때이다. 대부분 방은 자식들이 모두 차지하고 혼자만의 시간이 사라진 일상에서 영혼의 자유를 위한 나만의 공간이 없다. '나만의 방'은 문명화된 사회에서 자신을 잃어가고 지친 모두에게 존엄한 삶을 위해 필요한 안식처를 의미한다. 세계적으로 유명한 정신분석학자이자 사회심리학자 에리히 프롬은 사랑에 대해 이렇게 정의했다.

"사랑은 지배하는 것이 아니라 자유를 주는 것이다."

'나만의 방'을 보니 유명한 여성 작가 버지니아 울프의 『자기만의 방』이 생각났다. 일정량의 할 일이 있으면 온전한 일생을 보낼 수 있다고 그녀가 말했다. 그러면서 일정한 금액의 수입이 있고 자기만의 방이 있다면 대문호 셰익스피어가 될 수 있다고도 했다. 그녀는 또 '양성평등론'도 강조했다.

결혼한 부부들은 대화의 중요성을 알고 있다. 하지만 대화 방법은 매우 서툴다. 중년 부부들에게 허무감과 외로움, 그리고 고독감을 극복하는 절대적인 것이 있다면, 그것은 조그만 산소 같은 공감적 소통을 나눌 수 있는 '나만의 공간'일 것이다. 즉 아픈 마음을 치유하고 영혼을 달래줄 수 있는 곳이 필요하다.

영혼의 자유를 위한 나만의 소통 공간을!

영원한 동반자

푸른 잔디 위에서
모든 것이 완벽한 이 순간
서로를 보며 미소 짓네.

우린 서로를 바라보며
지난날 사랑의 추억을
내 사랑과 함께 노래하리.

긴 여정을 함께 걸어오며
우리의 변함없는 마음속엔
언제나 사랑이 가득하네.

황혼이 저무는 끝자락에서
그대의 손을 놓지 않고
영원히 그대와 함께하리.

— 정성인

III부

행복의 길을 찾은 부부

배우자에게 사랑받는 유일한 방법

"사랑의 반대는 미움이 아니라 무관심이다. 예술의 반대는 추함이 아니라 무관심이다. 믿음의 반대는 이단이 아니라 무관심이다. 그리고 삶의 반대는 죽음이 아니라 무관심이다." 노벨평화상을 수상한 엘리 위젤의 말이다. 그는 가정생활이든 사회생활이든 삶을 황폐케 만드는 최악의 주범이 바로 '무관심'이라고 진단했다. 서로의 무관심은 틀림없이 대화 단절을 초래할 것이고, 이는 시한부 생활로 이어질 것이 분명하다.

남편의 무관심 때문에 결혼생활에 회의감이 들어 이혼도 고려 중이라는 어느 전업주부가 있었다. 겉으로 보기에 이들 부부는 다른 평범한 부부들처럼 자식을 잘 성장시키기 위해 열심히 노력했고. 이따금 서로의 감정을 해치며 말다툼은 하나 이내 풀리고, 내 집 마련이라는 소박한 꿈을 꾸며 살고 있었다. 그러면서도 한편으로는 이들 부부가 안고 있는 큰 문제 하나가 있었다. 결혼 후 남편은 자기의 취미 생활에만 관심을 두고 있었으며 가정사는 무관심 속에 그대로 방치하고 있었다.

퇴근한 남편은 맥주 몇 개를 사 들고 집에 들어오자마자 곧바로 자기 방에 가서 밥 차릴 때까지 나오지 않았다. 그러고는 저녁밥만 먹고 또다시 자기 방에 들어가서 새벽 4시까지 나오지 않는 것이었다. 부인은 가정사에 관한 얘길 할라치면 피곤하다는 남편의 핑계로 진실한 대화를 나눈 적이 별로 없었다. 아마도 남편이 주식에 푹 빠져 중독된 것 같다고 부인은 눈물을 글썽이며 말했다. 부인은 가정에 무책임하고 무관심한 남편과 대화를 나누려고 무척 노력했다. 둘만의 분위기를 마련해 보기도 했었고, 저녁 식사 시간에 대화를 시도하기도 했었다. 그럴 때마다 돌아오는 건 피곤하다는 남편의 무뚝뚝한 반응만 있었다. 그러던 어느 날, 6살 된 딸아이가 엄마에게 불쑥 이렇게 말했다.

"아빠는 엄마가 싫어하는 걸 왜 하는지 잘 모르겠어?" 아이의 그 말에 부인은 사태의 심각성을 느꼈을까. 아이의 마음에도 그렇게 느꼈는데, 이 아이가 성장해서 부모의 모습을 어떻게 받아들일지 생각해 보니, 부인은 가슴이 답답하고 불안감에 우울증마저 온 것만 같다고 말했다. 세계 최초로 대학교육을 받은 시청각 장애인이자 사회 운동가인 헬렌 켈러는 무관심에 대해 이렇게 말했다.

"과학은 거의 모든 병을 치료할 수 있는 길을 찾아낼지도 모른다. 그러나 그 가운데 가장 나쁜 것 – 인간에 대한 무관심을 치료하는 방법은 찾아낼 수 없다."

나는 결혼생활에 지쳐 있는 그 부인에게 이렇게 조언했다.

"한 집안의 가정사는 부부가 함께 솔직하고 담백하게 대화를 나누는 것이 정석입니다. 그럼에도 불구하고 놀랍고 흥분된 심정으로 상대를 무작정 대화의 장으로 끌어들이면 더 안 좋은 결과만 초래합니다. 남편의 비정상적인 행동에 부정적인 시각에만 초점을 맞추지 말고 부인의 긍정적인 감정에 더 치중하세요. 부인의 삶에 남편이 참여하든 안 하든 인생의 주인공은 부인 자신이라는 점을 잊지 마세요. 즉 무슨 일이든 감정에 흔들리지 말고 현실을 긍정적으로 수용하세요. 부인의 감정은 전부 부인의 몫입니다. 자신을 사랑하세요."

그로부터 2개월이 지난 뒤, 부인은 정상적인 결혼생활로 바뀌었다고 말했다. 그럴 수밖에 없었던 것에 대해 부인은 이렇게 설명했다.

"가정사에 대한 남편의 무관심과 관계없이 제 삶에 더 집중했어요. 그러니까 남편이 뭔가를 안 해줘서 섭섭했거나, 제가 외롭고 힘들었던 일련의 패턴부터 바꾸기 시작했어요. 그러는 시간에 외로운 감정을 통제하고 조절해서 제 삶에 긍정적이고 행복한 마음을 하나둘 채우는 방법을 찾기 시작했어요. 아니나 다를까 예상한 대로 무참히 뭉개진 제 자존감이 서서히 회복되자 대번에 심리적으로 여유가 생기더군요. 그러는 사이에 이해할 수 없었던 남편의 반응을 알게 되었고, 이상한 부정적인 상상을 하지 않아도 되는 게 기뻤어요. 어느 날 저녁이었어요. 서서히 제 옆에 다가온 남편이 지난날 잘못에 대해 용서를 빌더군요. 그 이후로 저는 가정사에 대해 남편과 솔직하게 대화를 나누기 시작했어요. 때론 남편이 아이와 대화를 나눌 때가 제일 행복했어요."

때로는 배우자의 부정적인 마음을 바꾸기 위해 애쓰기보다는 자신의 긍정적인 마음에 더 집중하는 것이 필요하다. 말하자면 상기 사례의 부인처럼 부정적인 마음의 짐을 내려놓아야 한다. 사회생활에서 침묵을 지키는 편이 사람들에게 좋은 인상을 주어 존중을 받게 될지 모른다. 그러나 가정생활에서 침묵은 미국의 인권 운동가 마틴 루터 킹 목사가 말한 것처럼, 침묵하는 날부터 부부의 삶은 끝나기 시작한다. 배우자에게 사랑받는 유일한 방법은 배우자의 마음에 귀를 기울이는 것이며 그것은 배우자에게 무관심이 아닌 관심을 두는 일이다.

사회 통섭적인 관점에서 전혀 어울릴 것 같지 않은 부부가 있었다. 그의 더벅머리는 꼬불꼬불 목까지 길렀고 구릿빛 얼굴에 눈은 찢어진 듯 옆으로 뻗었고 쿤타킨테처럼 부르튼 입술에다 땅딸막한 체구였다. 남편은 음악을 하는 기타리스트이다. 반면에 아내는 키가 165센티미터이고 긴 머리에 뽀얀 피부를 하고 한눈에 반할 만큼 미인이다. 더군다나 아내는 지성과 미모에 자타가 인정하는 한의사이다. 이들 부부가 결혼한 지 6년이 지났음에도 단 한 번도 다툰 적이 없었다. 그 비결을 그녀에게 물었다.

"비결이랄 것도 없지만, 남편은 제 얘길 잠자코 듣고서 말할 수 있게 저에게 질문을 던져요. 제가 계속 말하면서도 더 많은 얘길 할 수 있게끔 남편은 무한히 노력해요. 정말 전 아무것도 한 것이 없어요."

잠시 후 아내에게 던진 질문을 남편에게도 던졌다. 그러자 음악가인 남편은 아내의 말에 귀담아듣고 사소하지만 관심을 둔 것이 결혼생활의 비법인 것 같다고 말했다. 가령 백화점에서 원피스를 고를 때 그것을 유심히 보고 남편은 이렇게 말했다.

"지금 입은 것은 점잖아 보이네. 근데 바로 전에 입었던 것이 더 귀엽게 보여." 혹은 "지금 이쁘긴 한데 한 치수 낮은 게 좋을 듯해."

늘 그런 식으로 관심과 애정을 보이자 행복한 표정이 부인의 얼굴에 역력했다는 것이었다. 한집에 살면서 매일 같은 시간에 밥을 함께 먹는다고 해서 부부의 소임을 다하는 것이 아니다. 적어도 서로가 무엇이 필요한지, 힘든 것이 무엇인지 관심을 가질 때 부부의 진정한 가치가 시작된다.

"인간은 관심이 없으면 아무것도 창조해 내지 못하고 풍부해지지도 못한다."라고 미국의 저명한 정신분석가이자 『절망이 아닌 선택』으로 스테디셀러 작가인 디오도어 루빈이 말했다.

이번엔 남편이 게임 중독에 빠진 사례 하나를 들어보자.

결혼한 지 5년이 지났는데 남편은 여전히 술과 게임과 친구가 좋다고 했다. 남편의 가장 큰 문제는 회사 일을 마치자마자 게임방(피시방)에 달려가서 새벽 2시까지 게임을 하다가 집에 들어오는 횟수가 일주일에 5번 정도로 게임 중독에 빠져 살고 있다는 것이었다. 부인은 남편이 게임방에 갔다 오면 찝찝하고 쾌쾌한 냄새가 싫다고 말했다. 그러면서 부인은 가까스로 참아 가며 살고 있는데, 남편과의 결혼생활을 어떻게 해야 할지 몰라 망설였다. 그러던 어느 날 부인의 슬기로운 지혜로 남편의 게임 중독에 대한 해결 방법을 찾아냈다. 부인은 남편에게 이렇게 제안했다.

"당신 의지대로 게임을 하되, 주말이면 가족과 함께 등산하기로 약속해요."

부인의 제안을 남편은 흔쾌히 받아들였다. 부인의 말에 의하면 처음엔 힘들었는데 시간이 지날수록 게임의 시간이 점차 줄었다는 것이었다. 언제부턴가 남편이 주변의 산책로를 찾아 가족과 함께 즐길 때도 있었다. 그러면서 부인은 남편과 대화시간을 점차 늘려 나갔다. 무엇보다도 남편이 게임방에 가지 않고 집에 일찍 들어오는 것이 제일 기뻤다고 부인은 자신감 있는 표정으로 말했다. 부인의 뛰어난 지혜가 없었다면 서로의 마음에 관심을 가질 그 어떤 것도 없다는 점이다. 부인은 남편이 신선한 공기처럼 바로 옆에 있어주길 소망했다. 그것이 또 남편이 해야 할 첫 번째 역할이라고 부인이 덧붙여 말했다.

"주변 사람들에게 저지르는 가장 큰 죄는 그들에 대한 미움이 아니다. 무관심이야말로 가장 큰 죄다. 무관심은 비인간성을 대표하는 반인간적인 감정이다." 노벨문학상을 수상한 버나드 쇼의 말이다. 부부가 관심 없이 서로 다른 방향을 바라볼 때 부부관계가 지속될 수 있을까? 서로가 관심을 두고 한 방향을 바라볼 때 행복한 결혼생활이 지속된다는 것은 분명한 사실이다.

그런데 관심이 지나치면 오히려 간섭일 수 있다. 관심은 애정 어린 마음으로 상대에게 존중을 표시하는 긍정적인 감정이다. 하지만 간섭은 개인의 사생활이나 가정사에 참견하는 부정적인 감정이다. 양가 부모들이 자신들의 살아온 경험과 삶의 철학을 미래를 향해 나아가는 부부에게 조언해 주는 것은 관심일 수도 있지만, 지나칠 정도로 개입하면 오히려 간섭일 수도 있다. 내가 만났던 어느 중견기업의 간부인 그녀는 사회적으로 인정받는 유능한 여성이었다. 그녀는 내게 시어머니의 지나친 간섭에 대해 어떻게 극복했는지 그 비법을 얘기해 주었다.

그녀는 회사의 업무와 관련해서 회의하느라 오전에 눈코 뜰 새 없이 바빴다. 그럴 때마다 시어머니는 며느리의 처지를 생각하지 않고 거의 매일 오전에 전화를 걸어 이렇게 말하곤 했다.

"얘야, 아침밥은 먹었니? 아침엔 꼭 물 한 잔 마시도록 해라! 애는 학교 잘 보냈겠지?"

그녀는 직원들과 회의 중에 시어머니로부터 전화가 걸려 오면 극도로 신경이 곤두서서 짜증이 날 때가 많았다. 그런 일로 남편에게 말했지만 돌아온 대답은 한숨이 절로 나오게 했다.

"어머니는 단순하게 당신에게 관심을 보일 뿐인데, 당신이 너무 과민반응을 보이는 게 아니야?"

나는 그녀의 얘기를 들으면서 이런 생각이 들었다. 남편 입장에서는 관심일 수 있지만, 그녀의 관점에서는 간섭으로 느껴질 수 있다. 나는 이런 사소한 것에서 갈등의 불씨가 일어난다고 생각했다. 남편은 어머니가 아니라 배우자의 말에 늘 귀를 기울여야 한다. 그러니까 아내가 어머니의 전화로 불편을 느꼈다면, 남편은 아내의 처지에서 다시 생각해야 한다. 남편의 시각에서는 평범할 수 있는 일이지만 부인의 처지에서는 불편함을 느낄 수 있기 때문이다. 나는 그 부인에게 이렇게 조언해 주었다.

"부인은 남편이 이해할 수 있게 설명해서, 어머니가 무심코 며느리에게 오전에 전화하는 걸 삼갈 것을 말씀하세요."

그 이후로 시어머니로부터 오전에 전화가 걸려 오지 않아 그녀는 편안하게 일에 집중할 수 있었다. 불편한 것이 있으면 그것을 마음에 두지 말고 바로 상대에게 말해야 한다.

어느 날 문득 배우자가 쑥스러워 제대로 표현하지 못하다가 고심 끝에 가볍게 툭 던진 말이 있다. 그런 말은 현재 배우자의 마음 상태를 말하는 것이다. 배우자가 무심코 던진 말을 가볍게 넘기지 말아야 한다. 또 말을 꺼내기 어려운 문제는 분위기 있는 장소(공원,

카페, 배우자가 좋아하는 곳 등)에 가서 자신의 마음속 이야기를 꺼내고 함께 풀어가야 한다. 이혼의 끝자락에서 이 방법을 써서 다시 행복한 가정으로 돌아온 사례를 흔히 찾아볼 수 있다.

"상대에게 환영을 받는 사람은 기지(奇智)와 지혜가 풍부한 사람이거나, 남의 말을 경청할 줄 아는 사람이다."라고 스페인의 철학자 발타자르 그라시안이 말했다. 상대의 말과 행동에 공감하면 자신의 마음에 문이 열리게 된다. 13세기 페르시아 시대의 시인 사아디는 무관심에 대해 이렇게 표현했다.

"아담의 자녀들은 누구 할 것이 없이 한 몸에서 나온 한 형제다. 한 사람이 아프면 상대도 아픈 법이다. 따라서 상대의 고통에 무관심한 사람은 인간이란 말을 들을 자격이 없다."

부부가 오래 살다 보면 서로에 대해 잘 알고 있다고 생각한다. 그 바람에 연애 시절이나 신혼 시절과 다르게 상대에 대해 궁금해하지도 질문도 하지 않는다. 즉 배우자에 대해 더 이상 알려고 하는 관심이 없어서일까. 예를 들어 말하자면 이런 것들이다. 결혼생활이 길어지면서 말 한마디 없이 침묵하는 배우자, 집안일이나 육아 문제에 전혀 관여하지 않고 자기 일에만 관심 있는 배우자, 성격이나 가치관이나 생활 습관에서 매사 대립하면서도 전혀 자신을 바꿀 생각이 없는 배우자……. 결혼생활의 기간과 무관하게 연애할 때처럼 평소 사소한 일이라도 관심을 두고 궁금해하면서 배우자에게 끊임없이 묻고 공통점을 찾아야 한다. 그렇지 않으면 침묵의 부부가 되고 만다.

서로에 관해 관심이 없자 이젠 쇼윈도 부부처럼 지낸다는 어느 중년 남성의 얘기를 들어보자. 그 중년 남성은 국내 굴지의 전자 회사에서 부장직의 직책을 맡으며 남부럽지 않게 살고 있었다. 그는 결혼한 지 13년째이고 10살 된 아들이 있었다. 이미 2년 전부터 각방을 쓰고 지내며 사실상 별거 상태라고 그가 말했다.

맞벌이 부부인 그들에게 집안일은 여간 곤혹스러운 일이 아니다. 식사는 각자 자율적으로 해결한다. 다행스러운 것은 아내가 친정어머니에게 부탁해서 간신히 아이를 돌봐주고 계신다. 그 중년 남성은 그의 아내와 성격이 너무나도 달라 정상적으로 결혼생활을 꾸려 가기가 어렵다고 말하면서 갑자기 목이 메어 그다음 말을 잇지 못했다. 나는 그의 결혼생활에 관한 얘기를 더 듣고 싶어졌다. 그의 마음이 진정될 때까지 나는 가만히 지켜만 보고 있었다. 이윽고 나는 그의 다음 말을 이어서 들을 수 있었다.

"저희는 한 식탁에 앉아서 함께 밥도 먹지 않았고, 또 심지어 여행 중에 잦은 다툼에서 큰 싸움으로 번지는 일이 한두 번이 아니었어요. 그래서 각방을 쓴 이후로 함께 여행 간 적이 전혀 없어요. 저나 제 아내는 따로 시간을 내서 혼자 여행하거나 지인들과 함께 각자 휴가를 즐겨요. 아이도 있고 주위의 시선도 있고 해서 기본적인 부부관계만 유지하고 있지만 사실상 각자 삶을 살기로 암묵적으로 합의한 상태예요. 어디서부터 문제의 발단이 되었는지 모르겠어요."

나는 그 중년 남성에게 이렇게 조언했다.

"선생님께서 아내를 직접 만나서 대화를 나누는 것이 좋겠지만,

그러면 틀림없이 서로가 화부터 낼 것이 분명하므로 좋은 방법이 아닙니다. 서로 만나지 않고 소통할 방법은 문자 메시지나 편지 쓰기가 있어요. 우선 문자 메시지로 선생님의 솔직한 마음을 아내에게 전달해 보세요. 그런 후 진척이 있으면 선생님의 생각을 편지에 고스란히 담아 아내에게 직접 전달하세요. 어쩌면 한두 번으로 아내의 마음이 잘 열리지 않을 수 있어요. 그렇더라도 중단하지 마세요."

내가 일러준 대로 중년 남성은 아내에게 그의 진실한 마음을 문자 메시지로 여러 차례 보냈다. 시간이 지나자 다행히 부인의 태도에 변화가 있었다. 그는 자신감을 얻기 시작하더니 다음 날 아침에 그의 솔직한 마음으로 쓴 편지를 테이블 위에 살짝 올려놓고 출근했다. 그날 오후에 아내로부터 메시지를 받고 첫 데이트 장소인 레스토랑으로 달려갔다. 그의 아내는 마치 신부께 고해 성사를 하는 사람처럼 차분한 어조로 말을 꺼내기 시작했다.

"여보, 당신과 아무 말 없이 지냈던 지난 몇 년 동안 숨조차 쉬기 힘들 정도로 마음이 괴로웠어요. 사실 내일 아침에 이혼할 결심으로 법원에 가려고 했어요. 당신이 내 마음을 이해하지도 관심조차도 없어서, 진정으로 날 사랑하지 않는 줄로만 알았어요. 이제 그럴 필요가 없어졌어요. 당신이 힘들게 일하면서도 날 생각해 준 것에 대해 오해했던 것 같아요. 미안해요, 여보!"

아내의 진실한 슬픈 고백에 그도 고개를 숙인 채 말없이 눈물만 흘렸다. 그들 부부는 살면서 진실한 대화를 단 한 번도 나누지 않았다. 그러던 어느 날 마음에도 없는 어떤 오해의 불씨가 일었고,

그 순간부터 서로가 평행선을 긋고 침묵 상태에 빠진 것이었다. 자기 가치 기준에 상대가 변화해 주길 바라는 부부가 있다. 그건 어리석은 욕심이다. 서로의 자존심이 강하면 끝없는 두 평행선만 달릴 게 분명하기 때문이다. 스페인의 대표 철학자 발타자르 그라시안은 이렇게 말했다.

"상대의 말을 잘 들어주는 사람은 파도를 일으키지 않는 조용한 바다와 같다."

가정의 큰 파도 없이 평안과 화목을 지키기 위해서는 상대의 마음에 늘 귀를 기울여야만 한다. 무엇에 목말라 있는지, 무엇을 갈망하는지, 어디가 아픈지 상대의 말과 행동에 늘 관심을 가져야 한다. 그러면서 그것에 관해 서로 진솔하게 대화를 나누어야 한다. 미국의 정신분석학자 로렌스 굴드가 말한 것처럼, 사람이 사업적으로 혹은 가정적으로 실패하는 많은 원인은 '실패하면'이라는 자신의 모순된 생각에 몰두하고 있기 때문이다. 자기 자신은 상대에 대해서 무시하고 배려하는 일이 없으면서, 상대가 자신을 좋아하지 않는다고 불평한다. 상대가 당신에게 관심을 가지게끔 하고 싶거든, 당신 자신의 눈과 귀를 닫지만 말고 오히려 상대에게 늘 열려 있어야 한다. 이점을 이해하지 않으면 아무리 사회적으로 인정받고 능력이 있더라도 가정에서 배우자와 사이좋게 지내기는 불가능하다. 아예 관심을 없애 버리면 다툼이 없을 것으로 생각하겠지만, 결국 다툼이 없는 남남이 된다. 또 간섭을 없애면 편하게 살 수 있을 줄 알았으나, 외로움이 뒤쫓아 온다. 내가 당신에게 관심이나 사랑을 주기 때문에 당신도 나에게 관심이나 사랑을 주라는 것은 구속이 될 수 있다. 『데일 카네기 인간관계론』 저자 데일 카네기가 말했듯이, 배우자가 나에게 관심을 두게 하려고 애쓴 10년의 결혼생활보다 배우자에게 진심 어린 관심을 둔 한 달이 더 많은 관심을 받게 한다는 것을 명심해야 한다.

   늘 생각하고 관심을 가져야 할 이유는 상대가 또 하나의 나이기에 소홀히 생각해서는 안 되기 때문이다. 사랑이 무엇인가를 이해하려고 노력하기 보다는 사랑을 어떻게 실천할 것인가에 관심을 가지는 것이 행복으로 가는 길이다.

세상에 하나뿐인 내 편

"나라가 어지러우면 훌륭한 재상을 생각하고, 집이 가난하면 어진 아내를 생각한다." 『사기(史記)』(중국 역사서)에 나온 말이다. 가정에 어진 아내가 있으면 절대로 가난하지 않다는 뜻이다. 남자는 여자 하기 나름이라는 말도 있듯이, 지혜로운 아내는 남편의 마음에 평화를 찾아 주고 삶의 희망이 가득 담긴 풍성한 지혜를 남편에게 제공해 준다. 현명하지 못한 사람은 자신을 도와준 아내의 고마움을 으레 망각한 채, 부모님의 은덕이니 자기 지식과 재주로 모든 걸

성취했다고 생각한다. 그러다가 마침내 자기 재산과 사회적 지위를 모두 잃고서야 힘이 되고 도움을 주었던 자기 아내를 생각하며 후회한다. 하지만 그땐 아무런 소용이 없는 일이다. 나중에 후회할 일은 하지 말아야 한다.

좋은 아내 덕분에 크게 성공한 사람들은 역사적으로 흔하며 지금도 그렇다. 프랑스의 입체파 화가인 폴 세잔은 그림을 그리는 것에 대해 열정적이었다. 그렇지만 그는 세간의 이목을 받지 못했다. 세잔은 하나의 예술적 그림을 완성하기 위해 투혼을 불사르고 있었다. 그러다가 마음대로 그려지지 않으면 조금도 망설임 없이 휴지통에 냅다 버리곤 했다. 그러는 사이에 괜한 시간 낭비였다는 사실에 한탄하며 그는 연거푸 냉수를 마셔댔다. 그럴 때마다 그의 아내는 그가 버린 그림을 주워다가 말없이 화실에 다시 갖다 놓곤 했다. 그러자 세잔은 아내가 갖다 놓은 그림에 다시 손을 데어 그럴싸한 작품이 완성되어 '목욕하는 여인들', '전원풍경' 같은 역사적인 걸작품들을 남길 수 있었다. 반 고흐, 고갱과 더불어 3대 후기 인상파 화가로서, 근대 회화의 아버지라는 호칭을 얻을 수 있었던 건 바로 그의 아내 덕분이었다.

기업에 명석한 인재 한 명만 있으면 그 기업은 크게 달라지듯, 가정에 지혜로운 아내가 곁에 있다는 건 행복한 삶을 지탱하는 힘이 된다. 결혼한다는 것은 또 하나의 내 사람을 만드는 일이다. 즉 이 세상에 유일한 내 편이 존재한다는 것은 전사처럼 외로움과 두려움에 대항해서 싸워 이길 수 있는 근원적인 위력을 발휘하는 것이다. 착한 아내와 건강은 남편에게 가장 훌륭한 재산이다. 우리의 행복은 십중팔구 건강에 의해 좌우되는 것이 보통이다. 거지도 건강하기만 하면 병든 왕자보다도 더 행복하다고 독일의 철학자 쇼펜하우어도 말했듯이 건강은 소중하다. 하지만 그렇지 못한 사연 하나가 있다. 건강이 좋지 못한 아내를 위해 무한 책임을 다하며 살아가는 육십 대 후반의 남편이 있었다. 텔레비전에도 방영되었던 내용을 여기에 소개하고자 한다.

햇볕이 따갑게 느껴지는 6월의 어느 날, 특이한 자세로 산에 오르는 남자가 있었다. 그는 쭈그린 자세를 하고 경사진 길을 쉬지 않고 뒤뚱거리며 기어서 올라간다. 산을 오르내리던 사람들은 하나같이 오리걸음 자세로 올라가는 그를 보며 무척 신기한 표정을 지었다. 누구나 한 번쯤 체육 시간에 선생님이 벌로 오리걸음을 시켜 다음날에 아파서 걷기조차 힘든 추억이 있을 것이다. 해발 378미터 고지를 향해 단지 오리걸음만으로 오른 지 40여 분 만에 첫 휴식을 취했다. 그 시간에 피디가 그 남자에게 질문을 던졌다.

"그런 자세로 올라가시면 힘들 법도 한데, 몸은 괜찮으세요?"

그 남자는 그의 눈을 타고 비 오듯이 흐르는 땀을 닦으며 말했다.

"힘들어도 이겨내야죠. 자신과의 싸움이잖아요."

그는 몸이 어딘가 불편해서일까, 아니면 도를 닦기 위해 수련을 하는 걸까. 아무리 생각해도 오리걸음 동작으로 정상까지 오른다는 건 어려운 일이다. 그는 다시 오리걸음 자세로 기어오르면서 속도를 내는 것이었다. 그러고는 그가 짧게 말했다.

"속도를 높이지 않으면 체력이 강해지지 않아서요. 그래서 하는 거예요."

그가 산 정상에 이르러서는 힘든 기색 없이 여러 운동기구를 이용해서 또다시 운동을 시작했다. 육십 대 후반의 나이치곤 전혀 믿기지 않을 정도였다. 그의 배는 젊은 사람도 만들기 어려운 초콜릿 복근이었다. 그가 힘든 동작으로 산을 오르내리는 기이한 사연을 듣기 위해 그 피디는 그와 함께 그의 집으로 발걸음을 옮겼다. 그는 집에 돌아와서 능숙하게 나름의 식사 준비로 밥을 먹는다. 혼자라서 대충 먹는 것이 아니라, 영양 보충에 필요한 식단에 맞춰 8년째 해오고 있는 일이다. 샤워를 마친 그는 분주하게 새 옷으로 갈아입고서 소파에 앉았다. 그런 다음 누군가에게 전화를 걸었다. 여러 번 통화한 듯 익숙한 어투로 그가 말했다.

"안녕하세요. 영상통화 가능할까요?"

이윽고 화상통화에 모습을 드러낸 사람은 요양병원에 입원 중인 그의 아내였다. 그녀는 말할 수도 움직일 수도 없었다. 그래서 전화를 받을 수도 없는 그녀는 간호사가 있어야 간신히 남편과 영상통화가 가능하다. 전날보다 더 예뻐졌다고 남편이 말하자 아내는 눈을 깜빡거렸다. 아내가 표현할 수 있는 유일한 방법은 눈을 깜빡거리는 것밖에 없었다. 아내가 작은 반응만 보여도 남편에게는 아주 소중한 것이었다. 그러면 남편은 아내의 반응에 이렇게 대답한다. "여보, 빨리 나아서 크루즈 여행 함께 가자. 사랑해!"

이때 요양병원 간호사가 끼어들며 남편에게 말했다.

"이제 들어가도 될까요?"

"네, 감사합니다." 남편이 대답했다.

지금부터 6년 전 교통사고로 아내의 머리에 충격이 있었고, 그 후유증으로 알츠하이머 판정을 받았다. 남편은 그의 자녀들에게 아내를 간호하는 데 힘이 부친다고 말했다. 그래서 3년 전 그와 자녀들이 상의해서 전문적인 돌봄 센터인 요양병원으로 옮기는 것에 동의했다. 그때부터 남편은 운동을 시작했고, 중병에 걸린 아내가 돌아올 것을 확신하며 체력을 키우고 있었던 것이었다. 그러면서 그가 덧붙여 말했다.

"아내가 병실에 누워만 있다가 퇴원하면 잘 못 걷잖아요. 근육이 없으니까요. 아내 옆에서 수발이며 함께 병원도 다녀야 하는데 감당이 안 되어 제가 또 쓰러지면 큰일이잖아요."

10년 전 그는 식자재 배송일을 하다가 급성심근경색으로 쓰러졌고 지금도 병원에 가서 검진받고 있다. 아내의 손과 발이 되기 위한 길은 자신의 체력을 길러 강해지는 것이라고 말했다. 그런가 하면 그는 자기 아내에 대한 희망의 끈을 절대 놓지 않겠다고 다짐했다. 사랑이야말로 가장 강력한 에너지가 있다는 걸 그 남편은 알고 있었던 것일까. 또 그것이 아내의 병을 충분히 고칠 수 있다고 믿는 것일까. 그의 아내가 여러 환경적 제한을 받고 있어도, 그들의 사랑만큼은 변함이 없는 것 같다. 그렇게 자신의 병과 싸우면서도 남편의 전화에 그리 좋아하는 모습에서, 사랑은 서로의 세계를 연결해 주는 영혼의 다리임이 분명하다. 보이지 않는 영혼을 사랑의 힘을 빌려 현실로 만드는 걸 보면.

17세기 프랑스 시인이자 대표적 우화작가 라 퐁텐이 말한 것처럼, 남자는 여자의 배우자일 뿐 아니라 정신적으로 아내의 친구가 되어야 한다. 또 20세기 위대한 독일의 시인 라이너 마리아 릴케는 결혼에 관해 이렇게 말했다.

"훌륭한 결혼이란 서로가 상대방을 자기의 고독에 대한 보호자로 임명하는 그런 결혼이다."

결혼 후에 내가 존재하는 목적은 오로지 단 한 사람에게 필요한 삶이 되겠다는 초심을 지키는 것이다. 남편은 가정에 대한 책임감이 있어야 결혼생활을 잘 꾸려나갈 수 있다. 더군다나 부부간에 신뢰가 깨진다면 올바른 결혼생활을 유지할 수 있을까? 마음에 흠집이 나고 머릿속에 배우자에 대한 나쁜 이미지로 각인 되었을 때 상대와 함께 밥을 먹더라도, 한 침대에 누워 자더라도 사랑하는 마음이 싹틀 수 있을까? 사랑해서 결혼했으면 죽을 때까지 사랑으로 감싸며 함께 지내야 한다. 그것은 남편이 아내에 대한 의무이자 책임이다.

사랑이 있는 곳이 곧 마음의 고향이라 생각하는 사람이 있었다. 진정한 사랑이 무엇인지 실천하는 사연 하나를 들어보자.

사십 대 후반인 그는 지방의 자동차 부품 공장에서 기술공으로 일하고 있었다. 그가 자기 아내에 대한 진실한 사랑 얘기를 친구인 나에게 전해 주었다. 그는 매주 금요일 저녁이 되면 어김없이 아내가 있는 집으로 차를 몰고 갔다. 그의 회사에서 집까지는 276킬로미터 정도나 되는 거리이며 차로 대략 네 시간 정도 소요된다. 그의 회사가 중심지에서 다소 떨어진 곳이라 대중교통은 불편하고 시간도 더 많이 걸린다. 몇 년 동안 한 주도 거르지 않고 아내가 있는 집으로 달려갔다. 아내에 대한 애정이 없으면 도저히 불가능한 일이다. 또 그는 나를 만나면 언제나 이렇게 말하곤 했다.

"이 세상에서 내 아내가 제일 사랑스럽고 이뻐."

그러면서 그는 또 이렇게까지 생각하고 있었다.

"내 아내가 있는 곳이라면 그곳이 진정한 내 마음의 고향이야!"

어느 금요일 저녁에 그는 집으로 가지 않고 종합병원 병동으로 향했다. 아내가 입원했기 때문이었다. 얼마 전 그의 아내가 자궁 검사를 했는데, 의사 선생님은 그곳에 혹이 생겨 제거해야 한다는 것이었다. 그래서 남편의 수술 동의서가 필요하다는 것이었다. 그의 아내는 남편이 옆에 있어서 의지가 된다고 하면서 수술해도 안심이 된다고 말했다. 그가 병원에 도착하고 얼마 지나지 않아서, 보호자 보조 침대로 가서 눕자마자 세상모르고 바로 곤잠에 들었다. 다음 날 아침에 아내가 묵고 있는 5인실 병실에서 환자들이 난리가 났다. 그들은 부인의 남편이 드르렁 코 고는 소리가 요란해서 간밤에 한숨도 못 잤다는 것이었다. 그의 부인은 일부러 태연한 표정을 지으며 목소리 높여 대답했다.

"내 남편이 언제 코를 골았다고 그래요!"

병실에서는 언쟁이 벌어지고 서로의 마음을 해치며 잘잘못을 따지고 있었다. 샤워하고 돌아온 그가 밖에서 가만히 듣고 있었다. 병실 밖까지 아내가 맞대응하는 소리에 그는 그만 눈물을 흘리고 말았다. 세상에 하나뿐인 아내가 너무도 고마웠던 것일까. 병실 내 소리가 잠잠해질 때쯤 그가 조용히 들어가서 말없이 아내를 꼭 껴안았다. 아내는 남편의 행동에 영문도 모른 채 그저 남편의 가슴이 마냥 편안하고 좋았을 것이다.

월요일 아침에 그는 금식했다.

그는 아내가 입원한 병원에서 미리 예약해 둔 건강검진을 받기 위해서였다. 그는 회사에서 일주일간 특별 휴가를 얻었다. 요즈음 일이 많아서인지 쉽게 피로해지기 일쑤라고 그가 나에게 말했다. 검사 결과는 일주일 뒤에 나올 것이지만, 아내가 입원해서인지 3일 후에나 알 수 있다고 했다. 그는 검사를 마치자 마침 약속이나 한 듯이 아내의 손을 꼭 잡고 수술실로 가는 걸 동행했다. 수술은 세 시간 삼십 분 만에 무사히 잘 끝났다. 마침내 마취가 풀리자 통증으로 괴로워하는 표정이 아내의 얼굴에 역력했다. 그로부터 며칠이 지났다. 검진 결과가 나와서 남편은 홀로 의사 선생님을 만나러 갔다. 담당 의사는 '간암 말기'로 진단했으며, 살날이 이제 몇 달 남지 않았다고 덧붙였다. 난 그가 세상을 떠나기 얼마 전에 그를 보러 병원을 방문했다. 예전에 통통하고 자신감이 넘치던 그의 자태는 사라지고 얼굴에 뼈만 남은 듯 핼쑥했다. 그는 힘없는 목소리로 말했다. 그는 거친 풍랑 속의 쪽배처럼, 험난한 바다에 홀로 선 외로운 아내의 모습을 떠올리면 걱정된다고 나에게 털어놓았다. 그러면서 그는 통장 하나와 도장을 내게 건네주며 이렇게 말했다.

"자네에게 부탁이 하나 있네. 이건 결혼해서 아내를 위해 푼푼이 부은 적금통장일세. 다음 달이 만기일이라 아내가 좋아할 거라 믿네. 이걸 꼭 좀 내 아내에게 전달해 주게."

나는 그에게 말했다.

"그걸 자네가 부인에게 직접 전달하는 게 좋지 않겠나?"

그는 가쁜 숨을 몰아쉬며 대답했다.

"이런 상태에서 아내에게 그걸 건네기가 쑥스러워서 그러네."

그의 침대 바로 옆에 서서 난 그만 울음을 터트리고 말았다. 그가 이 세상 떠나는 날, 담당 간호사는 손에 뭔가를 들고서 부인에게 전하면서 말했다. 환자의 침대와 옷가지를 정리하다가 발견한 것이라고 하면서.

"부인! 침대 밑에서 이게 있었습니다."

부인은 그걸 보는 순간 더 이상 참지 못하고 그 자리에 털썩 주저앉아 주체할 수 없이 눈물만 흘렸다. 그것은 세 번이나 꼬깃꼬깃 접힌 한 장짜리 편지지였다. 손때가 잔뜩 묻었고 너덜거리며 곧 찢어질 것만 같아 보였다. 부인은 그걸 펴 보면서 그만 또 오열하고 말았다. 남편의 생일을 축하하는 의미에서 부인이 남편에게 편지에 글을 적어 전달했던 것이었다. 부인은 까맣게 잊고 있었는데 13년 동안 남편은 그것을 가슴에 고이 간직하고 있었던 것이었다.

부인이 남편에게 준 내용은 이러했다.

to 사랑하는 남편에게

먼저 당신의 서른다섯 번째 생일을 축하해요.

어제 일처럼 기억이 생생한데 우리가 결혼한 지 벌써 2년이 지났네요. 내가 힘들고 지칠 때면 당신은 내 옆에서 천연스럽게 미소 짓는 모습에 늘 행복했어요.

결혼하고 석 달이 지나서 내가 심한 오열이 있었을 때 밤새워 간호해 준 것을 알고 있었어요. 당시에 전 쑥스러워서 당신에게 말로 표현하기가 어려웠어요. 그러나 지금은 말할 수 있어요.

"간호해 줘서 고마웠어요. 여보!"

더군다나 잠잘 때 당신의 팔베개가 가장 편해서 깊이 잠잘 수 있었어요. 그런데 나만 생각했었나 봐요. 당신도 팔이 자리자리했었을 텐데. 그리고 연애 시절에 당신이 나에게 말한 것 중 하나를 내 마음에 간직하고 있어요. 당신은 이렇게 말했지요.

"부의 상징으로 여긴 모피코트를 입고서 남들로부터 부러움을 받을지 몰라도 자기 속내의를 여러 날 동안 갈아입지 않는 것보다는, 지극히 평범한 옷을 입더라도 자기 속옷을 매일 갈아입는 그런 마음으로 살자!"

당신의 그 말이 내겐 감동이었어요.

앞으로 이십 년 후에 우리의 삶이 어떻게 변할지 궁금해요. 난 항상 당신을 믿어요. 그리고 난 늘 당신 편이에요. 영원히!

여보! 고맙고 당신을 사랑해요.
당신의 생일을 다시 한번 축하해요.
♡ 하나뿐인 당신의 아내로부터 ♡

그가 세상을 떠난 뒤 얼마 지나지 않아 난 그의 부인을 찾아갔다. 그가 죽기 전에 나에게 맡긴 통장과 도장을 부인에게 전달하기 위해서였다. 그가 자기 아내를 위해 부은 15년 만기 적금으로 받을 금액이 무려 일억 원이나 되었다. 그는 결혼하자 곧바로 적금을 부은 것이었다.

여성이든 남성이든 흔히 '결혼하면 변한다'라고 말한다. 결혼하면 상대에 대한 이해심과 배려심은 없어지고 무표정에 무관심해지는 남편이 있다. 또 상대에 대한 존중이 사라지고 상대의 자존심을 무시하는 아내가 있다. 이들은 대부분 왕처럼 무조건 떠받들어 주길 원하고, 또 여왕처럼 대우받고 싶은 로망을 품은 채, 상대를 이해하는 것이 아니라 자기 입장만을 고집하고 있다. 그들이 아이를 낳고 물질적으로 여유로운 생활을 유지하더라도 그들의 결혼생활은 반드시 행복하지 않을 수 있다. 사랑과 행복은 돈으로 그 가치를 정할 수 없기 때문이다. 그라시안은 "당신을 둘러싸고 있는 상황 속에서 최선을 다하라."라고 말했다.

행복한 부부는 서로에게 최선을 다한다. 그들은 서로의 다름을 인정하면서 남편의 자존심을 짓밟지 않고 치켜세우며, 또 아내를 무시하지 않고 이해하고 인정한다. 이것이 세상에 하나뿐인 내 편을 위한 최선의 길이다. 사랑과 존중, 책임이 조화롭게 공존하는 곳이 가정이라고 『사랑의 기술』의 저자 에리히 프롬이 말한 것처럼, 그 공간에서 가족 구성원들이 서로에게 의무와 헌신을 보여야 한다. 혼자일 때는 오로지 자기 자신이 즐거우면 그것이 행복이었지만, 결혼했을 때는 상대의 행복을 위해 강한 책임감을 느껴야 한다. 미국의 시인이자 사상가 에머슨은 책임에 관해 이렇게 말했다.

"사는 것이 힘들다고 낙담하지 마세요. 어깨에 짊어진 무거운 짐은 당신이 사명을 완수하도록 돕는 역할을 합니다. 이 짐에서 벗어나는 유일한 길은 자기의 사명을 완수하는 것입니다. 맡겨진 일에 책임을 다했을 때 비로소 무거운 짐에서 해방될 수 있습니다."

비 온 뒤 땅이 굳듯이 상대에게 사랑의 에너지를 줄 때 서로의 믿음이 더욱 강해진다. 그리고 보면 얼마만큼 사랑을 받는 것보다 얼마만큼 상대에게 사랑을 베풀어 주느냐에 따라 행복의 농도가 달라지지 않을까? 결혼생활 12년 차인 맞벌이 부부가 있었다. 부인은 평소에 결혼해서 잘 살려면 작은 것부터 공유해야 한다고 말했다. 어떤 부인이 그런 사연 하나를 나에게 전해 주었다. 그녀의 얘기를 들어보자.

"어느 날 저는 아침 7시에 일어나 보리와 콩, 은행을 넣고 영양 만점인 밥을 지었어요. 아침 식탁 위에는 김이 무럭무럭 나는 뜨끈한 집밥에 깻잎장아찌, 계란프라이, 부추김치가 전부였어요. 저는 깻잎 뚜껑을 열자 맨 위 것이 말랐을 거로 생각하고 얼른 그것을 제 밥에다 얹어 놓고 재빨리 먹었어요. 이윽고 남편도 저에게 마른 깻잎을 주지 않으려고 저와 마찬가지로 영락없이 그가 밥 한 숟가락을 떠서 깻잎의 맨 위 것을 올려놓고 먹는 것이었어요."

그 순간 테이블 위에 소박한 행복이 펼쳐진 그 상황에서 부인은 그만 눈물이 뚝뚝 떨어졌다. 남편은 밥을 먹다가 아내의 눈을 얼핏 보고서 왜 그런지 물었다. 그녀의 눈앞에서 일어난 것을 어떻게 표현해야 할지 망설이다가 남편에게 간단하게 설명했다. 그랬더니 아내를 안심시키려고 그런지 애써 멋쩍은 표정으로 남편이 이렇게 말했다.

"당신 가까이 있는 사람 중에 나보다 당신을 더 많이 사랑하는 사람이 있으면 나와 보라고 해!"

부인은 남편의 자신 있는 말에 강한 믿음을 갖게 되었다고 말했다. 흔히 그렇듯이 그녀 역시 밝은 미소를 지으며 이렇게 대답했다.

"당신 같은 남편이 이 세상에 또 어디 있다고!"

그날 부인과 그녀의 남편은 아름다운 추억 하나를 쌓으며 화목하게 아침밥을 먹었을 것이다.

행복은 음식, 집, 사랑, 일, 가족, 기타 수백 가지 요인에서 비롯된다. 행복의 원천이 우리 주변에 얼마든지 널려 있다는 점을 고려할 때, 심리적인 사회 부적응자만 아니면 누구든지 행복해질 수 있다고 노벨문학상을 수상한 영국의 철학자 러셀은 강조했다. 가정의 행복은 소소한 일상에서 발견된다고 미국 무정부주의자 에마 골드먼이 말한 것처럼, 일상에서 작은 행복의 순간을 찾을 수 있다. 무엇보다도 행복은 서로를 존중하고 사랑하는 마음에서 형성된다. 세월이 흐르면 존중과 사랑이 쌓여 새로운 우정이 붙기 시작한다. 그것이 서로의 마음이 일치하지 않거나 갈등으로 대립이 일어날 때 강력한 쿠션 역할을 한다. 오랫동안 살다 보면 부부 사이가 좋아지거나 그렇지 못하거나 결정짓는 것이 있다. 그것은 신뢰하는 일이다. 또 그 핵심은 서로 속여서는 안 된다. 한 번 속이면 나중에는 감당하기 어렵게 되고 결국에 가서 대화 불통으로 쇼윈도 부부처럼 살아가야 한다. 만일 신뢰에 균열이 생기면 둘 중 하나는 마음에 상처를 입고 병이 생긴다. 그렇다고 이혼하면 모든 것이 시원하게 해결될 것 같지만, 그건 마지막 최악의 선택이다. 하지만 신뢰가 바탕이 되면 『노트르담 드 파리』로 유명한 빅토르 위고의 말처럼 상대를 굳게 믿고 의지하게 된다. 이렇게 놓고 보니 사랑과 존경한다는 것은 상대에 대해 전부를 믿고 의지하는 것일지도 모른다.

부부간에 사랑을 표현하는 방법 중 가장 좋은 것이 신뢰라고 믿고 사는 부부가 있었다. 그들의 굳건한 신뢰와 진실한 사랑을 실천하게 된 사연을 들어보자.
바둑 동호회에서 나는 그들을 여러 번 만난 적이 있었다. 삼십대 후반의 그 남성은 그곳에서, 인형처럼 예쁜 얼굴은 아니었지만 천사 같은 그녀의 웃는 모습과 고운 마음에 반해 결혼했다고 말했다. 올해로 결혼 8년 차인 그들은 큰 소리 한번 내지 않고 행복한 삶을 이어갔다. 그러던 어느 날 어두운 그늘이 평화로웠던 그들의 가정을 불행하게 만들었다. 부인이 유방암 진단을 받았기 때문이었다. 암은 그들에게 사망 선고처럼 비관적이었다. 다행히 그녀는 조기에 암이 발견되어 수술받고 완치되었고 후유증도 전혀 없다고 담당 주치의가 말했다. 수술 후 부인은 어느 때보다도 밝은 표정이었다. 아마도 옆에 있는 사람이 얼마나 소중한지를 알았을 것이다. 아니면 남편 곁에서 오랫동안 사랑하며 지낼 수 있어서 일 수도 있다.

어쨌든 그 이후로 두 사람은 하루하루 모든 것에 감사하며 사랑과 믿음이 더욱더 강해졌다. 부인은 어린 시절부터 폭력을 일삼는 아버지 그늘 밑에서 어둡고 불행했던 환경을 극복하고 살았으며, 그럼에도 불구하고 성장 후에도 긍정적인 생각과 웃음을 잃지 않으려고 노력했다. 남편은 아내의 영혼에 뿌리내린 상처의 흔적을 감싸주고 싶다고 말했다. 그는 사소한 것 하나라도 가볍게 여기지 않고 늘 그녀를 배려하고 있었다. 부인은 가끔 자기 삶 자체가 우울하니 모든 게 우울할 수밖에 없었다고 했는데, 내 옆에서 든든하게 느티나무처럼 지켜주는 남편이 있으니 더는 바랄 것이 없다고 말했다. 나는 부인에게 남편과 다툼이 없는 또 다른 이유가 무엇인지 질문을 던졌다. 부인은 평온하게 미소를 지으며 대답했다.

"우리 부부가 잦은 다툼이라도 없는 이유는 상대의 허물을 드러내거나 꼬집어 말하는 것이 아니라, 먼저 상대의 부족한 부분을 어떻게 채울지를 생각해요. 또 사소한 것에 늘 감사하며 사는 남편이 있었기에 저는 늘 행복하게 사는 것 같아요."

그로부터 2년이 지난 어느 날이었다. 이번엔 남편에게 악마가 찾아왔다. 남편이 위암 중기 판정을 받고 병원에 입원했다. 담당 주치의는 하루빨리 수술하지 않으면 암세포가 계속 번져 증상이 악화할 수 있다고 설명했다. 나는 냉정한 목소리로 바둑 동호회에서 알게 된 그에게 말했다.

"당신의 병이 심각한데도 부인에게 알리지 않는 특별한 이유라도 있습니까?

그는 눈물을 글썽이며 조심스럽게 대답했다.

"내가 떠나면 광야에 홀로 선 아내가 험난한 세상을 헤쳐나갈 걸 생각하니 걱정이 돼요. 그래서 당분간 아내에게 이 사실을 말하지 않기로 했어요."

그래서 그는 혼자서 죽음의 병과 싸우고 있었던 것이었다. 그러나 아무리 그렇다 해도 나는 남편의 말대로 그렇게 할 수 없었다. 결국엔 그 모든 사실을 그의 아내에게 말했다. 오히려 그의 아내는 차분한 표정을 지으며 덤덤한 듯 보였다. 그날 오후 부인은 병실에 누운 남편을 내려다보며 소리 없이 흐느껴 울고 있었다. 남편은 고개를 반대로 돌리고 눈물을 머금으면서 이런 생각을 했다.

"내 인생이 그렇게 허무하게만 소비하며 살진 않았구나. 이 세상에서 내가 사랑할 수 있는 사람이 바로 옆에 있으니 난 정말 행복한 사람이야."

　내일 아침이면 남편이 수술받는다. 어스름한 저녁 빛이 짙게 깔리자 부인은 침대 옆 보조 의자에 앉아 평온하게 잠든 남편의 얼굴을 묵묵히 바라보았다. 그러고는 온갖 추억들로 가득한 지난날을 떠올렸다. 내가 지치고 힘들 때마다 남편이 손수 밥을 짓고 구수한 된장찌개와 생선구이를 준비해서 빙그레 미소 지으며 함께 맛있는 저녁을 먹는 일이며, 비 오는 날 어느 레스토랑 입구의 우산꽂이에 우산을 넣고 전망이 좋은 곳으로 가서 근사한 돈가스를 먹으며 웃었던 일이며, 호수가 보이는 커피숍에서 미래에 대해 꿈과 희망을 품고 그의 어깨에 살며시 기대면서 하염없이 내리는 함박눈을 바라보았던 일이며 남편과 함께 보냈던 소중한 추억들을 떠올렸다. 생사의 벽을 오가는 길목에서 남편의 가슴에 그녀의 뺨을 살며시 얹었다. 남편의 심장 고동 소리와 숨소리가 또렷이 들렸다. 그 소리는 언제나 그녀에게 안정감을 주었던 것일까. 그녀는 눈물이 글썽거려 한없이 울고 싶었지만, 남편이 잠에서 깰까 봐 속으로만 울고 눈가에 눈물만 가득 고이게 했다. 그러나 그녀의 눈물 하나가 남편의 가슴에 떨어졌다. 남편도 아내 마음의 슬픈 소리를 들었는지 남편의 호흡이 가빠지기 시작했고, 아내도 남편의 심장이 쿵쾅거리며 세차게 박동하는 소리를 느낄 수 있었다. 부인은 그렇게 한참 동안 말없이 자기 영혼의 위로를 받았다. 다행히 남편의 수술 경과가 매우 좋다고 의사 선생님이 말했다. 일반병실로 옮긴 남편의 침대 옆에서 부인은 손등으로 눈물을 닦으며 이렇게 말하는 것이었다.

"이제 우리 부부는 세상의 맑은 공기를 마실 수 있음에 감사하고, 또 서로를 더욱더 사랑하고 존중하면서 살 거예요."

병문안을 간 나는 부인의 말에 신선한 환기가 느껴졌다. 그러면서 그 순간 난 알게 되었다. 진정한 사랑이란 좋은 날에는 서로의 편이 되고 나쁜 날에는 더 가까워진다는 사실을. 두 사람은 서로 신뢰하니 사랑할 수밖에 없다. 에리히 프롬은 "사랑은 두 사람이 서로를 위해 희생하는 것이다."라고 말했다.

당신을 가장 잘 이해해 주고 끝까지 내 곁에서 함께 해 주는 사람, 그래서 서로가 든든한 버팀목이 되어 주는 사람이 바로 내 편인 것이다. 마음이 빠진 수단만으로 하는 내 편은 아무런 의미가 없다.

어느 부인은 그녀의 보물 1호가 자기 남편이라고 자신 있게 말하면서 결혼생활 30년 동안 늘 자기에게 맞춰 줬다고 기뻐했다. 결혼생활은 여러 장벽을 두 사람이 함께 넘어야만 한다. 혼자서는 힘들고 어려울 수 있다. 때론 넘지 못할 때도 있다. 바로 그때 영원한 내 사람이 옆에 존재한다는 것만으로도 용기와 희망이 생긴다. 그렇게 매 순간 희망을 품고 함께 최선을 다해 살다 보면 행복은 반드시 찾아오기 마련이다. 그래서 인생의 첫 페이지에도 당신이 있어야 하고, 또 인생의 끝 페이지도 당신이 존재해야 한다.

살면서 가장 힘들고 고통스럽고 괴로울 때,
당신의 사랑이 바로 옆에 있습니까?

가장 완전한 부부

 결혼은 일시적으로 좋아서 하는 것이 아니라 내 인생의 영원한 동반자를 찾는 것이다. 그래서 남편이 행복하다면 반드시 아내도 행복해야 한다. 반쪽은 나의 부족한 부분을 채워주는 상대를 말한다. 만일 그 부족한 부분을 채워주지 못하면 서로 힘든 삶을 살게 될 것이다. 나의 영원한 동반자를 만나 결혼을 결심할 때 반드시 각오해야 할 것이 있다. 남편은 한 여자의 행복을 위해, 태어난 아이를 위해 험난한 세상과 싸워야 할 책임과 의무가 있다. 책임은 인생의 동반자를 일평생 지켜야 한다는 뜻이다. 그리고 남자라서가 아니라 남편으로서 의무인 셈이다. 또 아내는 남편을 보필하면서 그가 행하기 어려운 것을 맡을 책무와 임무가 있다. 책무는 인생의 배우자를 위해 그의 자존심을 지켜줘야 한다는 뜻이다. 그리고 여자라서가 아니라 아내로서 임무인 셈이다.

 평생 한 사람을 사랑하며 멋진 생을 마감한 부부가 있다. 이것은 가장 완전한 부부이다. 한날한시에 부부가 죽음을 맞이하는 것이 현실에서 가능할까? 실화를 소재로 만든 그런 영화가 있다. 1940년을 배경으로 제작한 영화『노트북』이다. 20세기 중반 가난한 집안의 남자와 부유한 집안의 여자가 만나 사회 계층 간에 단절을 극복하고 삶의 아픔과 고통을 겪는다. 그 영화에서 어떤 상황에서도 감정에 흔들림 없이, 사랑이란 이름으로 그들이 멋지게 꿰매는 대단한 솜씨를 여기에 옮겨 보겠다.

 첫 장면은 요양병원에서 서로 마주 앉으며 한 노신사가 매일 노부인을 찾아와서 노트에 수기로 적힌 내용을 읽어주며 시작된다.
 찰스턴의 놀이공원에서 17살 된 노아는 동갑내기 앨리를 처음 보고서 첫눈에 반한다. 함께 춤추자는 노아의 제안을 거절하고 다른 남자와 관람차에 타지만, 그의 무모한 애정 공세에 결국 앨리는 호감을 느끼고 노아의 데이트 신청을 수락하고 만다. 노아는 목공소에서 단순노동 일을 하며 일당으로 벌어 먹고사는 가난한 시골

청년이고, 앨리는 부족한 것 하나 없이 부유한 가정에서 곱게 자란 도시 아가씨이다. 어느 늦은 밤 노아는 원저 농장의 빈 저택에 앨리를 초대해 사랑을 나누며 그곳에서 미래에 함께할 꿈을 말한다.

"언젠가 이 집을 사서 멋지게 고칠 거야."

앨리는 노아에게 덩달아 맞장구를 치면서 말한다.

"하얀 집과 파란 대문, 그리고 강이 내려다보이는 그림 그리는 방도 만들어 줘."

미친 듯이 끌린다는 것이 이런 것일까? 누구랄 것도 없이 두 사람은 벅차오르는 감정에 시간 가는 줄 모르고 1940년 여름을 그렇게 뜨겁게 보낸다. 자유로운 영혼의 노아와 지성 사회의 풋풋하고 당돌한 앨리는 청순하게 데이트를 즐기면서도, 노아는 앨리가 어려운 부모의 그늘에서 자유를 억압받으며 살아가는 것을 알게 된다. 그래서 노아는 그녀에게 자유를 느끼게 해주고 싶어서인지, 규칙을 어겨 도로 한가운데에 눕기도 하며 그녀를 즐겁게 해 준다. 그들의 타오르는 사랑이 앨리의 아버지에게 들키고 만다. 그녀의 부모는 사회적 계급 자체가 다른 밑바닥 인생의 노아를 못마땅하게 생각하며 둘의 만남을 심하게 반대한다. 마침내 노아는 서로 다름을 인정할 수밖에 없었기에 일부러 앨리와 크게 다투고 원치 않는 이별을 선택한다. 다음 날 앨리의 부모가 서둘러 뉴욕으로 이사하는 바람에 앨리는 노아를 못 보고 떠난다. 달콤했던 한여름의 로맨스는 끝나고, 현실의 시간으로 돌아와 각자 삶으로 살아간다. 그로부터 몇 년 뒤, 2차 세계 대전으로 노아는 병사로 참전하고, 앨리는 대학 3학년이며 간호조무사로 자원봉사를 나간다. 그곳에서 앨리는 노아의 소식을 전혀 모른 채 부상자였던 비슷한 계층의 론을 만나 새로운 사랑을 시작한다. 그리고 얼마 지나지 않아 둘은 약혼하자 앨리의 부모는 기뻐한다. 그는 남부의 재력 있는 가문 출신에 미남인 데다가 능란한 말솜씨로 앨리를 사랑하는 마음마저 있었으니, 이들의 결혼은 암묵적으로 사회적 약속에 장애가 될 것이 전혀 없었다. 전쟁은 끝나고 노아는 다시 고향으로 돌아온다. 노아는 앨리를 마음에 품은 채 미래의 희망적인 꿈을 그리며 살아간다. 노아의 아버지는 노아가 평생 꿈이었던 그 낡고 폐허가 된 윈저 저택을 살 수 있게 자기 집을 판다. 노아는 그 저택에 대한 허가를 받으러 시내에 나갔다가, 우연히 론과 세상 행복해하는 앨리를 보고서 좌절한다. 심적으로 아주 힘든 노아는 앨리와 사랑을 속삭이며 굳게 약속한 것을 지키고자 구입한 저택을 미친 듯이 수리하기 시작한다. 전에 앨리가 말했던 그대로 집을 짓는다. 그러면서 앨리가 어쩌면 자기에게 다시 돌아올 거라고 스스로 위로하며 그녀를 기다린다. 어느 날 결혼 준비로 웨딩드레스를 입어 보는 앨리는 지역 신문에 난 노아의 기사를 보고 깜짝 놀란다. 앨리는 노아에 대한 감정이 아직 정리되지 않은 채 그대로 결혼할 수 없을 것 같아 노아에게 찾아간다. 7년 만에 재회하게 된 둘은 하룻밤을 함께 보낸다. 다음 날 앨리는 또다시 떠나려고 한다. 그러면서 그녀는 지난날 그녀의 감정이 폭발하면서 서운했던 그녀의 무거운 마음을 전부 그에게 털어놓는다.

"왜 편지 한 통 안 했어?"

노아는 안타까운 심정으로 사실을 말한다.

"7년이나 기다렸어. 나 365장의 편지를 보냈어."

노아는 헤어진 후 절박한 심정으로 일 년 동안 하루도 빠짐없이 365통의 편지를 썼다. 하지만 그 편지들은 모두 앨리 어머니의 방해로 그녀에게 전해지지 않았고, 서로 오해만 쌓인 채 시간만 흘러갔던 것이었다. 앨리는 곧 결혼하게 될 론과 노아 사이에서 갈등한다. 그 후로 앨리는 결혼을 잠시 미룬 채 노아의 하얀 저택에서 잠시 머무른다. 다음 날 아침 노아가 장을 보러 간 사이에 앨리의 어머니가 저택으로 찾아온다. 어머니는 노아가 쓴 편지를 전해 주며 너의 길을 직접 선택하라고 하면서 떠난다. 노아가 보냈던 편지 중 하나를 읽고서 눈물로 뒤범벅이 된 앨리는 어떤 선택을 했을까? 앨리는 약혼남 론에게 모든 사실을 말하고, 노아의 곁으로 다시 돌아와 더는 헤어지지 않을 것을 약속한다.

오랜 세월이 흘렀다. 요양병원에서 노신사가 들려준 노트북 속 '우리들의 이야기'가 모두 끝이 나자 치매로 정신이 오락가락한 노부인은 자신이 앨리이며 노신사인 노아를 알아보며 서로의 마음을 확인한다. 앨리는 자기가 다시 기억을 잊는 데 얼마나 걸리냐고 묻자 노아는 5분 정도라고 말한다. 하지만 단 몇 분 만에 앨리는 다시 그를 기억하지 못하자, 그래도 노아는 행복하다는 표정을 짓는다. 노아는 그녀의 치매 치료를 위해 사라진 옛 추억을 들려주었다. 사실 앨리는 치매로 모든 기억을 잃어버리기 전 '우리들의 이야기'란 제목으로 노아와의 행복했던 추억을 노트북에 적어 놓았던 것이었다. 자식들은 아버지 노아에게 이제 그만하고 집으로 돌아오라고 애원한다. 그러자 노아는 이렇게 말한다.

"얘들아, 내 사랑이 저기 있는데, 어떻게 떠나? 네 엄마가 내 집이야."

매일 찾아와 이야기를 들려주던 노아는 심장이 좋지 않아 응급실로 실려 간다. 노아가 한참 동안 나타나지 않게 되자 앨리 역시 병세가 극도로 나빠진다. 그날 자정 노아는 간호사의 배려로 아내의 병실로 찾아가고, 잠에서 깬 앨리는 기적처럼 단번에 노아를 알아본다. 죽음이 가까워서일까. 앨리 바로 옆에 노아가 그녀의 손을 살며시 잡으며 눕는다. 두 사람은 마지막 인사를 다정하게 나눈다. 앨리는 슬픈 표정으로 노아에게 묻는다.

"만약 내 기억이 다신 안 돌아오면 어쩌죠?"

노아가 따뜻한 어조로 대답한다.

"그래도 절대로 당신 곁을 떠나지 않을 거예요."

그러면서 노아는 덧붙인다.

"잘 자요. 난 다시 당신을 만날 거야!"

"난 비록 죽으면 쉽게 잊혀질 평범한 사람일지라도, 영혼을 바쳐 평생 한 여자를 사랑했으니 내 인생은 성공한 인생입니다."

앨리는 평생 자기만을 위해 살고 사랑해 주었던 한 남자의 손을 마지막까지 놓지 않고 잡을 수 있는 행복을 누린다. 그리고 두 사람은 깊은 잠에 빠진 듯 서로의 손을 꼭 잡고서 영원히 눈을 감는다.

무슨 말이 더 필요할까. 실제 이야기를 소재로 한 『노트북』은 한 사람을 향해 평생을 기다리며 지극한 사랑과 애정을 실천하는 법을 가르쳐 주었다. '신은 죽었다'라는 유명한 명언을 남긴 독일의 철학자 니체는 "다른 모든 것은 변하지만 함께 있는 시간의 대부분은 대화에 속하는 것이다."라고 말했다. 부드러운 표정과 행복한 삶을 살아가는 노부부를 보면, 그들의 삶의 과정이 궁금해진다. 완전한 부부의 비결은 모두 일치하지는 않지만, 그들에게서 공통으로 느낀 한 가지 사실은 이것일 것이다. 배우자와 함께 보내는 시간의 양이 아니라, 상대를 배려하고 함께 즐거움과 좋은 경험을 함께하는 시간의 질일 것이다. 젊었을 때 넘치는 사랑도 좋지만, 나이가 지긋하게 들었을 때도 변함없이 배우자를 향해 사랑하는 모습이 더 아름답고 중요하지 않을까? 누군가의 첫사랑이 되는 것은 대단한 일이지만 마지막 사랑이 되는 것은 완벽을 넘어 위대하다. 생을 마칠 때까지 배우자와 대화하며 함께 보내는 것은 분명히 위대한 사랑일 것이다.

결혼 초에 다들 대단한 결심을 한다. 그렇지만 시간이 지날수록 공동 목표가 흐려지는 이유가 뭘까? '결혼의 중요성'을 시간이 흐를수록 가볍게 여긴 탓일까. 결혼 후 서로의 명확한 목표를 망각한 채 그저 살아가는 것은 아닐까.

집안일로 남편과 말다툼을 벌일 때면 남 얘길 하듯이 삶의 목표도 없이 무성의하게 말하는 남편과, 결혼생활을 계속 이어가야 할지 호소하는 사십 대 초반의 부인이 있었다. 부인은 남편에게 지금 아파트를 월세로 얻어 사는 것이 못내 불만이라고 말했다. 그래서 그녀는 악착같이 돈을 아끼고 벌어서 서른 평짜리 아파트에 입주하는 것이 꿈이었다. 그녀가 남달리 집에 대한 강한 애착을 가지는 특별한 이유가 있었다. 그녀가 아주 어렸을 때 그녀의 아버지는 막노동으로 그날그날 생활을 이어갔고, 그녀의 어머니도 가끔 식당에 나가 온갖 궂은일을 했다. 그녀는 집 하나 없이 떠도는 삶에 이골이 났다. 이젠 그녀는 아버지도 어머니도 모두 싫어졌다고 고백했다. 현재의 남편이 그녀의 빈 가슴에 이상적인 행복을 채워줄 멋진 남자라고 생각했다. 하지만 그녀는 몸과 마음 모두 지쳐 이혼을 고려하고 있다는 것이었다. 부인이 나에게 이런저런 가정의 불만을 얘기하는 동안에, 남편은 옆에서 그저 아내의 말을 묵묵히 듣고만 있었다. 나는 결혼생활에 무슨 문제가 있었길래 그녀가 이혼까지 생각했는지 궁금했다. 그녀의 말을 더 들어보자.

결혼하고 얼마 지나지 않아서 집을 담보로 부동산에 투자했다가 몽땅 사기당하고도 정신을 못 차리는 남편이 정말 미웠다고 그녀가 투덜거리며 말했다. 그 집도 시댁 부모님이 장만해 준 것이었다고 말하면서 벌써 그녀의 눈가에 눈물이 글썽거렸다. 그녀는 남편과 함께 살지 못하는 그만한 이유가 따로 있었다. 나는 숨을 죽이고 그녀의 다음 말을 기다렸다.

"우리 부부의 가장 큰 문제점은 남편이 시댁과의 관계를 명확하게 분리하지 못하다 보니 제 몸과 마음이 몹시 힘들었어요. 시댁은 아들만 셋이고 저는 둘째 며느리예요. 시댁에 가면 시어머니와 두 며느리, 그들끼리만 이야기하고 저를 은근히 따돌리는 바람에 제 자존심은 여지없이 뭉개지고 말았어요."

또 심지어 그녀는 이렇게까지 말하는 것이었다.

"명절이나 기제사 날이면 저는 시댁의 제사 음식을 혼자서 만드느라 온종일 바빴어요. 큰형님은 옷 가게를 운영하고 막내 동서는 대기업에 다녀요. 두 며느리는 제사 때면 바쁘다는 핑계로 늦게 오거나 아예 오지 않는 날도 많았어요. 그러면서 두 며느리는 누구랄 것도 없이 두툼한 하얀 봉투를 시어머니에게 드려요. 우리 부부도 그들만큼은 아니어도 봉투를 준비해서 시어머니께 드렸어요. 더군다나 제사가 끝나면 식사도 안 하고 아주버님들과 함께 이런저런 핑계를 대고 자기들 집으로 가버려요. 그렇다 보니 음식 준비에다 뒷설거지는 전부 제 일이 되어 버렸어요. 또 가족 행사에는 날짜와 장소 같은 결과만 통보받았어요. 더욱 화나는 것이 있어요. 집안일에 대해 뭐라고 말하면 남편은 그걸 왜 자꾸 들먹거리냐는 식이었어요. 집안일에 무관심하고 우유부단한 성격 탓에 속상한 적이 한두 번이 아니었어요."

그녀는 그만 왈칵 눈물이 쏟아졌다. 결혼하고 10년을 시댁과 가정일로 어깨며 허리며 온몸의 마디가 쑤시고 저리지 않은 곳이 없을 정도라고 말했다. 나는 옆에서 묵묵히 듣고만 있던 그녀의 남편에게 질문을 던졌다.

"남편은 결혼할 배우자를 정할 때 특별한 기준이 있었나요?"

남편은 고개를 끄덕이며 간단히 대답했다.

"특별한 건 없었어요. 다만 며느리 역할을 잘하고, 형제간의 우애를 도모하고, 아내로서 내조를 잘하는 여자를 원했어요. 제 처가 꼭 그런 여자였어요."

그러자 옆에서 지켜본 그의 아내가 말했다.

"저는 시댁에 이방인이나 다름없어요. 이젠 제 몸과 마음 모두 지쳤어요."

나는 관점의 일치성을 전혀 찾을 수 없는 두 사람에게 이런 말을 전했다.

"남편의 말씀대로라면 그런 이상적인 배우자를 원한다면 자신부터 그렇게 해야 합니다. 또 부인께서도 힘든 건 잘 알지만, 이혼을 쉽게 말하는 것은 옳지 않습니다. 이혼은 상대의 마음이 변했거나 단순히 성격이 맞지 않는다고 해서 하는 것이 아닙니다. 그건 더 이상 함께하는 것이 죽기보다 힘들 때입니다. 이혼은 최고의 결정이긴 하지만, 서로가 헤어질 결심이 절반이라면 행복하게 함께 살 용기도 역시 절반인 셈입니다. 어떤 부부라도 공동의 목표가 사라지면 어떻게 될까요? 그렇게 되면 대화가 단절되고 서로에게 관심이 없어질 테고 나중에는 경멸하게 됩니다. 그리되면 자연스럽게 서로 함께할 이유가 사라지게 된다는 것은 분명한 사실일 겁니다. 또 아내만 가정의 목표를 세워 악착같이 일하는 것은 바람직하지 않습니다. 결혼생활은 공동목표를 갖고 서로 힘을 모아야 함을 깨달아야 합니다."

남편도 아내도 모두 고개를 끄덕이며 그렇다고 짧게 대답했다. 두 사람의 문화가 다르니 가치관도 다른 것은 당연하다. 그래서 서로의 가치관 영역을 좁혀 나가기 위해 대화가 필요한 것이다. 데이브 머러도 "훌륭한 결혼은 '완벽한 커플'이 모이는 것이 아니라 불완전한 부부가 다름을 즐기는 법을 배우는 것이다."라고 말했다.

아무 목표 없이 결혼했기에 맹목적으로 사는 부부가 있다. 그들은 결혼 전에 약속했던 것처럼 집도 사고 돈도 모아서 투자도 하고 여러 나라로 여행하면서 남부럽지 않게 잘살았다. 그들은 자신들이 하고 싶은 대로 하였는데도, 가슴 한쪽 구석이 왠지 허전함을 느꼈다는 것이다. 그건 부부의 공동 목표가 없었기 때문이다. 또 정기적인 보험비와 부모님 용돈, 그리고 홈쇼핑 과다 등 엄청난 지출을 하는 가정도 있다. 그 가정에 공동목표의 기준이 마련되면 절약된 소비로 행복한 결혼생활을 영위할 것이다. 이 세상 사람은 누구나 결혼에 대한 '로망'이라는 것이 있다. 행복하게 사는 부부들의 특징은 서로에게 관심이 높고 공동의 목표를 갖고 있다.

도심지에서 약간 떨어진 지역에 시골 분위기의 고급스런 전원주택이 있다. 오십 대 중반을 넘긴 중년 남성과 그의 아내가 20년 넘게 그곳에서 살고 있었다. 그의 직업은 부동산 임대업으로 아파트나 빌라에 세를 놓고 임대료를 받으며 생활하고 있었다. 그 중년 남성은 하고 싶은 것이라면 자기 고집대로 해야만 직성이 풀리는 그런 사람이었다. 이를테면 다이아몬드가 들어간 몇천만 원짜리 고급 시계를 갖고 싶으면 곧바로 사야 한다. 또 신형 자동차가 나오면 남들보다 빨리 차를 바꾸고 만다. 이 모든 건 오직 그의 생각과 판단에 따라 결정된다. 반면에 그의 아내는 불평 한마디 없이 가사 노동에 시달리며 연골 손상을 입어 병원에 자주 다녔다. 거기에다 아내는 남편에게 매달 생활비를 받아 쓰면서도 자신의 처지를 절대 원망하지 않았다. 굳이 말하자면 그녀는 파출부 일, 그 이상도 그 이하도 아닌 셈이었다. 그래서인지 그의 아내는 늘상 얼굴에 먹구름만 잔뜩 끼어 있었고, 살림살이를 알뜰히 하면서도 영혼의 고통을 감추며 살았다. 어느 날 그 중년 남성이 암에 걸려 입원했다. 그것도 췌장암 말기였다. 병원에서는 앞으로 2개월을 넘기지 못할 것이라고 진단했다. 지난날 남편의 상식 밖의 태도 때문에 아내는 어떠한 도움도 주지 않았다. 심지어 병원에 가서 남편의 얼굴을 보는 일조차도 하지 않았다. 그 중년 남성은 지난 세월을 떠올리며 아내와 행복했던 기억이 없었다고 그제서야 실토하는 것이었다. 그의 아내는 마음의 상처를 이겨내려고 종교활동에 열심히 참여했다. 그래서 그런지 몰라도 시간이 지나자 그녀의 마음의 움직임이 달라졌다. 어느 늦은 밤에 그의 아내가 조용히 병실로 찾아와 남편 침대 옆 보조 침대에 담요를 깔고 누웠다. 그녀는 한 남자의 아내로서 자신의 역할을 충실히 하겠다고 다짐한 것이었다. 그러니까 남편이 이 세상을 떠날 때까지 변치 않고 아내의 임무를 다하려는 것이었다. 다음 날이 되었을 때 병간호하는 아내의 모습을 보고서 그 중년 남성은 눈물을 글썽거렸다. 그의 아내가 바로 옆에 있으니 이 세상이 혼자가 아님을 느꼈던 것일까. 아니면 내 인생의 영원한 동반자가 있음을 깨달았던 것일까. 그때 그의 침대 밑에 몰래 숨겨 두었던 모든 그의 재산을 아내에게 내놓으며 이런 말을 했다.

"여보, 지난날 내 잘못을 용서해 주구려. 당신에게 할 말은 없지만, 이 말만은 꼭 하고 싶소.

미안하고 고맙소. 그리고 당신을 사랑하오!"

그의 아내는 마음에 맺힌 한을 드러내듯 눈물을 쏟았다.

러시아 철학자 미하일 바흐친은 이렇게 말했다.

"삶은 본질적으로 대화다. 산다는 것은 대화에 참여한다는 것을 의미한다. 묻고 귀를 기울이고 대답하고 동의하는 것이 삶의 본성이다." 미하일 바흐친은 절대적인 '독백적 언어'로 가득했던 우리 삶의 방식이 '대화적인 관계'로 옮겨가야 한다고 강조했다. 그는 또한 상대와의 관계에서 획일적이고 일방적으로 강요하는 방식이 아니라, 지속적인 대화로 개체성이 인정되는 조화롭고 대등한 관계를 중요시했다.

배우자를 핍박하고 군림하며 가정 내에서 자기 잣대로 평가하거나 권력을 마구 휘두르는 어리석은 행동을 해서는 안 된다. 그렇게 되면 조선의 연산군처럼 하나의 목소리만 존재한다. 단방향 소통은 대화가 아니다. 쌍방향 소통이 진정한 대화다. 불행한 가정은 자기 가치관과 생각이 강해서 상대의 목소리를 듣지 않으려고 한다. 하나의 목소리만 들리는 가정은 틀림없이 문제가 있어 보인다. 둘 중 하나만 행복하다면 그건 독재다. 즉 독선적인 사고와 행동은 텅 빈 집과 같이 침묵하는 가정밖에 될 수 없다. 가정 내 한 사람만의 목소리가 중요한 것이 아니라 서로의 목소리가 존재할 때, 그리고 쌍방향 소통이 공존할 때 행복하게 삶을 유지할 수 있다. 내 인생의 영원한 동반자를 찾았을 때 다음의 질문에 자신 있게 답할 수 있으면 '가장 완전한 부부'인 것이다.

결혼생활에서 최우선시해야 할 것은 무엇일까?
그것은 공동목표를 정하는 일이다.
또 부부가 행복하기 위해서 필요한 것이 무엇일까?
그것은 솔직하게 대화를 나누는 일이다.

물질적으로 채워졌다고 해서 모든 것이 내 것이 아니다. 자기 마음이 사랑으로 채워져야만 진정으로 내 것임을 깨달아야 한다.

앙상블처럼 균형과 조화

결혼전에 마음으로 그렸던 그림과 결혼의 현실이 같을 수만은 없다. 그렇지만 서로가 즐거운 마음으로 각기 다른 그림의 조각을 하나씩 끼워 맞추는 그런 간단한 과정을 거친다면, 최고의 걸작품이 비로소 완성될 수 있다.

"저는 당신이 할 수 없는 일을 할 수 있고, 당신은 제가 할 수 없는 일을 할 수 있습니다. 그러므로 우리가 서로 힘을 합친다면 훌륭한 일을 해낼 수 있을 것입니다."라고 노벨평화상을 수상하고 사랑의 전도사로 유명한 마더 테레사 수녀가 말했다. 학식이 높고 사회적 지위와 덕망을 모두 갖추고 있어도 완벽한 사람은 이 세상에 존재하지 않는다. 모든 것이 그렇듯 누구나 부러운 장점 뒤에는 결점이나 부족함이 숨어 있기 마련이다. 풍족하지는 않더라도 남들처럼 먹고사는 걱정 없고 정신적으로 건강한 아이를 키우며 살 정도라면, 이혼이 주된 대상이 되어서는 안 된다. 더군다나 부부의 최대 목표가 행복이라면 돈이 삶의 전부라고 생각해서도 안 된다. 그렇게 되면 삶이 허무하고 생활에 별 의미가 없을 것이 분명하다. 물질적인 부는 세상의 모든 걸 가진 것처럼 느껴지겠지만, 이 또한 신기하게도 시간이 지나면 평범해지고 만다. 그 이유가 뭘까?

돈은 물질적인 세계이고, 행복은 정신적인 세계이기 때문이다. 일반적으로 부부 사이가 멀어지는 여러 이유 중 하나를 꼽으라면 부부 경제권일 것이다. 그렇다면 부부 사이에 돈 관리는 누가 하는 것이 좋을까?

부부의 돈 관리에 대해 다음 두 가지 사례를 소개하고자 한다.

[사연 1] 아내가 돈 관리

사십 대 초반인 이 남성은 결혼한 지 6년째이다. 결혼한 뒤 얼마 지나지 않아서 월급은 한 달에 420만 원, 결코 적은 금액이 아니다. 그걸 몽땅 아내에게 갖다줬다. 그러고는 그는 용돈으로 월급의 5%를 받아 쓴다. 교통비와 점심값만으로도 빠듯하다 보니 가끔 점심에 아예 빵을 먹을 때가 종종 있었다. 그러면서 그는 자신감 없는 표정으로 말했다.

"회사에서 회식을 제외하고 동료들과 술 한잔하기가 어려워요. 심지어 감사의 마음으로 부모님께 생일 선물을 해 드리고 싶은데, 늘 빈손으로 찾아뵙는 것이 죄송스럽기만 합니다."

그가 용돈을 올려달라고 말하면 아내의 대답은 한결같은 말투로 생활비 말고 아이들 학비에 보험료, 그리고 원금은커녕 대출 이자를 은행에 내기도 빠듯하다는 것이었다. 그러면서 그의 아내는 정색하며 말했다.

"용돈을 더 받고 싶으면 더 벌어와요."

그럴 때마다 그는 속상해서 밖에 나가서 술 한잔하고 싶어도 그럴 만한 돈도 없고……. 그가 정말로 속상한 것은 따로 있었다. 아내가 돈 관리를 하지만 얼마의 돈을 모았는지, 또 어디에 썼는지 남편에게 한마디 말도 없다는 것이었다. 무엇보다도 남편에 대한 가혹한 대우 때문에, 또 퇴근하고 집에 들어와서 투명하지 못한 아내의 돈 관리를 생각하면 화가 치밀어 오른다고 그가 화난 표정으로 말했다.

그의 아내도 밖에 나가서 돈을 번다. 그렇지만 남편은 아내의 수입이 얼마인지 모르고 있고, 그녀가 번 돈은 부담 없이 쓰는 것도 알고 있었다. 그는 '후유' 하고 길게 한숨을 내쉬며 결혼한 걸 후회한 적도 여러 번 있었다고 고백했다. 이제 그는 모든 걸 내려놓고 아내와 이혼해야 할지 고민이라고 털어놨다.

[사연 2] 남편이 돈 관리

　46세 된 남편은 신축건물에 전기 케이블을 설치하고 전기선을 연결하는 전기기술자이다. 부인은 다녔던 직장을 그만두고 전업주부로서 가사와 육아를 주로 담당하고 있었다. 결혼 초에는 각자의 역할에 충실하며 만족했었다. 그러나 결혼한 지 3년이 지난 뒤부터 부인은 남편에 대한 불만이 하나씩 쌓이기 시작했다. 부인은 생활비 명목으로 남편에게 돈을 타다 쓰는데, 그것이 점차 일정하지 않아서 살림에 늘 부족했다. 그러면서도 부인은 부족한 살림을 그럭저럭 꾸려나갔다. 그렇다 보니 생활에 필요한 것들을 사거나 꾸미는 일은 엄두도 못 내고, 단순하게 밥 먹고 아이들 교육하는 것에만 제한해서 살아갈 수밖에 없다는 것이었다. 그런가 하면 결혼한 지 12년이 다 되어가지만, 아직도 남편의 고질적인 행동에 변함없는 것이 그녀의 불만이었다. 남편이 생활비를 주지 않는 달에 그런 사정을 미리 알려줬으면 섭섭했던 감정이 조금은 풀렸을 것이라고 부인이 말했다. 그런데 남편은 말 한마디 없이 지내다가 그걸 물어보면 그제서야 어렵게 대답하는 바람에 여간 불편한 게 아니었다고 고백했다. 부인은 잔뜩 화난 표정으로 계속 말을 이어갔다.

　"자신에게 필요한 것이나 아이들의 요구는 아낌없이 지갑에서 돈을 꺼냈어요. 그렇지만 제가 필요해서 돈을 타려면 정확한 이유를 설명해야만 겨우 받을 수 있었어요. 그래서 돈이 정녕 필요하면 남편이 아니라 친구들에게서 빌리곤 했어요. 가정에서 전업주부가 그저 놀고먹는 것으로 인식해서인지 가끔 제 인격을 무시하는 듯한 남편의 태도에 괴로웠어요. 어느 날 저는 남편에게 생활비를 받아 쓰는 것이 불편해서, 다시 경제활동을 위해 취업하고 싶다고 말했어요. 그랬더니 남편은 특별한 이유 없이 제가 사회생활 하는 것을 반대했어요. 저희는 아이들이 둘이 있는데 연년생으로 11살 된 큰딸과 둘째 아들 모두 스스로 그들의 생활을 할 수 있기 때문에, 제가 사회생활을 해도 부담이 덜 된다고 생각했어요. 저는 관심과 사랑이 없는 남편과 더 이상 사는 것이 부담스러워 이혼을 원하고 있어요."

두 사례 모두 돈 관리에 대해 주도권을 놓고 부부의 다툼에서 심각한 갈등으로 이어짐을 알 수 있다. 상기 두 사례처럼 가정 내 돈 관리라는 것이 무소불위한 절대 군주처럼 경제권을 쥐고 마구 휘둘러서는 안 된다. 가정 경제권을 두고 실제로 다투는 부부가 있다. 또 그로 인해 원만했던 가정에 서로 감정의 골만 깊어지다가 결국엔 이혼으로 끝을 맺는 부부도 있다. 나는 양쪽 두 부부에게 경제권을 쥐고 있는 쪽에서 상대의 입장을 전혀 생각하지 않는다고 말했다. 또 가정의 수입과 지출에 관해 서로가 공유해야 함을 그들에게 이해시키려고 노력했다. 다행히 양쪽 부부 모두 갈등이 해결되었고 행복한 부부관계가 지속될 수 있었다.

사실 이런 문제로 부부간에 갈등이 유발되는 것 자체가 서로에 대한 신뢰에 금이 가는 순간을 경험하게 된다. 그리고 그것을 다시 회복하기에 상당한 시간이 걸릴 게 틀림없다. 경제권에 대해 어떤 방법이 서로가 만족하는지 판단하기가 어려워서일까. 아니면 경제권 공유가 하나의 자존심을 잃는다고 생각하는 것일까. 일반적으로 두 사람 중 경제 관념에 관심이 높아서 지출과 소득을 꼼꼼하게 관리하고 운영하는 배우자가 가정의 경제권을 관리하는 것이 효율적이다. 하지만 이것 또한 정해진 정답은 없다. 부부 경제권의 목적이 어디에 있는지에 따라 다르다. 만일 가정생활에 목적을 두었다면 각자 돈 관리가 편리할 때가 있다. 만일 집 장만이나 넓은 곳으로 옮기는 것이라면 자산관리는 부부가 공동으로 관리하는 것이 옳을 것이다. 다시 말하면 가정 경제권을 잡은 배우자는 돈 관리를 도맡아서 자기 마음대로 하는 것이 아니라 상대에게 알리고 상의하고, 고민하고, 그리고 결정하고, 그래서 미래를 함께 설계해야 할 의무가 있다. 그렇지 않으면 서로 간에 믿음을 저버린 채 다툼이 일어날 게 확실하다. 만일 맞벌이 부부의 경우에 돈 관리는 배우자의 성향이나 가치관에 따라 통합해서 한 사람이 관리하는 것보다는 각자 관리하는 것이 효율적일 수 있을 것이다. 그러나 행복을 꿈꾸는 부부가 돈에 대한 경제적 가치관이나 입장 차가 다르면, 누가 돈 관리하든 부부관계가 엉망이 되고 만다. 가령 아내는 남편이 돈을 타 쓰기를 바라고, 또 남편은 사회활동 유지를 위해 그럴 수 없다고 고집한다면 그걸로 서로 감당하기 어려운 지경에 처하게 될 것이다. 또 둘 중 하나가 돈에 강한 욕심이 생기면 공동 관리가 어려워서 각자 관리하는 것이 바람직하다. 이를테면 상대가 카드를 쓸 때마다 '어디에 뭣 때문에 썼을까?'라고 자꾸 추궁하거나 의문이 생기면 스트레스가 쌓일 것이다.

그러면 부부의 돈 관리는 누가 하는 것이 좋을까?

그것은 서로 협의해서 결정하면 된다. 부부의 재산은 공동소유이기 때문에 돈 관리에 대해 알 권리와 알릴 의무가 있다. 경제권을 누가 쥐든 중요하게 생각할 것이 있다. 가정의 화목을 유지하고 서로 존중하며 배려하는 마음가짐이 있어야 한다. 혹시 경제권을 두고 부부간에 다툼이 일어난다면, 서로 간에 대화 시간을 늘리고 함께 노력해야 한다. 태어날 때부터 부자가 아니라면 돈에 대해 각자 바라는 것이 있다. 그걸 대화로 나누면서 공동의 희망을 찾아가는 과정을 즐겨야 한다. 가정의 돈 관리는 상대를 믿고 존중해 주는 것이 가정공동체로서 행복해지는 지름길이다.

환자들이 꽤 북적대는 피부 전문병원을 운영하는 50대 초반의 남편과 대기업에서 높은 직책으로 일하는 40대 중반의 부인이 있었다. 결혼한 지 3년 만에 첫아들을 보았고 지금 그 아이는 초등학교 1학년이 되었다. 그녀의 부모는 전통사상을 생활화하셨고, 그녀가 자라면서 차분하지만 묵묵한 성격 탓에 오해받는 일도 가끔 있었다. 또 그녀는 능력뿐만 아니라 상하 인간관계도 좋다는 평을 받는 여성이었다. 한편 남편은 교과서적 사고방식으로 융통성이 없고 지나치게 원리원칙을 고수하는 편이었다. 남편의 예민한 성격 탓에 그의 삶 자체가 피곤하다고 부인이 말했다. 그렇다 보니 상대의 평범한 말에도 남편이 민감하게 반응할 때가 자주 있었다.

게다가 남편은 논리적으로 이해되지 않는 것에는 자기감정 조절이 안 되어, 버럭 화를 내며 소리치는 빈도가 점차 늘었다. 아마도 남편은 피해망상증에 걸린 듯, 아내의 말과 행동에 피해를 보게 될지 모른다는 두려움이 있는 것 같다고 부인이 설명했다. 그러다 보니 남편의 말이 점점 거칠어지고 저속한 언어까지 사용한다는 것이었다. 더군다나 부인이 회사 일을 마치고 지친 몸을 이끌고 집에 와서 집안일과 아이를 돌보다 보니 여간 힘든 게 아니었다. 그럴 때 남편이 소파에 눕지 말고 가사에 좀 거들어 주면 좋겠다고 하소연했다.

그것이 화근이었다. 남편의 거친 말투와 자주 화를 내는 태도, 그리고 가정에 소홀한 것에 대해 부인은 불만을 품고 지내며 불안과 스트레스가 점점 쌓여갔다. 마침내 그녀는 위암에 걸렸다. 다행히 초기에 발견되어 생명에는 지장이 없었다. 부인은 내면의 에너지가 밑바닥까지 방전되어 결혼생활을 유지하지 못하겠다고 고백했다. 그리고 부인으로부터 남편의 어린 시절을 들을 수 있었다.

"남편은 대학교수였던 홀어머니 밑에서 겁에 질린 아이처럼 두렵고 어둡게 자라났어요. 아이가 작은 실수라도 저지르면 당장 끌려가 혼이 나곤 했었어요. 심지어 학교 성적이 떨어지면 인격모독뿐만 아니라 집 밖에 나가서 놀지 못할 정도였어요. 말하자면 남편은 정서적 학대를 받으며 자랐어요. 그래서 남편은 명확한 근거가 없으면 누구도 신뢰하지 않아요. 그런 남편의 사정을 알기 때문에 제가 힘들어도 견디며 살았어요. 남편은 정신적으로 참 힘들게 살

앉던 것 같아요."

부인은 좋아서 결혼했는데 행복의 길로 걸어가는 것이 아니었다고 말했다. 그러면서 그녀는 사랑하는 사람과 결혼한 것이 아니라 의사와 결혼했다는 사실도 실토했다. 옆에 차분하게 앉아 있던 남편에게 질문을 던졌다.

"남편께서는 평소 아내와 대화를 자주 나누는 편이신가요?"

"아니요. 병원 일이 피곤해서요." 남편은 짧게 대답했다.

가정 내 부부의 역할에 대해 내가 물었다.

"혹시 가정에서 부인의 역할에 대해 어떤 생각을 하는지요?"

남편이 나에게 말했다.

"대단한 여성이에요. 힘든 일을 말없이 척척 해내는 걸 보면 보통 여자가 아니란 생각이 들었어요."

난 그들 부부에게 이런 말을 전했다.

"먼저 두 분 모두 가정에서나 사회에서나 완벽하게 일을 하면서 내색하지 않는 경향이 짙어요. 완벽하게 어떤 결과물을 만들어 내려면 푸념 한번 없이 고통을 감내하며 힘들게 일을 헤쳐 나가야 해요. 부인이 지금 그런 일을 하고 있어요. 그러면서 부인은 자기 마음속 아픔을 감추고 쉽게 드러내지 않으려고 해요. 이 가정에 산소가 부족해 보입니다. 그래서 부인이 숨쉬기가 힘들어해요. 또 아이 돌봄의 절반은 아버지의 책임입니다. 가정 내 남편의 역할이 분명히 필요합니다. 봉건 사회처럼 단순히 남편이 가정을 대표하는 가장이고, 아내는 아이 낳고 키우고 집안 살림하는 주부라고만 생각해서는 안 됩니다. 또 부인은 완벽하게 모든 걸 혼자서 처리하겠다는 생각을 버리셔야 합니다. 또 남편은 가정에 산소를 공급하듯 아내를 이해하고 배려하는 태도가 필요합니다. 두 분은 사회적으로 부러워하는 명성과 부를 가지고 있어요. 그런데 진작에 두 분이 서로에 대해 가슴의 소리를 경청하고 존중하는 것이 더 중요하지 않을까요?"

얼마 지나지 않아 그들 부부가 나를 다시 찾아왔다. 그들의 표정이 밝은 걸 보니 부부 생활의 해법을 찾은 듯 보였다. 남편은 의사답게 진지한 얼굴로 말했다.

"그때 선생님의 말씀을 듣고 반성의 시간을 가졌어요. 한 번도 아내의 처지를 생각해 본 적이 없었거든요. 아내의 작은 숨소리에도 귀를 기울였어야 했는데 그러지 못했어요. 또 아이 돌봄의 반은 아버지의 책임이란 말에 이것 역시 한 번도 들어본 적이 없었어요. 주말마다 가정에서의 역할 분담에 관한 얘기를 나눴어요. 우리 부부가 할 수 없는 부분은 외부의 힘을 빌리기로 했어요. 가령 일주일에 두 번은 가사도우미를 불러 집안일을 맡기기로 했어요. 그리고 장모님께서 평일에 아이를 돌봐주시기로 했어요. 정말 감사드립니다."

부인도 목소리를 높이며 한마디 덧붙였다.

"남편과 대화를 나누면서 완벽하게 해야 한다는 강박관념에서 벗어나니까 스트레스가 확 풀렸어요. 무엇보다 가정의 짐을 남편과 공유하니까 제 마음의 무게가 훨씬 가벼워졌어요. 고맙습니다."

아내가 직장에 다니며 육아와 가사를 한꺼번에 만족하게 해낼 수 없다. 처음 얼마 동안 무리하게 해서 가능할지 모르지만 계속 그렇게 할 수 없는 노릇이다. 남편의 도움이 절대적으로 필요하다.

내가 만난 50대 후반의 어떤 중년 남성은 '평일에 당신이 아이 돌보느라 고생했으니까 주말엔 내가 아이들 데리고 놀아 줄게.'라고 하면서 결혼생활 12년 동안 약간의 말다툼은 있었지만 싸움으로 번지는 일이 거의 없었다고 말했다. 이건 부부에게 미래에 대한 행복의 꿈을 만들어 주는 말이다. 또 무거운 짐을 공유하고 역할을 분담하기 때문에 한결 가벼워짐을 느낄 수 있다. 그렇다고 역할 분담이 책임 소재로 변질되어서는 안 된다. 예컨대 배우자가 밥과 반찬을 만들면 상대는 청소하는 일, 또 배우자가 세탁기로 빨래하면 상대는 그걸 빨랫줄에 펴서 널어놓는 일, 또 배우자가 거실을 청소하면 상대는 아이를 돌보는 일. 처음엔 자연스럽게 그 역할을 나누는 것처럼 보인다. 그것이 지속하다 보면 무거운 책임감으로 변하게 된다. 그러다가 뭔가 잘못되기라도 하면 책임 소재를 따져 자꾸 나무라면 그 기억은 평생 따라다닌다. 인도의 정신적 지도자 마하트마 간디는 "생각과 말과 행동이 조화를 이룰 때 행복이 찾아온다."라고 말했듯이, 결혼생활은 조화와 균형을 찾는 여정이다.

세계 어린이를 위한 교육의 아버지라 불리는 교육자가 누굴까? 그분은 페스탈로치이다. 세계적으로 위대한 교육자인 페스탈로치의 이면에는 훌륭한 아내가 있었다. 페스탈로치와 그의 아내에 관해 다음과 같이 이야기를 들려주고 있다.

그의 어린 시절에 이런 일이 있었다. 허리는 굽었고 인상이 날카롭고 얼굴은 못생겼으며, 그리고 학교 성적마저 좋지 않다고 느끼는 탓에 혼자서 보내는 시간이 많았던 그의 어린 시절이 흘러갔다. 그렇지만 그는 누구보다도 착하고 성실하게 성장했다. 한번은 한 어린 꼬마가 군것질거리로 과자점 가게 안을 기웃거렸다. 그곳 주인의 딸이 그 아이에게 이렇게 타일렀다.

"얘야, 이런 군것질로 돈을 낭비해서는 안 돼. 그 돈으로 책 사는 데 써야지. 책이 얼마나 유익한지 모른단다."

또 성장한 청년 페스탈로치에게는 부룽추리라는 좋은 친구 하나가 있었다. 어느 날 페스탈로치는 그 친구의 병문안을 갔었다. 그 친구가 죽기 전에 페스탈로치에게 이렇게 말했다.

"자네는 탁월한 재능을 갖고 있어. 그래서 장래에 큰일을 할 사람이라고 생각하네. 그렇지만 자네의 순진한 탓에 예기치 못한 일을 당해 실패하는 수가 있어. 그런 자네에게 잘 맞는 숙녀를 소개하겠네. 그녀가 자네의 꿈과 희망을 이뤄 줄 걸세."

그녀가 바로 그의 어린 시절 과자점 주인의 딸인 안나였다. 엄격한 어머니 밑에서 자란 그녀는 아름다운 기품이 넘치는 총명한 여성이었다. 1769년 8월 30일, 23세의 그는 7살 연상인 안나와 결혼하며 그들의 역사를 쓰기 시작했다. 안나 여사는 거친 세상에 어리숙하고 우둔하며 순진한 남편을 천재 페스탈로치로 만들었다. 그녀는 남편 곁에서 내조의 여왕처럼, 다치기 쉬운 남편의 순수한 영혼을 부드럽게 감싸주었다. 남편과 뜻을 같이한 그녀는 일생을 육영 사업에 헌신하며, 다른 사람들의 행복을 위해 노력한 여인이었다. 말하자면 부유하게 자란 그녀는 가난과 고난, 남의 비판 속에서도 그녀의 삶을 사랑으로 일관했다. 마침내 페스탈로치는 누구도 할 수 없었던 큰일을 해냈다. 그는 당시 부자나 귀족들만 교육받을 수 있었던 불평등한 사회의 틀을 바꿔 놓아야 한다고 생각했고 결국엔 변화시켰다. 1815년 12월 11일, 안나 여사는 76세의 나이로 남편보다 5년 먼저 세상을 떠났다. 페스탈로치는 지혜롭고 총명한 그의 아내를 잊지 못해 하늘에 달이 중천에 걸린 밤이면, 호두나무 그늘 밑에 있는 그녀의 비석을 안고 한없이 울었다.

앙상블의 핵심은 균형과 조화이다. 어느 한 사람이 일방적인 독주가 아니라 조화와 균형을 이룰 수 있도록 서로가 노력해야 한다. 결혼한 두 사람이 앙상블처럼 상대의 감정을 감지하고 서로의 호흡을 느끼며 속도와 분위기를 맞추어야 비로소 아름다운 곡을 연주할 수 있다. 내가 아는 어떤 매력을 풍기는 그 사람은 그의 아내가 자신의 꿈을 향해 힘차게 달려갈 수 있도록 도와주었다. 마침내 그의 아내는 대학교수가 되었다.

한쪽의 자유만 존재한다면 다른 쪽은 불행해지고 만다. 일방적인 자유는 규칙과 규정이 존재하지 않고 오로지 상대의 자유를 구속할 뿐이다. 그래서 한쪽의 일방적인 자유가 아니라 부부의 공동 노력이 더욱더 가치가 있듯, 부부관계는 앙상블처럼 서로의 다른 점들을 조화시켜 행복의 길로 발전해 나아가야 한다. 말하자면 생명의 나무 한 그루를 심고 큰 나무로 성장하기까지 정성으로 가꿀 때, 나는 나뭇가지를 손질하고 상대는 물을 주며 서로의 역할을 다하면서 행복의 미소를 지어야 한다. 훗날, 그 나무 그늘에서 내 인생의 영원한 동반자와 함께 지난날의 아름다운 추억을 나눌 수 있어야 한다.

하늘을 나는 비익조(比翼鳥)를 아는가?

비익조는 혼자서 절대로 날 수 없고 상대의 날개가 있어야만 비로소 날 수 있다. 암수의 눈과 날개가 하나씩이어서 짝을 지어 한 몸이 되어야만 하늘을 날 수 있는 전설의 새이다.

비익조처럼 이 세상 끝까지 두 손을 꼭 잡고, 변함없는 사랑과 애정으로 행복의 길을 함께 걸어가는 부부의 뒷모습은 아름답다.

영국 속담에 이런 말이 있다.

"좋은 아내는 남편이 세상을 향해 떠나는 배에 돛이 되어 그 남편을 항해시킨다."

사랑의 열차에 행복을 싣고

 어느 4월의 화창한 오후, 따스한 햇살이 온몸을 감싸고 살랑살랑 불어오는 미풍에 머리칼이 가볍게 나부끼는 공원에서, 자유롭고 평화로운 이곳이 지상의 천국이라고 생각했다. 결혼한 지 얼마 안 된 초보 부부들이 그들의 아이들과 함께 행복한 오후를 보내고 있었다. 넓게 깔린 푸른 잔디 위에 아이들은 뭐가 그리 좋은지 이리저리 뛰며 해맑은 웃음이 끊이지 않았고, 강아지도 꼬리를 흔들면서 아이들 뒤를 졸졸 따라가다가 이내 앞으로 나서며 뛰놀고 있었다. 그들의 가정 모두가 화목하고 부부 사이에 금실도 좋아 보이는 듯했다.

"이 세상에 여러 가지 기쁨이 있지만, 그 가운데서 가장 빛나는 기쁨은 가정의 웃음이다. 그다음의 기쁨은 어린이를 보는 부모들의 즐거움인데, 이 두 가지의 기쁨은 사람의 가장 성스러운 즐거움이다."라고 스위스 교육학자 페스탈로치가 말했다. 그는 어린이들을 하나의 인격체로 존중한 것으로 유명하다. 사랑을 실천하고 행복이 완성되는 적절한 곳을 선택하라면 난 주저하지 않고 신이 우리에게 내려 준 '가정'이라고 말하고 싶다. 중국의 학자이자 세계적 석학인 임어당(린위탕)은 가정에 대해 이렇게 정의하고 있다.

"인간은 태어나는 순간 이미 가정에 속해 있고, 그 이후로 그 안에서 살아가게 된다. 인간의 삶에서 가장 기본이 되는 것이 가정이다."

행복한 가정생활의 비결은 무엇일까?

중국의 전원시인 도연명처럼, 냉혹한 현실과 부부의 인생관을 조화롭게 융합해서 자연과 함께 중용의 삶을 사는 것이 행복한 가정으로 가는 지름길이다. 돈이 많아서 행복한 가정이 아니라, 가진 것이 부족해도 현재의 삶에 만족하며 서로 웃고 정겹게 대화를 나누는 것이 행복한 가정인 셈이다. 가정 내에서 인정받지 못한 신세라면 결혼생활에 만족스럽지 못하고 불만만 쌓이게 된다. 또 그런 신세라면 사회 속의 인간관계는 곧잘 자기방어적인 태도를 보여 허풍이나 허세를 떨게 된다. 반대로 가정 내에서 아내와 남편, 그리고 부모의 역할을 충실히 수행하고 남들로부터 잘한다는 말을 들으면 축구에서 수비가 잘되면 공격에 자신감이 넘치듯, 자신감 있는 사회생활로 이어진다. 또 당신의 아이들이 자신 있게 도전하는 것을 배운다. 더불어 사회도 발전하게 된다.

불안정한 가정이 안정된 가정을 이루기 시작하면서 남편의 사업이 잘되었고, 그야말로 행복한 가정을 다시 만들었다는 사십 대 후반의 부인이 내게 들려준 얘기가 있었다. 그녀의 가정이 행복하게 된 비결을 들어보자.

"몇 년 전 어느 날 남편이 다니던 회사에서 구조조정으로 실직되고 말았어요. 남편은 가장으로서 처와 자식들을 돌봐야 한다는 부담감에 짓눌려 곧바로 사업을 시작한다는 것이었어요. 저는 남편에게 좀 더 알아보고 일을 시작했으면 좋겠다고 말했어요. 이런 일로 잦은 다툼이 일었어요. 처음 시작한 사업이 실패로 되자, 다툼이 싸움으로 번졌어요. 그 영향으로 대학 1학년인 큰딸과 고2인 아들이 방황하기 시작했어요. 둘 다 학교 기숙사에 들어가서 집에 거의 오지 않았어요. 우리 부부는 아이들을 정서적으로 단호하게 잡아 줄 마음의 여유가 없었어요. 그 이후로 사기와 사회적 환경의 여파로 남편의 사업이 연이어 실패하면서, 연금식으로 모은 돈이며 담보대출로 받은 돈까지 몽땅 날리고 말았어요. 그야말로 우리 가정은 지옥과 다를 바 없었어요. 저는 삶의 희망을 잃었고, 제 남편은 좌절감과 대인관계에 대한 두려움만 커졌어요. 우리 부부는 힘겨운 나날을 보냈어요. 그러던 어느 날이었어요. 우연히 선생님의 강의를 듣게 되었는데, 우리 가정의 문제에 대한 원인을 파악할 수 있었어요."

그래서 나는 부인의 가정이 어떤 방향으로 변했는지 궁금했다. 부인은 나를 보며 다음의 말을 했다.

"먼저 남편을 존중하면서 부부간에 신뢰를 회복하는 데 노력했어요. 그런 다음에 남편의 자존감을 세우는 데 주력했어요. 그 결과 우리 가정은 차츰 부정적인 생각에서 서로 배려하고 사랑을 실천하는 가정으로 변하기 시작했어요. 그래서인지 남편은 두려움과 과감히 맞설 수 있는 용기가 생겼다고 했어요."

마침내 남편이 두려움을 떨쳐내고 자신감으로 재충전하고, 그래서 세상 속으로 떳떳하게 다시 도전하기 시작했다고 그녀가 눈에 힘주며 말했다. 그러면서 남편은 자신감 있는 표정과 두 주먹을 불끈 쥐고 이렇게 외쳤다고 했다.

"지금이 마지막 기회다!"

부인은 절로 신이 난 듯 흥분을 감추지 못하고 말을 이어갔다.

"남편은 전과 다르게 욕심을 내려놓고 자기 장점을 인정해 주는 사람이나 거래처를 만나기 시작했어요. 그러더니 그들이 새로운 거래처를 하나씩 소개해 주었어요. 힘들었던 사업으로 막막했었는데, 일거리가 하나씩 들어오면서 경제적으로 생활이 호전되었어요. 무엇보다도 뿔뿔이 흩어졌던 아이들이 다시 가정으로 돌아왔어요. 아이들은 불안감을 멈추고 안정된 가정에서 자신들의 꿈을 향해 최선을 다해 노력할 거라고 말했어요. 그동안 아이들과 떨어져 살면서 남편과 저는 힘겨운 시간을 보내야만 했어요. 이제 삶의 희망과 가정의 행복을 되찾을 수 있었어요."

공자는 "지지자 불여호지자(知之者 不如好之者), 호지자 불여락지자(好之者 不如樂之者)"라고 말했다.
"아는 사람은 좋아하는 사람만 못하고, 좋아하는 사람은 즐거워하는 사람만 못하다."라는 뜻이다. 논어에 나오는 이 의미는 어떤 일에 노력하다 보면 즐기게 되고, 그러다 보면 그 분야에 성공할 수 있다는 뜻이다. 누구나 어떤 일에 실패했을 때 괴로움과 고통에 사로잡힐 때가 있다. 하지만 가족들의 힘으로 다시 도전할 수 있다는 자신감은 '불가능은 존재하지 않는다'라는 희망과 동기부여를 줄 것이고, 놀라운 성과를 얻을 수 있을 것이다. 반대로 위기에 놓인 가정도 다시 회복할 수 있다는 희망이 가득 차 있으면, 반드시 위대한 가정을 만들 수 있다. 가족은 우리가 살아갈 목적이자 힘이다. 가정에서 웃음이 나오지 않는 이유는 당신의 마음이 어둡기 때문이다. 즉 자신도 모르게 부정적인 생각과 불길한 마음이 스며든 것이다. 웃어라! 그러면 마음이 풍요로울 것이다.
"만약 가족과 함께 충분한 시간을 보내지 않고 있다면 당신은 신이 정한 뜻을 따르지 않는 것이다." 『어떻게 살 것인가』 저자이자 미국의 저명한 작가인 패트릭 몰리의 말이다.

건강한 모습과 부드러운 얼굴로 아무런 문제가 없는 것처럼 보이는 어느 60대 부부가 있었다. 그들은 나에게 대뜸 별거하고 싶다는 것이었다. 둘 중 하나가 바람을 피웠을까. 아니면 경제적인 문제일까. 아니면 가정 폭력 때문일까. 나는 노년 부부에게서 흔히 일어나는 문제에 대해 여러 각도로 생각했다. 어쨌든 그들이 갈등하는 얘기를 자세히 듣게 되었다. 남편은 잔뜩 긴장한 표정으로 말했다.

"도시 생활 자체가 저에게 숨을 막히게 해요. 지난 수십 년 동안 과중한 업무와 부하직원이나 상사의 거친 태도로 인해 제 영혼이 망가졌어요. 고된 직장생활로 늘 스트레스에 시달릴 수밖에 없었어요. 그러더니 10년 전에 심장병과 고혈압이 심해 병원에 입원하고 수술까지 받았어요. 더군다나 직장 출퇴근에 대한 반복된 생활 루틴이 으레 지겹기도 하고요. 저는 정년퇴직을 앞두고 이제 도시 생활에 지쳤어요. 심장병으로 병원에 입원하는 순간부터 찌든 도시 생활을 빨리 정리하고 시골로 귀촌해서 이상적인 전원생활을 꿈꾸었어요."

남편의 얘기를 들어보니 그가 그리 생각하는 이유를 충분히 이해할 수 있었다. 사실 도시 생활은 언제나 경쟁체제에서 긴장을 늦출 수 없고, 스트레스와 건강에 나쁜 영향을 미친다. 하지만 자연은 경쟁하지 않기 때문에 마음의 평화와 행복을 느끼게 해 준다. 이번에는 남편이 정년퇴직 후 부인이 어떤 삶을 살고 싶은지 궁금했다. 남편 바로 옆에 앉아 있던 부인은 차분한 어조로 말했다.

"저는 남편과 결혼해서 평생토록 그의 뒷바라지와 자식을 키우느라 저 자신을 잊은 채 살았어요. 얼마 후 남편이 퇴직하면 저의 시간을 찾을 수 있을 것 같아요. 이제야 저도 도시의 문화생활을 즐기면서 살고 싶어요."

부인의 얘기를 들어보면 틀린 말도 아니었다. 부인은 남편 도움 없이 혼자 집안 살림에 아이의 출생부터 성장까지 모든 걸 헌신하다 보면 자기만의 공간이나 시간이 없었을 것이다. 그 아이들이 출가하면 자기만의 시간을 되찾고 싶은 것은 그녀의 꿈이자 희망일 것이다. 두 사람 모두 정년퇴직만을 기다린 것 같다.

일 년이 지나 두 사람이 다시 나를 찾아왔다. 지난번과 다르게 서로에게 잔뜩 화가 난 것 같았다. 지금으로부터 6개월 전에 남편이 퇴직하고 지난달에 막내가 결혼하자, 그전에 일어난 갈등의 골이 수면 위로 다시 떠올랐다. 소파에 나란히 앉은 두 사람이 서로에게 화가 났고 다투는 소리가 내 귀에 크게 들려왔다.

아내 : 당신은 참을성 없이 나에게 한마디 말도 없이 혼자서 시골로 내려가면 어떡해?
남편 : 내가 그리로 가면 당신이 따라올 줄 알았지.
아내 : 당신은 늘 그런 식이야! 내 생각은 안중에도 없고 오직 당신 자신뿐이야.
남편 : 처자식만 아니라면 이렇게 아등바등 힘들게 살지 않았어.
아내 : 결혼해서 당신이 나를 위해 해준 게 뭐가 있는데?
남편 : 이제 직장을 그만두고 돈을 벌지 않으니 날 무시하는 거야?

아내 : 나도 내 인생을 찾아서 즐길 거야!

남편 : 그럼, 말 다 했네. 내가 놓아줄 테니 서로 갈 길 가자!

그들의 대화를 그대로 두면 정말로 이혼할 것만 같았다. 난 잠시 그들의 부정적인 대화가 오가는 것을 끊었다. 이들의 얘기를 한참 듣고 보니 각자 추구하는 가치관이 다르다는 것을 느꼈다. 지난번처럼 두 사람이 각기 어떤 생각을 하는지 궁금했다. 나는 먼저 남편에게 질문했다.

"퇴직 후 얼마 지나지 않아 부인과 상의 없이 바로 시골로 귀촌하신 이유라도 있으신지요?"

남편은 무거운 표정으로 대답했다.

"퇴직하면 찌들었던 도시 생활을 정리하고 정해 놓은 시골로 내려가겠다고 몇 년 전부터 잔뜩 벼르고 있었어요. 그 꿈을 제 아내에게 여러 번 말했어요. 그때마다 아내는 '퇴직 후에 천천히 생각해 보자!', '아이들 시집 장가를 보내고서 다시 얘기하자!'라고 하면서 제게 조금이라도 관심과 애정을 갖지 않았던 것 같았어요."

이번에는 부인에게 비슷한 질문을 던졌다.

"남편이 퇴직 후 귀촌하겠다는 얘기를 여러 번 들었을 텐데요. 그와 함께 시골로 따라가지 않는 특별한 이유가 있으신지요?"

부인은 꾸밈없이 그녀의 감정을 감추지 않고 말했다.

"자식을 출가시키고 오롯이 제 삶에 집중할 수 있어서 행복했어요. 친구들은 대부분이 저의 집 근처에 살고 있어요. 가끔 모여서

요리 학원도 가고 운동하는 재미도 있어요. 무엇보다도 관절염 때문에 한 달에 한두 번은 검진을 위해 병원에 가야만 해요. 이 모든 걸 내려놓고 심심하고 낯선 시골로 가고 싶지 않아요. 모든 걸 갖춘 이곳에서 제 삶의 일상을 느끼며 살고 싶어요."

서로의 주장이 강한 그들 부부에게 나는 곰곰이 생각한 끝에 이런 말을 전했다.

"결론부터 말씀드리면 두 분의 주장이 모두 옳고 모두 틀립니다. 자기 생각과 판단이 옳다고만 주장하는 것은 대화를 나눌수록 갈등의 골만 깊어지게 됩니다. 그러니까 함께 보냈던 시간이 많더라도 진정한 대화의 시간이 적다면 서로에게 소홀할 수밖에 없어요. 남편은 삭막하고 긴장된 삶을 내려놓고 숨구멍 같은 평온한 영혼의 안식처를 찾으려고 했을 것이고, 또 부인은 무거웠던 짐을 내려놓고 자신만의 온전한 삶을 누려보고 싶었을 겁니다. 결혼생활에서 최우선 순위를 두어야 하는 것은 가정입니다. 가정은 행복한 생활을 이루고자 서로 힘을 합쳐 만든 곳입니다. 이때 서로가 대화가 없다는 건 말도 안 되는 것입니다. 두 분의 가치관에 큰 차이를 보이는 것은 평소 서로 간에 진솔한 대화가 없었기 때문입니다. 지금이라도 서로의 입장을 고려해서 대화해 보세요. 분명히 해결점을 찾을 수 있을 겁니다."

그로부터 3개월이 지나서 부인으로부터 연락이 왔다. 부인은 밝은 목소리로 이렇게 말했다.

"선생님 말씀대로 여러 달 동안 남편과 허심탄회하게 꽤 많은 대화를 나누었어요. 결론적으로 말해서 일주일에 3일은 시골에서 함께 보내기로 했어요. 얼마 전에 제 친구들을 시골로 초대해서 하룻밤을 보내기도 했어요. 남편도 흡족하게 생각하고 있더라고요. 감사합니다."

가정은 인생의 중요한 것들이 형성되고 익어 가는 곳이다. 생각이 곧 행복을 만든다. 즉 행복해질 수 있다고 생각하는 순간부터 가정의 행복은 이미 시작된 것이다. 헬렌 켈러는 가정에 관해 이렇게 말했다. "우리의 이야기와 꿈, 사랑과 행복이 시작되는 곳이 가정이다." 또 스페인의 철학자 발타자르 그라시안은 "상대에게 해를 끼치지 않을 정도의 범위 내에서 최대한 자유를 누려라."라고 말했다.

이번에는 작은 생각 하나가 가정의 행복으로 이어지게 만드는 사람이 있었다. 어느 지방의 택시 기사에 관한 것으로 그의 행복한 얘기를 들어보자. 어느 몹시 추운 12월 금요일 저녁, 나는 일을 마치고 부모님이 사시는 곳으로 발길을 향했다. 두 분을 뵌 지 꽤 오래되었다. 나는 불과 2년 전까지만 해도 매달 부모님을 찾아뵙고 함께 식사도 하고 즐거운 대화도 나누면서 시간을 보내었다. 어머니가 차려준 집밥은 언제나 고향의 맛을 느끼게 하는, 이른바 지쳐 있는 내 영혼의 힐링이 되었다. 작년부터 일이 바쁘다는 핑계로 만나는 횟수가 점차 줄어들더니, 이제 그분들의 얼굴을 못 뵌 지 반년이나 지났다.

눈으로 뒤덮인 하얀 세상에 하늘이 저녁놀로 붉게 물들었고 전철 역 주변에는 사람들로 붐볐다. 내일이 토요일이라 그런지 사람들의 발길이 무척 바빠 보였다. 심지어 퇴근 시간대이기는 하지만, 그날따라 빈 택시 잡기가 여간 힘든 게 아니었다. 그나마 방향이 같은 승객과 합승이라도 하면 다행이었다. 시간이 꽤 걸리더라도 걸어서 가볼까. 아니면 버스를 여러 번 갈아타고 갈까. 어쨌든 손을 들어 지나가는 택시를 잡아 보기로 했다. 그 순간 승객을 하나도 태우지 않은 빈 택시 하나가 내 앞에서 목적지를 물었다.

"손님, 어디로 가세요?"

나는 얼얼한 뺨을 어루만지면서 그에게 대답했다.

"저 언덕 넘어 돌 장승 마을 입구요."

"타세요." 택시 기사는 조금도 망설임 없이 말했다.

택시 잡기 어려운 시간대에 빈 택시를 잡는 것은 정말이지 행운이었다. 그 기사는 백미러로 나를 보더니 이런 말을 했다.

"선생님, 오늘 운이 참 좋으시네요. 난 지금 장거리 손님을 태워주고 막 집으로 들어가는 길인데, 선생님과 같은 방향이라 태워드린 거예요."

택시 기사에게 감사의 인사를 여러 번 했다. 나는 추운 곳에서 오랫동안 있어서인지 차 안에 따뜻한 온기가 좋았다. 더욱이 오늘따라 택시 잡기가 어려운 이유가 있었다. 택시 기사의 환경개선 문제 때문에 다들 데모한다고 대도시로 올라가서, 이곳에 택시 일부만이 운행한다는 사실을 운전기사의 말을 듣고서 알게 되었다. 나는 택시 종사자들이 환경개선에 대해 옳은지 여부를 놓고 기사와 토론도 벌이기도 했다. 그러면서 그는 뭐가 그리 흥이 났는지 얼굴에 계속 미소를 띠고 있었다. 난 그게 궁금해서 그에게 물었다.

"기사님, 제가 이 택시를 타는 순간부터 계속 기분이 좋아 보이시는데 특별한 이유라도 있으세요?"

그는 애써 태연한 표정을 지으며 나에게 대답했다.

"좋고말고요. 우리처럼 시내만 운전하다가 가끔 장거리 손님을 태우고 교외로 가는 것이 로망이에요. 그동안 복잡했던 도로에서 받은 스트레스가 확 사라지니까요."

그가 계속 말하면서도 그의 입가에 번진 미소는 마치 천사를 보는 것만 같았다. 그러더니 그가 이런 말을 나에게 했다.

"선생님, 제 말 듣고 있소? 오늘 기분이 좋아서 간만에 정육점에 들러 돼지고기 한 근 반을 사서 가족들과 함께 그걸 구우면서 소주 한잔해야겠소."

나는 택시 기사의 구수하고 행복한 말이 정겹게만 느껴졌다. 얼마 지나지 않아 그 기사는 날 목적지까지 내려주고 유유히 사라졌다. 택시가 저 멀리 달려가고 있는 동안에, 나는 이런 생각을 했다. '행복이란 무엇인가?' 그리고 '난 행복한가?'

살면서 즐겁고 만족스런 것들이 펼쳐질 때 흔히 행복감을 느낀다. 공자가 말한 것처럼 어떤 것에 즐기는 사람이 되기 위해서 가장 필요한 것이 무엇일까? 그것은 마음의 편안함이 아닐까. 불편한 마음은 무슨 일을 하든지, 스트레스를 받거나 불평과 불만이 마음속에 가득 쌓이게 만든다. 사람들은 얼마큼의 사랑을 주느냐에 우리의 행복이 달려 있다고 생각한다. 그 사랑도 우리의 마음이 편해야 가능한 일이다. 건강도 마찬가지이다. 맥박수가 평소보다 더 빨리 뛴다는 것은 스트레스가 있거나 불안할 때 흔히 나타나는 증상이다. 음악을 듣거나 산책하거나 누군가 내 얘길 들어주면 마음이 편안해진다. 그러면 숨을 고르고 편안하게 쉬면서 스트레스나 불안의 고통에서 벗어날 수 있다. 성경에 이런 말이 있다.

"편안하게 먹는 마른 빵 한 조각이 불화로 가득한 집의 진수성찬보다 낫다."

마음이 편하면 걱정이 없다. 지금의 나의 상태가 그렇다. 내가 걱정 없이 편안하니 놀이동산에 놀러 온 사람들 모두가 웃고 떠드는 모습을 보면서 나 또한 행복감에 젖는다. 인생이라는 미로 같은 여정 속에 '행복'을 발견할 수 있으면 큰 대어를 낚은 것처럼, 행운을 잡은 것과 같다. 가정도 그래야 한다고 생각한다. 가정은 '내 삶의 유일한 안식처'이다. 저녁 무렵이면 서둘러 돌아가고 싶은 따뜻한 곳. 또 저녁에 헤어진 가족들이 모여 웃음꽃을 피우면 금방 피로가 가시는 곳. 그런 곳이 있다는 것은 행복한 것이다.

가정에 관한 행복한 이야기 하나를 소개하겠다. 30대 중반인 그는 어느 중견 회사의 연구소에 근무하고 있다. 5년 전, 젊은 그가 내 사무실을 여러 번 찾아와 미래 진로에 대해 상담받았다. 그로부터 몇 해가 지나, 그가 직장과 결혼 두 가지 모두 이루고 나서 나를 다시 찾아왔다. 그러고는 그는 가정의 행복에 관해 자기 생각을 나에게 솔직하게 말했다. 그 가정에 관한 그의 얘기를 들어보자.

어느 화창한 봄날 오후에 아내가 남편에게 전화를 걸어 희소식을 알렸다. 초음파 검사로 우리 아이의 심장박동 소리를 함께 들어보자는 것이었다. 그의 아내는 그녀의 뱃속에 새로운 생명체가 잘 안착할 수 있게 동네 산부인과 병원에 입원하고 있었다. 남편은 그의 아내로부터 기쁜 소식을 전해 들은 이후로 도무지 일에 집중하지 못하고 있었다. 평소와 다르게 좌불안석이어서 어떤 것도 손에 잡히지 않았다. 벌써부터 그의 마음이 아내가 있는 병원에 가 있었기 때문에 일에 몰입할 수 없는 것이 당연해 보였다. 게다가 그는 휴식 시간에 동료들과 이런저런 일상의 이야기를 나누면서도 그들의 대화 내용이 잘 들리지도 않았다. 그러면서 퇴근 시간이 가까워지자 초조한 마음으로 연거푸 시계만 들여다보거나 그의 엉덩이가 들먹대기 시작했다. 마침내 길었던 퇴근 시간이 되자, 제일 먼저 연구소를 뛰쳐나가 어느 때보다 빠르게 차의 액셀러레이터를 밟았다. 회사에서 동네 산부인과까지는 차로 15분밖에 걸리지 않았다. 그가 병실로 들어갔을 때 그의 아내는 기쁨을 감추지 못한 표정이었다. 남편의 얼굴을 보고 그녀가 안심돼서일까. 아니면 그녀의 뱃속 아이의 심장 고동 소리를 남편에게 어서 들려주고 싶어서일까. 이윽고 의사 선생님이 병실로 들어서자 침대 바로 옆에 초음파 검사기를 조작하면서 청진기처럼 생긴 도구를 아내의 배 위에 조심스럽게 대었다.

'쿵쾅쿵쾅', '쿵쾅쿵쾅' 새 생명이 창조되는 심장 소리를 몇 번 반복해서 들려주었다. 남편은 아내에게 이 세상에 태어날 아기의 심장이 쿵쿵 뛰는 소리가 또렷이 들렸다고 말했다. 본연의 임무를 마친 의사 선생님은 초음파 기구의 전원을 끄고 케이블 연결선들을 빠르게 정리한 후 곧바로 병실 밖으로 나갔다. 그 순간 남편은 기쁘고 흥분된 감정을 애써 감춘 채 아내에게 말했다.

"아기 심장 고동 소리가 선명하게 들리네. 여보! 당신이 큰일을 해냈어. 고마워요."

그러면서 남편은 사랑스런 아내를 살며시 껴안았다. 그의 아내는 아무 말을 하지 않았지만, 깊이 행복감을 느꼈을 것이다. 또 그는 행복해하는 아내의 모습에서 남편으로서 무한한 책임감을 느꼈을 것이다. 늦은 저녁 남편은 그의 차를 산부인과 건물 지하 주차장에 놓아둔 채 혼자서 집으로 걸어갔다. 그는 저녁 먹는 것도 잊고서 침대에 누워 미래에 대한 것을 설계하기 시작했다.

3년의 결혼생활에서 이제 가정이라는 성채가 형성되는 시점이다. 남편으로서 무엇을 해야 하는지, 어떤 방향으로 노를 저어야 하는지, 그리고 사랑을 어떻게 실천해야 하는지, 무엇보다도 어떠한 역사를 써 내려가야 하는지 침대에 누워 천정을 보며 이런저런 생각에 잠이 오지 않았다. 그러면서 그는 이쁜 아이가 세상에 나오기 전에 아내의 마음을 편안하고 행복하게 해 줘야겠다고 생각했다.

"즐거운 가정생활을 할 수 있게 대화를 자주 나누면서 아내가 먹고 싶거나 갖고 싶거나 혹은 하고 싶은 걸 함께 공유하는 것이 중요하겠지. 또 우리 아기가 이 세상에 태어날 때, 축복으로 맞이해야겠다. 일부 결혼에 유경험자들은 아기가 태어나는 순간부터 고생의 문턱에 들어섰다고 말하곤 한다. 하지만 소중한 가정을 위해 아이의 미래를 위해 아빠로서 엄마로서 무엇을 해야 하는지 생각하면, 아이의 탄생과 함께 우리 가정에 또 다른 방식의 행복이 시작될 게 분명하다."

그는 아이의 탄생과 가정의 굴레에 대해 혼자서 중얼거렸다. 그러고는 하루 종일 눈코 뜰 새 없이 바쁜 행복의 일정을 소화해서인지 그 자신도 모르게 꿈의 세계로 깊이 빠져들어 갔다.

남편은 흥분과 기쁨이 교차한 것처럼 보였다. 그러면서 그의 마음 한편으로는 가정에서 사랑을 어떻게 실천해야 하는지 모르고 있었다. 나는 흥분과 기쁨에 충만한 그에게 이런 말을 전했다.

"내가 갈 곳이 정해지면 목표가 확실히 존재한다는 것입니다. 분명한 삶의 이정표는 내가 그곳을 향해 꾸준히 갈 수 있게 해 줍니다. 내 마음이 향한 그곳이 가정이라면 사랑하는 가족이 기다리고 있을 겁니다. 그곳엔 아예 세속의 시간이 존재하지 않는 듯한 느낌이 들 겁니다. 행복한 가정은 미리 누리는 천국이라고 영국의 대표적 시인 로버트 브라우닝이 말했듯이, 그곳은 바로 천국이니까요. 천사와 악마가 공존하는 세상에 살면서 누구나 삶이 쉽다고 말하는 사람이 있을까요? 아마도 없을 겁니다. 세상이 당신을 힘들게 할 수 있습니다. 또 그 세상이 당신의 삶을 속일지도 모릅니다. 그러나 아무리 그렇다고 해도 꿈과 희망을 절대 포기할 생각은 하지 말아야 합니다. 세계적으로 위대한 사람들이 그들의 분야에서 최고의 자리로 인정받기 위해 그들의 성공비법을 설명하면서 가슴에 품은 특별한 무기가 있습니다. 그것은 불가능한 환경에서도 용기를 잃지 않고 도전했기 때문입니다. 부부간에도 또 훗날 태어날 아이에게도 용기를 잃지 않게 해 주세요. 용기는 무엇을 추구하든지 도전할 수 있도록 자신감을 샘솟게 해 줍니다.

사랑을 어떻게 실천해야 할지 걱정되거나 두려우신가요?

사랑은 나비처럼 내 옆에 살포시 다가왔다가 나도 모르게 어디론가 사라지는 순간에 그것이 사랑인 줄 느낄 때가 있습니다. 사랑하는 배우자를 잃어버리면 모든 시간과 재산을 바치고도 그 사랑은 찾을 수 없습니다.

사랑은 믿음이고, 때로는 존중이며, 또 배려입니다.

사랑은 미움이고, 때로는 슬픔이며, 또 아픔입니다.

그렇지만 사랑에 빠지면 자기 내면의 아름다움이 겉으로 드러납니다. 그것이 천국의 세상인 셈이죠. 그래서 사랑은 모든 걸 품을 수 있는 위대한 단어입니다. 배우자와 자식을 품으면 걱정이나 두려움보다는 용기가 생깁니다. 미래의 행복한 가정을 위해 늘 응원합니다."

그는 내 말의 의미를 이해했다는 듯이 여러 번 고개를 끄덕였다. 그러면서 나는 그의 눈에서 무엇이든지 할 수 있다는 강한 자신감을 읽을 수 있었다. 러시아 대문호 도스토옙스키는 "죽는 날까지 매일매일을 마지막 날이라고 생각하면서 배우자를 사랑하세요."

라고 말했다. 누구나 마음속에 선과 악의 양면성을 마음속에 품고 있다. 그것들이 늘 대립을 계속하다가 갈등을 일으키기도 한다. 결혼 초에는 순한 양 같던 사람이 시간이 지나면서 마음속에 숨겨진 심술궂은 면이 드러날 수도 있다. 서로에게 인생의 동반자가 될지 파괴자가 될지 전적으로 그대의 말과 행동에 달려 있다. 사랑해서 결혼하고 행복하게 사는 것은 신이 바라는 것이다. 현대철학의 주류인 분석철학의 창시자 러셀은 이렇게 말했다.

"인간의 행복의 원리는 간단하다. 불만에 자기가 속지 않으면 된다. 어떤 불만으로 해서 자기를 학대하지 않으면 인생은 즐거운 것이다."

사람들은 어떻게 살 것인지에 대해 정답은 없다고 한다. 그러나 행복을 찾은 부부들에게서 공통점을 발견할 수 있다. 그들은 비난 대신에 칭찬하고, 무시와 경멸 대신에 존경하고, 침묵의 담쌓기 대신에 진실하게 대화한다. 무엇보다도 배우자의 마음 소리에 늘 관심을 기울인다. 독일의 철학자 쇼펜하우어는 행복과 불행을 이렇게 표현했다.

"행복과 불행은 객관적인 대상이 아니라 인간의 변덕스러운 감정에 달려 있다."

나의 영원한 동반자를 만나는 순간부터 내 인생의 절반은 양보해야 한다. 어쩌면 내 인생 전부를 배우자를 위해서 살아야 할지 모른다. 그러면서 배우자의 틀에 맞추어야 한다.

부부의 행복 내비게이션에서 찾은 것은 이것이었다.

- 서로에게 신뢰하고 이해하기
- 서로에게 존중하고 인정하기
- 서로에게 칭찬하고 감사하기

그래서 하늘이 정해준 시간이 다 되어 연극의 엔딩 장면에서 이렇게 말할 수 있어야 합니다.

사랑의 시작은 몰라도
사랑의 그 끝은 안다.
현재의 사람이 내 사랑인 것을

행복의 시작은 몰라도
행복의 그 끝은 안다.
재미있었고 즐거웠노라고

소풍의 시작은 몰라도
소풍의 그 끝은 안다.
그대를 만나 사랑했고 행복했노라고

그래서
첫사랑도 당신이듯

그 끝 사랑도 당신이었음에
저는 당신에게 진정으로 감사드립니다.

또 나는 내 부모님께 이렇게 말하고 싶다.
"아버지와 어머니가 걸어오신 그 꽃길에, 이제 저희 부부가 그 곳으로 걸어가려고 합니다."

놀라웠던 부부의 여정의 끝은 사랑과 행복이었다.
그래서 행복 내비게이션이 그대 마음에 항상 켜져 있기를!

**부부의
행복 내비게이션**

1판 1쇄 발행　2024년 12월 18일

지은이　　정성인
펴낸곳　　행복랜드
펴낸이　　정성인
디자인　　이규헌
등　록　　제2024-000008호
주　소　　경상북도 영주시 풍기읍 동성로 57번길 15
전　화　　010-5752-7160(대표)
이메일　　sichung6@naver.com
홈페이지　http://happyland002.modoo.at

ISBN　　　979-11-989743-0-3　(03330)

· 책값은 뒤표지에 표시되어 있습니다.
· 이 책은 저작권법에 의해 보호를 받는 저작물이므로 무단 전재와 복제를 금합니다.
· 잘못 만들어진 책은 교환해 드립니다.